江苏高校优势学科建设工程资助项目

经管文库·经济类

前沿·学术·经典

区域技术环境对企业自主创新的影响路径研究

A STUDY ON THE INFLUENCE PATH OF
REGIONAL TECHNOLOGY ENVIRONMENT
ON ENTERPRISES' INDEPENDENT
INNOVATION

王爱民 著

经济管理出版社
ECONOMY & MANAGEMENT PUBLISHING HOUSE

图书在版编目（CIP）数据

区域技术环境对企业自主创新的影响路径研究/王爱民著 . —北京：经济管理出版社，
2023. 2

ISBN 978-7-5096-8948-6

Ⅰ. ①区…　Ⅱ. ①王…　Ⅲ. ①企业创新—影响因素—研究—中国　Ⅳ. ①F279. 23

中国国家版本馆 CIP 数据核字（2023）第 029219 号

组稿编辑：赵天宇
责任编辑：赵天宇
责任印制：黄章平
责任校对：蔡晓臻

出版发行：经济管理出版社
　　　　　（北京市海淀区北蜂窝 8 号中雅大厦 A 座 11 层　100038）
网　　址：www. E-mp. com. cn
电　　话：（010）51915602
印　　刷：唐山玺诚印务有限公司
经　　销：新华书店
开　　本：720mm×1000mm/16
印　　张：16
字　　数：260 千字
版　　次：2023 年 2 月第 1 版　　2023 年 2 月第 1 次印刷
书　　号：ISBN 978-7-5096-8948-6
定　　价：88. 00 元

目　录

第一章 绪论

第一节 区域技术环境影响企业自主创新的时代背景和价值

一、区域技术环境影响企业自主创新的时代背景

（一）中国经济进入高质量发展阶段

我国经济已由高速增长阶段转向高质量发展阶段是党的十九大做出的科学论断。在新的历史时期，中国特色社会主义建设被赋予了新的内涵——高质量发展，高质量发展是适应新形势变化和保持经济健康持续发展的需要，也是遵循经济发展客观规律的需要。改革开放以来，中国坚持以经济建设为中心，依托劳动力成本优势，加大基础设施投资，坚持"引进来"的发展方针吸引国外资本，取得了举世瞩目的成就，10%左右的快速经济增长保持了近半个世纪，经济总量位列世界第二，成为经济增长最快的发展中国家之一。然而，国外环境日益复杂，国内环境深刻变化，给中国的经济发展带来了新的挑战。放眼全球，知识技术更新换代明显加快，科技影响经济社会发展的态势更加凸显。一国的科技水平决定了其产品在国际贸易中的竞争力，也决定了该国产业在全球产业链的位置，还决定了该国在国际贸易分工中的格局。与此同时，全球经济发展形势依然不容

乐观。2008 年，在美国发生了次贷危机后，一些国家加大政策调整以求刺激经济，但并未取得预期效果，有的甚至推行以邻为壑的政策，经济发展所处外部环境的不确定性加大。尤其是单边主义、贸易保护主义抬头，利用绿色壁垒和技术壁垒设置重重障碍，引发贸易摩擦，给经济发展带来了显著的不利影响。而放眼国内，"人口红利"也在逐渐消失。自实行计划生育以来，中国劳动力结构发生了显著变化，中国人口老龄化问题日益突出，人口抚养比逐步攀升，支撑经济快速增长的人口红利逐渐消失，劳动密集型产业的比较优势丧失，劳动力供给不足问题日益凸显，经济下行压力逐步加大。另外，要素价格上升，生产成本加大。在改革开放以后相当长的时间里，依靠要素驱动，利用"比较优势"，中国经济得到了快速发展，但这种方式是粗放式的、不可持续的增长，由此也带来了低效率、高污染等问题。在这种要素驱动的增长方式下，经济发展主要依靠要素投入而不是提高要素生产率，增强了要素的稀缺性，要素价格节节攀升，资本的边际报酬率下降，而生产成本逐步加大，致使投资结构扭曲，资本流向见效快的房地产、收费公路等领域，制造业领域的投资不足，使全要素生产率持续走低。这说明，中国经济发展进入新常态。新常态要求转变经济发展模式和方式。在新常态下，经济发展必须摒弃一切"向钱看"、一切以 GDP 论英雄的观点，而应该遵循经济发展规律，坚持以创新引领发展，以创新驱动促进经济转型，推动高质量发展。

（二）自主创新是高质量发展的核心动力

内生增长理论强调了技术创新的突出作用。随着竞争加剧，创新在经济发展中的作用更加重要。只有创新，经济才能持续发展，才能提高生产效率，推动产业结构升级。正因如此，发达国家对高端技术的控制越来越严，利用高端技术控制国际贸易市场，使发展中国家从外部获得先进技术的难度和成本越来越高，所以，从根本上讲，核心技术引不来、买不来，只能自主创新。以自主创新为核心驱动力，促进经济转型，提高经济增长质量。自主创新、创新驱动发展战略和高质量发展先后在党的代表大会上被提出，都强调了自主创新的重要性。增长方式转变、产业结构优化，都需要以自主创新为驱动力。自主创新是通过研发投入进行知识创新，获得自主知识产权并将其转化为新产品实现创新价值的过程。当今，产品竞争的背后是附着在产品上的技术竞争，国家的竞争是科技的竞争。高质量发展，必须坚持自主创新，通过自主创新生产出拥有独立知识产权的高技术产品和提供先进的服务，提高经济运行效率，推动产业升级换代，改变经济发展方式，提升企业竞争力，实现创新驱动发展，推动经济高质量发展。

（三）企业是自主创新的主体

企业联系着市场，对市场信息了解更为充分，对市场需求更为敏感，具有较强的市场开拓能力。追求收益最大化的天性与创新的"经济性"契合，必然成为创新的主体。世界许多发达国家和一些新兴工业化国家，企业已经成为创新体系的主导力量。中国企业的规模和科研基础还较为薄弱，尽管随着国家创新驱动发展战略的提出，中国企业自主创新能力得到了一定提升，但是企业的创新主体地位还不够突出。特别是重大科学和技术的研发成本高、风险大、见效慢，中国企业的发展方式往往存在着短期行为，也带来了产业雷同、产能过剩等问题，其本质是企业缺乏核心技术。解决这一问题的关键是，引导创新要素流向企业，增强企业吸引力，提升创新主体地位和自主研发能力，开发具有广阔市场前景的关键核心技术，培育核心竞争力。通过企业自主创新，促进产业优化和经济增长方式转变，实现创新驱动发展。企业自主创新是推动高质量发展的突破口。

（四）企业自主创新需要良好的技术环境

企业的经济活动离不开环境，影响企业自主创新的因素有多个，但从外部力量来看，主要来自市场、政府和企业，在此将其界定为技术环境，包括技术市场、知识产权保护和技术服务。

首先，技术市场是创新要素配置和创新价值实现的通道。随着知识经济时代的来临，技术市场也从单一的技术交易功能转变为集技术交易、创新要素培育、技术转移、创业孵化等多功能为一体的综合服务体系，在自主创新中的作用愈加重要。一些发达国家的发展实践表明，高效率的技术市场能够促进科技与经济融合，进而推动企业自主创新，提高经济发展质量。中国的技术市场滞后于市场经济的发展，在很大程度上依赖市场经济大环境的发展。建设创新型国家，促进高质量发展，有效发挥技术市场的作用，促进企业自主创新刻不容缓。

其次，知识产权保护是维护创新成果和激励创新者的主要手段。政府通过知识产权保护制度保障创新者独享创新收益，已然成为短期内突破技术瓶颈的重要因素。发达国家较早使用知识产权保护制度，实施知识产权战略，以此鼓励企业技术创新。中国自2008年开始实施知识产权战略起，创新产出取得了快速增长，截至 2020 年 6 月底，中国国内发明专利有效量为 199.6 万件，每万人口发明专利拥有量达到 14.3 件①。中国已成为知识产权大国，但知识产权整体水平还不够高，知识产权保护制度和范围还不够全面，与知识产权强国还有一定的差距。如何合理利用知识产权保护制度，推动企业自主创新，是一个亟须解决的课题。

最后，技术服务是企业协同创新的平台。在知识经济和通信技术快速发展的今天，仅靠单个企业很难聚集较多的创新资源，这就要求创新的组织形式必须改变，企业应充分利用和整合外部资源，开展技术交流与合作，探索有效的协同创新模式，形成企业、科研机构、创新服务组织形成的多元主体协同创新模式。协同创新需要专业化的技术咨询、技术转让、技术培训、技术转化等综合服务机构，建立创新资源整合平台，实现创新资源共享，发挥规模效应的完善的创新服务体系。创新服务体系是否完善，决定了企业自主创新能力，也决定了企业创新的数量和质量。

（五）区域间发展不平衡

受资源、环境等多种因素的影响，我国各地区间经济社会发展不平衡，特别是随着社会主义市场经济的推进，地区间经济增长分化趋势比较明显，经济发展呈现出由东向西依次递减的梯度特征。经济社会发展的差距进一步带来资源特别是创新要素主要流向东部发达地区，需逐步发挥出资源的集聚效应，进而推动技术市场快速发展，知识产权保护水平逐步提高，技术服务专业化程度增强，致使区域间技术环境发展也呈现出明显的梯度差异。区域技术环境差距又进一步导致区域经济社会发展差距，因此，研究区域技术环境对企业技术创新的影响，不仅有助于促进创新驱动发展，还有助于促进区域经济协调发展。

二、区域技术环境影响企业自主创新的研究价值

（一）理论价值

第一，丰富了技术环境相关领域的理论。现有文献主要是研究了区域创新环境对企业自主创新成本和收益影响最为直接的技术环境的研究不足。本书从影响企业自主创新的外部力量来源，从技术市场、知识产权保护、技术服务三方面界

---

① 中国新闻网，http：//www.chinanews.com/gn/2020/07-09/9233646.shtml。

定技术环境，并对其相关理论进行梳理，研究技术环境对企业自主创新的影响路径，揭示影响机理，为促进企业自主创新提供理论依据。

第二，对自主创新理论进行了有益的补充。从企业自主创新成本收益的视角入手，研究技术环境对企业自主创新的影响机理和路径，并运用计量模型进行检验，补充企业自主创新理论。

（二）实践价值

第一，为技术环境建设提供参考。技术环境不完善是制约企业自主创新的重要因素，通过研究，探讨技术环境建设促进企业自主创新的实现条件、支撑体系，对于技术环境建设和完善提供决策参考。

第二，为促进企业自主创新提供新思路。企业自主创新的重要性虽然得到各级政府的广泛认可，但是主要是通过科研投入、政策补贴和优惠措施促进企业自主创新。这种方式是否能对企业自主创新产生持续长期的激励，是否带来挤出效应，还有待进一步研究。而技术环境的改善则对企业自主创新形成内在的驱动力，从而内生化地解决该问题。

第三，为促进区域协调发展提供新途径。区域经济发展不平衡的原因不仅在于资源条件的差距，而且在于发展思路和模式的差距。技术环境是企业自主创新的重要条件和支撑，只有不断完善技术环境，推动区域技术环境均衡发展，才能为区域经济社会协调发展提供长期持续的动力。

第二节 技术环境与企业自主创新的研究现状

一、技术环境的研究现状

（一）技术市场的国内外研究现状

1. 国外技术市场研究现状

国外技术市场最早的研究主题是技术战略转移、最优许可合同和支付模式的研究。20世纪80年代到20世纪90年代中期，研究主题转变为技术交易中市场失灵问题。20 世纪 90 年代中期以后，随着网络交易的盛行，学者们开始研究技术市场交易的微观机制，如由于信息不对称而形成技术交易双方的博弈问题。

（1）技术市场存在性研究。核心问题是市场机制能否有效配置技术资源。一些研究表明，技术市场存在高昂的交易成本，导致市场失灵。因而，市场机制不适于知识的分配；信息的非对称性限制了技术交易，引起了选择成本，技术生产者难以避免被潜在购买者侵权的风险，给收益带来较大的不确定性（Alder，2001）。另一些研究表明，技术市场的存在是专业化分工带来的效率改进和必然选择。技术专业化、多样化是经济发展的条件和基础（Lamoreaux 和 Sokoloff，1999）；技术转移中介可以降低技术交易的不确定性，减少技术交易中的逆向选择问题（Hoppe 和 Ozdenoren，2001）。由此可见，随着信息经济学、制度经济学等理论的发展，多数研究支持技术市场发展，进而强调了技术市场在创新资源配置乃至推动企业技术创新和促进经济发展方面的作用（Molhova，2014）。

（2）技术特性对市场交易研究。随着技术市场的存在性被广泛认可，学者们逐渐关注不同类别技术交易的有效性问题，即技术市场不同类别的交易适用性可能存在差别。Rosenberg（1967）考察了美国 19 世纪的钢铁、自行车和缝纫机等产业，发现这些产业的下游附属产业具有非常相似的中间环节，对中间环节的相关技术开发形成产业内的共享技术，推动了产业链的发展，进而促进了相关行业的技术研发。Bresnahan 和 Gambardella（1987）的研究表明，认知性制约了技术交易，而共性技术可以缓解这种阻碍，促进技术市场发展。共性技术交易的作用：一是扩大了技术市场范围，激励技术交易；二是使获取认证比较容易，其产权界定更为容易。Arora（1998）研究了竞争性技术，认为生产同类产品的不同技术之间具有替代作用，成为竞争性技术，出于竞争的原因，竞争性技术能够有效推动技术的转移和扩散。

（3）技术市场建设研究。随着技术转移和扩散，一些学者就如何促进技术市场发展进行了一定研究。Gans（2000）认为，知识产权制度能够提高创新者的绝对回报水平，而且可以避免技术被模仿和盗窃，因而，对技术产权明确界定，有利于技术产品交易，推动技术市场发展。信息不对称是技术市场交易中存在的普遍问题，由于技术交易的不确定性和相关信息缺乏，因此在技术市场中建立声誉和信誉机制非常必要，可以减少市场交易的风险，有利于形成长期合作关系，限制机会主义行为如逆向选择和道德风险。因此，很多研究运用信息经济学的理论来研究技术交易和技术市场问题，如技术项目投资的逆向选择和产权转移的道德风险；利用非线性模型研究双边道德风险条件下融资结构对市场交易行为产生的影响等（Chio，2001）。

2. 国内技术市场研究现状

随着经济和科技体制改革的进行，有关技术市场理论和政策的研究有了较大发展，20世纪80年代，主要明确技术市场的理论概念，20世纪90年代主要是技术市场发展与科技管理体制相结合方面的研究，进入21世纪，主要集中于建立现代技术市场体系，促进经济和创新方面的研究。

（1）技术市场发展历程研究。在市场化改革中，技术市场在中国开始发展，研究者开始了技术市场相关研究，对中国技术市场理论的发展起到了一定推动作用。谢思全和张灿（1998）对技术市场进行了界定，并对技术市场的主要形式进行了研究。之后，许多学者相继对技术市场的内涵、组织形式、经营范围等进行了研究，总结了自1984年以来中国技术市场的发展实践，并对技术市场的未来发展方向进行了研究（陈晴和傅正华，2004）。

（2）技术市场功能研究。技术市场始终存在着"不对称性"，技术市场能为企业提供信息搜寻、技术评估等服务，促进技术交易双方获得有效交易，降低信息搜寻成本，促进技术交易效率提升，并且有效避免技术市场中的道德风险和逆向选择问题，进一步促进科技成果转化（董正英，2003）。技术市场具有诸多类型，如技术贸易、技术联合、技术中介、中间商等，在促进经济发展和科技体制转轨等方面也发挥着重要作用（张功耀和陈三奇，2002）。同时，技术市场具有配置创新资源、价格发现、健全和完善风险投资体系等功能（赵琨，2007）。

（3）技术市场发展对策研究。与市场经济发展相比，中国技术市场发展较为滞后，导致市场上的供需不能有效对接，甚至存在脱钩（刘迪，2020），加之缺乏规范性，专业化程度较低，影响技术市场功能的发挥。企业既是技术市场的供方，也是需方，因此需要建立以企业为主体的技术市场体系（丁刚等，2019），完善技术市场服务体系，出台优惠配套政策，促进技术市场服务效能提升，营造有利的市场发展环境，优化配置要素资源和优化技术市场空间格局（彭甲超和易明，2018），完善风险投融资体系，对技术经营机制、评估和咨询机制和激励保障机制进行优化（刘水等，2018）。

（二）知识产权保护的国内外研究现状

1. 国外知识产权保护研究现状

（1）知识产权保护存在性的争论。最早关于知识产权保护的研究可以追溯到 1624 年，第一部现代意义上的专利法——《垄断法》诞生，它是英国从落后的原材料供给国转变为领先的工业国的关键（Reinert，1995）。1790 年，美国通过了第一部联邦专利法，该法更具现代特征。18 世纪中期到 19 世纪，随着工业革命的推进，大部分工业国及其殖民地在此期间纷纷建立了专利法。早期的专利法是建立在主权国家技术优势的基础上，吸引技术移民和鼓励技术进口（Kaufer，1989）。

在知识产权保护制度初创期，关于知识产权制度的正当性曾经展开了争论。反对者认为，知识产权保护造成垄断和经济特权，应该对创新发明者给予奖励而不是用垄断授权的方式。Deardorff（1992）认为，知识产权保护使发明者垄断利润，但会扭曲消费者选择，造成社会福利损失。Helpman（1993）基于一般均衡框架，检验结果表明，知识产权保护增加了北方国家的垄断力量，短期内促进创新率，但长期内不利于创新率提高，并且牺牲了南方国家的利益。支持知识产权保护的观点主要包括自然权利说、正当回报说、创新激励说、知识交换说四种（Machlup 和 Penrose，1950），分别从不同角度论证了知识产权保护的必要性。

随着 20 世纪 70 年代中期的经济大萧条和国际竞争的不断加剧，知识产权保护制度普遍得到了接受，经济学家的研究重点逐步转到专利机制设计上来。

（2）最优专利保护设计。Nordhaus（1969）、Scherer（1972）最早研究专利的最优期限问题，即在激励企业创新约束条件下，寻找社会福利最大化的问题。Nordhaus 发现，对小发明和产品需求弹性大的发明，专利保护期限应该越短；对于大发明的专利保护期应该越长。Horowitz 和 Lai（1996）研究了专利长度对创新效率以及消费者福利的影响，结果表明，专利长度对创新规模和频率的两种影响效应会抵消，这意味着只有中等长度的专利才可协调创新的规模与频率。之后，学者们又提出了专利宽度的概念，认为专利宽度应该与专利长度配合，作为政策工具使用。Gallini（1992）认为，如果专利宽度过小，模仿的成本则小，将会导致重复发明使社会成本增加，因此最优化的专利权应先确定专利宽度，然后设置合理的专利长度。Jaffe（2000）认为，扩大专利宽度增加了发明者的回报，从而激励创新，但也可能使潜在者因担心侵犯已有的专利权而放弃研究发明。Hopenhayn 等（2006）进一步研究了专利保护期和保护范围。

（3）知识产权保护水平的度量。最早度量知识产权保护水平的是 Rapp 和 Rozek（1990）提出的 RR 指数法，他们认为，专利立法有助于激励和保护创新，与该国知识产权保护力度具有较强的关联性，因此用专利立法代替知识产权制度，共划分为六个等级来衡量知识产权保护水平（以 0~5 分表示）。该方法具有一定的可操作性，但未能反映动态的知识产权保护水平。Ginarte 和 Park（1997）提出了更为深入的方法——GP 指数法，将知识产权保护水平划分为五类，之后又对 GP 指数涉及的指标体系进行了扩充，如增加了软件专利的保护、布达佩斯条约和 TRIPs 协议等，使 GP 指数覆盖范围更加广泛，并得到了更多的应用。其中，覆盖范围包括八个指标；国际条约成员包括五个指标；权利丧失的保护和执法措施均包括三个指标；保护期限保护一个指标。每个指标 1 分，同一类下权数相同，计算每类得分，然后汇总得出总分。

2. 国内知识产品保护研究现状

（1）知识产权保护制度设计。在国外研究的基础上，国内学者就如何确定适合中国国情的知识产权保护制度进行研究。董雪兵和史晋川（2006）分析了知识产权保护的最优设计，涉及原创者收益和贡献的补偿，因竞争和模仿引起的损失以及知识产权保护的福利效应，以达到创新主体利润均衡，实现最大化社会福利。孙斌和彭纪生的研究表明，知识产权与自主创新具有较高的协同和一定的跃迁机制。严小明以 Hotelling 模型为基础的进一步研究显示，开放条件下，两国企业在博弈竞争中，企业创新动力因所属国的知识产权保护力度增强而增大。郭春野和庄子银（2012）构建扩展的南北产品周期模型结果表明，南方的劳动技术水平、北方的市场结构影响着知识产权保护的效应。类似地，赵鹏（2012）以内生技术进步模型为基础，研究了知识产权保护和农业进步技术之间的逻辑关系，发现农业技术水平差距和模仿能力是影响农业知识产权保护的关键因素，当区域间技术水平差距较小时，宜采取较强的知识产权保护，配之鼓励性政策措施鼓励自主创新；反之，应采取较弱的指数产权保护，配之技术引进和技术模仿，推动农业技术扩散推广。李平等（2013）分析了最优知识产权保护的区间，自主创新的知识产权保护门槛大于技术引进和对外贸易。宗庆庆等（2015）进一步研究了不同市场结构条件下知识产权保护的效应，结果表明，在高度垄断性行业中，知识产权保护会降低企业自主创新动机，而在竞争性行业中，严格的知识产权保护则能显著激励企业自主创新。在新形势下，中国知识产权保护应进一步提升区域和国际合作水平，探索域内外长臂管辖，发挥跨区管辖优势，适度提高知识产权保护标准（管荣齐，2019）。

（2）知识产权保护水平的度量。结合中国的实际，一些学者在 GP 方法的基础上，在"国际条约成员"这一类别中增加了"世界知识产权组织公约""布达佩斯条约"等，成为改进的计算方法（IGP）（党国英，2015）。实践中，按 GP 方法和 IGP 方法计算的中国的知识产权保护水平，均高于实际水平，因此需要修正。主流的观点是考虑执法水平对 GP 方法进行修正，思路是考虑法制体系完备程度、社会经济水平、国际社会监督制衡等因素，衡量执法水平，计算修正后的知识产权保护水平（韩玉雄和李怀组，2005）。李伟（2013）在此基础上还增加了执法效率等指标。综合而言，考虑执法水平的测算方法更能反映中国实际的知识产权保护水平，因此需要构建执法水平指标进行修正，从而计算出能够反映中国实际的知识产权保护水平。

（三）技术服务的国内外研究现状

1. 国外技术服务研究现状

国外侧重于技术服务理论研究，如服务创新理论、新公共服务理论以及知识服务体系理论。与传统观点不同，Barras（1986）认为，引入技术能够促使服务创新，提出了逆向产品周期理论。Sundbo 和 Gallouj（1998）提出了企业服务创新驱动力模型，认为社会系统中传播能影响企业行为。Den Hertog 等（2010）扩展成创新六维度模型。这些理论都强调了服务创新的重要性。新公共服务由登哈特夫妇在 2000 年提出，其更加强调了公共服务的重要性，强调了公共主体的主要任务是提供服务而不是掌舵。新公共服务对于中国科技服务体系建设具有较强的指导意义，如根据技术创新的实际需要，提供必要的制度保障和政策环境，构建公共服务平台，促进技术创新和科技成果转化应用。随着知识密集型企业的发展，学者们逐渐对知识服务体系理论进行研究。Ghislain（2011）强调了知识管理的重要性，搭建知识服务平台是现代企业获取竞争优势和成功的关键因素。

Jain 和 Deepak（2012）认为，知识服务体系是通过多代理网络方式搭建的系统。Jose（2014）重点从文化环境的视角，提出了知识服务的"软服务"模式。Tangaraja 和 Rasdi（2015）则从知识共享的角度提出了公共服务模式。

2. 国内技术服务研究现状

随着科教兴国战略的实施和科技创新日益被重视，国内就科技创新服务体系的内涵、功能及构建进行了系统的研究。科技创新服务体系内涵的研究，主要包括科技创新主体、科研设施条件、创新资源禀赋以及创新的内外部环境等方面，是为科技创新有效提供专门化的社会服务的一种支持系统，包含技术支持系统、资金支持系统、人才支持系统和政策支持系统（赵晷湘，2014）。对科技创新服务体系功能的研究，主要包括科技创新服务为企业营造良好的创新环境，降低市场风险和创新成本，优化资源配置，提升本土企业的自主创新效率，提高科技成果的转化应用，推动经济转型升级（潘晓燕，2014）。从构建科技创新服务体系看，学者们从多方面进行了有益的研究，如建立以企业为主的研发平台，以政府为主的公共服务平台，以市场为主的社会化服务平台；建立绿色技术创新的激励机制，运用市场化运行机制，加大支持力度，促进科技中介机构多样化发展（卜森，2011）；根据科技创新不同阶段，以用户为中心，提供差异化的服务模式，如个性化推送服务模式等（王佳馨，2019）。

二、企业自主创新的研究现状

（一）国外企业自主创新研究现状

1. 企业自主创新驱动因素研究

自主创新是企业利用内外部创新资源通过技术研发，到新产品开发，再到商业化应用的系统活动。企业自主创新情况首先取决于企业的自组织形式和资源禀赋，即内部因素，同时也受到所处的外部环境的影响。从内部因素看，企业家精神、企业发展战略、企业创新文化以及组织管理等都是自主创新的驱动因素。企业家是把经济资源转移到产出效率高的领域的人，企业家的创新意识是企业创新的最关键因素（Say，2010），企业家精神的核心要素是发明创造新事物，改变其价值（德鲁克，2009），在新技术、新工艺、新创意传播方面发挥着关键作用，通过探索新的领域，突破现有模式以寻求企业成长机会，以此提高生产效率（威廉·鲍莫尔，2010）；企业创新文化决定了企业创新方式，是特定时期内企业为实现效用最大化而创设的激发创新行为的一种模式，企业内部清晰的目标、价值观念、开拓精神、开放性等因素能够有效促进创新（Turró，2014）；技术创新是企业发展战略的构成部分，因此企业战略目标的确立及经营策略的制定影响着企业内部资源的分配，包括研发投入、研发规模以及企业组织管理形式等，成为企业创新动力的构成要素（Johansson，2008）。

从外部因素看，企业自主创新的驱动因素主要包括技术推力、市场拉力和政府支持力。技术推力说认为，产业发展初期的典型特点是知识变化速度快、不确定性高、进入壁垒低，新企业将会成为产业内的主要创新者，尤其是那些具有"创造性破坏"式的创新，被称为熊彼特范式一；当产业发展到成熟阶段，自主创新有一定的可以参照的路径，但也受到进入壁垒、规模经济等的影响，这样行业内只有少数的垄断企业被称为行业的领导者，引领行业技术变革与创新。市场拉力说认为，与其他经济活动相同，企业创新基本上说是可以盈利的，因而市场需求能够引导和影响企业的创新决策和创新活动，成为企业创新动力系统的重要组成部分。Marquis 和 Myers 的研究显示[①]，美国 5 个行业的 567 个创新项目中，源自市场现实或者潜在需求的比例高达 75%，而源自技术发展的比例仅占 20%，这表明，与技术推动相比，市场需求更能推动企业自主创新，换句话说，企业自主创新受市场需求的引导，并根据市场需求开展的创造性活动，提供及时有效满足市场需求的产品或服务。由于市场失灵，在某些领域特别是新兴产业、高技术产业和基础研究方面，企业自主创新动力不足，因此政府的支持就显得尤为重要，很多学者强调通过税收优惠等政策支持企业自主创新（Gregory，2007）。

2. 企业自主创新评价研究

企业自主创新评价主要沿两条思路展开，一个是对创新能力的评价，另一个是对创新效率的评价。研究视角不同，企业自主创新评价指标和方法的选择会有较大差异。企业自主创新能力的外延更为宽泛，所以涉及的指标更多，往往通过构建指标体系进行研究，包括创新投入、中间产品投入、技术策略、专利数量、

---

① 转引自：Gregory Tassey. Tax Incentives for Innovation：Time to Restructure the R&D Tax Credit ［J］. The Journal of Technology Transfer, 2007（6）：605-615.

新产品销售情况等指标（Caloghirou 等，2004），随着企业创新能力研究的深入，评价指标范围也逐步扩大，如资本流动性、企业家精神、基础设施、开放程度以及政府支持等也纳入创新能力评价体系，主要方法包括模糊分析法、结构方程模型、主成分分析法、灰色综合评价模型、维特比算法等。

自主创新效率评价主要从投入产出的相对变化进行分析，最为关键的是选取自主创新投入、产出指标。自主创新成果最终经过商业化推广，实现创新的市场价值，所以新产品销售收入常常被用来反映创新绩效。同时，专利拥有数量可以衡量企业知识产权拥有状况，所以也有学者主张用专利情况来衡量创新绩效。更多的研究则从创新投入产出的角度研究自主创新效率，主要方法为参数估计方法如随机前沿生产函数法（Stochastic Frontier Analysis，SFA）、非参数估计方法如数据包络分析法（Data Envelopment Analysis，DEA；Soto-Acosta P 等，2016）。

3. 促进企业自主创新的途径和对策研究

早期研究强调研发要素投入，认为加大创新投入是提高企业创新能力的主要途径。随着国际交流的加快，学者们逐渐认识到利用外部资源的重要性，有效整合企业内外部技术、创意等资源是提高企业自主创新的有效途径（Wynarczyk 等，2013）。企业应该努力提升获取外部创新资源的能力，即走开放式创新路径（Olaru等，2015）。Lo（2013）认为，企业应该整合社会资本，通过品牌国际化的方式扩散创新成果，即采取"自主创新—品牌国际化—社会资本整合"模式；Nada和 Ail（2015）认为，服务价值的创造力与企业创新能力具有很大的相关性；Su-listiyanid 和 Harwiki（2016）强调了知识共享对企业创新的重要作用，特别是对于中小企业而言，企业员工之间及与客户之间的知识共享，更能促进产品技术升级、质量改进和技术创新；Kenya（2016）指出，政府应该出台优惠政策保证企业获得各种创新资源，提高企业自主创新能力；Luiz 等（2017）认为，政府应该完善制度环境，调节企业自主创新行为和决策。

（二）国内企业自主创新研究现状

1. 企业自主创新的驱动因素研究

企业自主创新是一项较为复杂的活动，受到内外部因素的影响。国内学者主要从内源动力和外源动力两个方面进行了研究。内源动力主要包括企业家精神、企业战略、企业内部管理等。企业家精神能够促进企业和员工有机结合，员工处在平等、开发、协作的环境中，更容易大胆尝试和创新，还可以通过行业协会、企业联盟等多种方式为企业创新配置外部资源和分享经验（李宇，2013）。企业家精神缺乏是制约我国企业自主创新的主要原因之一，企业战略的选择会影响创新资源的积累和培养模式，从而影响企业技术创新能力（郝生宾，2009）。企业内部管理制度影响着部门利益分配，完善的创新制度对自主创新产生有效的激励（张国强等，2010）。外源动力主要由科技进步推动、市场需要拉引、行业竞争、政府政策引导和社会创新扶持等。外部动力通过企业内部系统发挥作用，即外部驱动因素会通过诱导、唤起等方式影响内部驱动因素，进而影响企业自主创新。市场竞争是促进企业创新的无形力量，企业要想获得竞争优势，必须增加研发投入，同时也促使市场份额向高技术领域转移（简泽等，2017）。政府通过出台有利于企业创新的政策和制度，对于企业创新成本的降低和稳定创新收益起到显著作用，也得到了很多研究的支持（武咸云等，2016），特别是对中小企业而言，政府支持能够有效引导企业自主创新，如对于企业所得税进行优惠、对企业研发投入实行补贴（张信东和王亚丹，2017）。

2. 企业自主创新评价研究

关于企业自主创新能力评价的研究，因视角不同，构建的评价指标会有较大差异。从着眼范围看，大致有投入—产出视角、全程视角和系统视角。从投入—产出视角看，评价指标一般选择创新投入、创新产出以及实现能力等指标；全程视角认为创新是一个创新投入、创新管理、研发生产、制造销售的过程，所以选择指标不仅包括研发投入与产出，还包括知识管理和市场营销方面的指标；系统视角将创新看作一个更大的系统，不仅考虑了创新投入与产出、制造生产、市场营销，还考虑了外部创新资源的利用如技术溢出、创新环境方面的因素，所以选择的指标更广。评价方法主要有熵值法（李玥等，2017）、因子分析法（孙晖和尹子民，2019）、优劣距离法（Technique for Order Preference by Similarity to an Ideal Solution，TOPSIS）（符峰华等，2018）、突变级数法（张明明等，2019）等。

自主创新效率的评价方法包括参数方法、非参数方法。前者不需要事先对生产函数设定，并且对多种投入和多产出的情形比较适用，尤其是数据包络分析法（DEA），在实证中得到了广泛的应用，投入变量主要包括研发资本、研发人员投入，产出变量主要有专利授权数量等。在经典 DEA 模型基础上，学者们开始用

DEA-Tobit 两阶段法（窦超等，2019）、三阶段法（罗颖等，2019）、DEA-Malmquist 指数分析法（刁秀华等，2018）评估创新效率。对于参数分析法，用得最多的是随机前沿生产函数（SFA），一些学者利用 SFA 实证分析企业创新效率（张建英等，2019）。自主创新不仅包括技术的研发，还包括将新技术转化成新产品的过程，所以在有的研究中将新产品研发投入、新产品项目数也看作自主创新投入变量，新产品销售收入作为产出变量（张满银和张丹，2019）。也有学者采用随机前沿生产函数（SFA），主要从创新投入、创新产出、创新环境三个方面选取指标评价企业自主创新效率（夏宁和蓝梦，2019）。

3. 促进企业自主创新的途径和对策研究

如何推动企业自主创新，增强创新能力越来越受到学界的关注，学者们从不同角度展开了研究，概括起来主要包括：第一，基于狭义角度，将自主创新看作是创新要素投入生产的过程，强调创新人才和创新投资的作用，因此出现人才队伍建设和增加研发投入是增强企业自主创新能力的基本手段（赖德胜和纪雯雯，2015），人力资本价值提升能够促进企业有效实现知识技术的生产，是企业自主创新的源泉（杨拔翠，2019）的结论。由于技术创新存在着显著的正外部性，加大对企业的研发补贴和税收优惠力度，激励企业自主研发（崔也光等，2017），完善金融政策，拓宽企业融资和筹资渠道，破解资金约束瓶颈，是推动企业自主创新的有益途径（柳学信等，2019）。第二，基于广义角度，把企业自主创新当作是一个大的知识生产系统，强调利用外部资源的能力，因此资源整合、技术合作以及获得专业化的技术服务对企业自主创新非常重要。发挥团队优势，有效利用企业外部创新资源，提升企业自主创新效率；企业应有效利用社会资本、重视全球价值链各环节汇集创新要素，积极创新（方慧和赵甜，2017）；企业应以系统开放性的视角选择自主创新模式，实现路径主要有技术导向型、市场导向型以及 M-T 协同导向型（高传贵和张莹，2018）。产学研联系不紧密是限制创新成果转化的重要因素，所以加强企业和科研单位合作，构筑社会化的科技创新服务体系，是推动企业自主创新的有效路径。通过完善创新资源共享机制，开展合作创新等形成研究联合体（Research Joint Ventures，RJVs）以获取价值链最上游的竞争优势，对企业自主创新能力产生显著的影响（马宗国，2019）。

三、技术环境对企业自主创新影响的研究现状

（一）技术市场对企业自主创新影响的国内外研究现状

1. 国外研究现状

（1）为企业创新提供外部知识。技术创新的外部知识来源一直受到学者们的重视。Gebence 和 Johnso（1992）的研究表明，外部来源在创新投入中占比在34%~65%，同时还揭示了外部来源与企业内部开发不是完全替代关系，而是互补关系，因为企业内外部之间的信息交流不通畅，所以需要专门的组织机构介入，以降低信息交流成本。Kaufmann 和 Todtling（2001）认为，模仿创新的风险大大低于率先创新的风险，通过技术市场可以提供有益的技术信息，成为企业创新的外部知识来源，为创新者提供目标方向，降低创新风险，提升创新效率。Hauknes（2004）认为，技术市场具有中介功能，在技术交易中，通过与客户接触交流，促进了技术知识信息的产生和扩散，技术市场能够在科学和产业合作之间起到润滑作用，促进知识生产和扩散及应用。Erik（2001）的研究显示，随着网络经济的发展，仅靠企业自身力量很难提升技术水平，只有借助技术市场，有效利用外部知识，将其内化为企业内部知识，才能弥补自身创新的不足。

（2）激励企业自主创新。Schmookler（1996）研究了各类潜在市场的创新活动，以此为基础提出了市场牵引模式的创新理论，是最早对技术市场激励企业创新的理论研究。Baark（2010）进一步的研究表明，通过有效政策，可以促进技术市场发展，进而刺激企业创新。随着技术市场规模的增加，供给端参与个体和新知识标的增加，使个体间互动频率增加和信任积累，形成技术活动机会增加，同时降低了交易成本和知识生产成本，产生货币知识外部性，使预期收益上升，激发创新投入的动力。技术市场不仅影响企业创新，而且影响整个行业的创新效率和质量（Chatterji Fabrizio，2016）。技术市场发展增加了企业技术创新需求，进一步提升企业创新能力（Lakshman 等，2017），并带来直接或者间接的溢出效应，促进技术转移和创新效率（Serrano-Domingo 和 Cabrer-Borrás，2017）。

2. 国内研究现状

（1）有利于形成促进企业创新的环境。虽然国内技术市场相关研究的起步

较晚，但是很多研究都强调了技术市场发展对企业创新的积极意义，通过市场制度的不断完善，为企业提供良好的创新环境。技术市场发展有助于推动科技管理体制改革，充分挖掘创新价值，激励企业创新。技术市场连接技术商品的供给和需求，借助高效的信息平台使企业更容易感知市场动向，增加创新供给意愿，刺激技术需求，进而推动自主创新。技术市场扩宽了企业创新的选择路径，方便企业以不同的方式开展技术创新（梅姝娥和吴玉怡，2014），并促进技术转移，推动区域整体创新能力的提高（雷光继和林耕，2013）。技术市场发展能够促进创新成果转化，创新成果出售带来的收益越大，对企业创新的激励越强，尤其是对高质量创新具有强大的推动力，因此，通过优惠政策促进技术市场发展，能够推动高质量创新（庄子银和段思淼，2018）。

（2）提高创新效率。随着外部技术源的多样化，企业通过技术市场可获取外部技术，与已有技术有效整合，实现自主创新。技术市场是与技术创新密切相关的要素市场之一，为有效配置创新资源，促进创新成果产业化提供了有效的平台，可以有效解决区域内创新资源供给和需求错位问题，推动各类创新主体优势互补，实现合作创新，提高创新效率（刘凤朝等，2018）。技术市场可以通过规模效应降低企业获取外部知识的成本，改变企业的创新决策，并通过累积作用影响创新效率（夏凡和冯华，2020）。随着技术市场的发展，技术交易成本降低，创新资源的价格机制不断完善，创新效率得以提高，政府支持创新的政策效应进一步得到体现，因为完善的技术市场降低了创新活动的信息不对称，使政府能够"精准"支持，提高创新效率（叶祥松和刘敬，2018）。

（二）知识产权保护对企业自主创新影响的国内外研究现状

1. 国外研究现状

知识产权保护影响创新的研究结论，学术界存在不同观点。抑制论认为，知识产权保护虽然增加北方国家的垄断力量，但是长期可能带来创新效率的下降，并且牺牲了南方国家的全球贸易份额（Grossman 和 Helpman，1991），增加了技术扩散成本，使发展中国家创新效率下降（Glass 和 Saggi，2002），降低了模仿率，不利于创新的激励（Horri 和 Iwaisako，2007）。促进论认为，知识产权保护制度会帮助南方国家开发更适合自身的技术，带来创新活动的增加。Kanwar 和 Evenson（2003）的研究认为，知识产权保护可以促进企业增加 R&D 投入，推动了技术进步和创新。Branstetter 等（2006）通过构建创新、模仿的内生化的南北产品周期模型，得到了类似的结果。非线性论试图辩证地分析知识产权保护与创新能力之间的关系。Bessen 和 Maskin（2009）指出，适度的知识产权保护激励创新，但过强的知识产权保护会抑制补充性创新。Furukawa（2010）的研究显示，知识产权保护与技术创新之间具有倒"U"形关系，即在短期内能够对创新产生激励作用，但从长期看，知识产权保护对"干中学"效应会产生阻碍作用，因而会抑制技术创新。Lorenczik 和 Newiak（2012）通过构建扩展的南北创新模型，结果表明，知识产权与创新之间呈非线性关系，这与南方国家的创新效率有关，即存在一个创新效率的临界值，小于该值时，加强知识产权保护能够促进创新，高于该值时则会抑制创新。

2. 国内研究现状

国内学者以中国或者发展中国家为出发点进行了相应的研究，结果也不尽一致。一些研究显示，知识产权保护制度并不能促进自主创新。郭春野和庄子银（2012）认为，知识产权保护的创新效应取决于市场结构，在双寡头垄断模型中，南方国家在创新能力较弱的地区实施知识产权保护可能会进入"创新陷阱"，甚至造成福利损失。与此相反，多数研究结果表明，知识产权保护对企业创新具有促进作用，能够带动产业链上相应环节的技术创新以及产品研发，从而提升行业的创新效率。加强知识产权保护可以阻止模仿者进入，提升东道国在全球价值链分工中的地位（杨珍增，2014），特别是技术密集度高的行业，对知识产权保护更为敏感，知识产权保护的技术创新效应更大。一些实证研究进一步考察了知识产权通过一定的途径对创新产生正向影响，即对创新的调节作用，如靳巧花和严太华（2017）的研究表明，对外贸易、外商直接投资（FDI）、对外直接投资（OFDI）等国际技术溢出对创新的影响存在知识产权门限效应，当知识产权保护水平超过门槛值后，对外贸易、FDI、OFDI 对创新的促进显著增大；知识产权保护显著正向调节企业研发投入的同群效应（曾江洪等，2020）；知识产权保护在网络联结强度和创新绩效之间存在调节作用（胡海青等，2018）。还有研究认为，知识产权保护对技术创新的影响是非线性的，或者是不确定的。刘思明等（2015）的实证结果表明，知识产权保护与创新能力呈倒"U"形关系，但从分布形式看，绝大多数样本位于拐点左侧，说明从整体上看，知识产权保护有利于创新能力提升。

宗庆庆等（2015）的研究显示，知识产权保护削弱了垄断性行业的自主研发动机，但在竞争性行业中则促进了研发活动。李停（2017）的研究表明，加强知识产权保护可以推动企业创新，但不利于技术扩散，应该与竞争政策有机结合，发挥政策合力。李平和史亚茹（2019）的研究显示，知识产权保护对 OFDI 逆向技术溢出影响呈现倒"U"形关系。

（三）技术服务对企业自主创新影响的国内外研究现状

1. 国外研究现状

国外关于技术服务对企业自主创新的相关研究主要体现在两个方面：一是技术服务的溢出效应研究；二是技术服务与创新融合的研究。从技术服务的溢出效应来看，服务产业化公司在现代企业创新体系中的地位越来越重要，技术服务公司逐渐成为创新过程中的"驱动器"，如软件服务业的某些环节外包，促进了该产业发展壮大，促进了生产率的提高（Peukert，2010）。从技术服务与创新的融合来看，技术服务的快速发展，并与创新不断融合，促进了高新技术服务业的发展，构成创新体系中的关键环节和必要的媒介，尤其是知识密集型服务业的快速发展，极大地促进了生产率的提升（Allon，2007）。作为创新的媒介，技术服务业提供了外部知识源，形成创新网络促进创新升级，渗入企业的创新决策，推动企业创新水平的提升，帮助企业利用知识网络获取特定的技术知识，促进创新（Du 等，2013），为企业提供技术创新平台，提供技术支撑，帮助企业获取知识，促进创新活动的开展（Pinto 等，2015）。

2. 国内研究现状

国内关于技术服务对创新影响的研究主要有三个方面：一是科技创新服务体系在创新中的作用。创新服务体系能够推动区域创新体系构建，引导科技创新快速发展，通过创新资源共享，促进新兴产业发展和技术创新（李煜华等，2015），提高产业链上下游企业应对市场变化的能力，克服创新的不确定性，提高创新资源利用效率（杨瑾和郝姿容，2017）。科技中介机构提供专业化的服务，推动创新绩效提升，可以优化创新资源配置，提升创新效率（郭元源等，2019）。二是服务业发展对企业创新的影响，尤其是知识密集型服务业与创新的研究较多。知识密集型企业生产知识并促进知识扩散，在创新系统中发挥着重要作用，如促进知识转化并提供知识中介服务，提升区域创新能力和效率，推动高技术产业提升知识创新绩效，提高产品创新绩效（张振刚等，2013）。三是从接包方的视角，研究其对国内技术创新的影响，尽管结论不完全一致，但是大多数研究肯定了承接服务外包可能带来的技术效应。承接服务外包，可以获得技术溢出，提高本土研发能力、行业竞争力，提升技术吸收能力，增加创新产出（任志成和张二震，2012）。

第三节　区域技术环境影响企业自主创新的研究框架和方法

一、区域技术环境影响企业自主创新的研究框架

遵循"提出问题—分析问题—解决问题"的思路，通过文献研究，提出问题，运用经济学理论，分析技术环境影响企业自主创新的逻辑基础和机理，建立计量模型进行实证，最后提出对策建议，研究框架如图1-1所示。

首先，基于高质量发展和创新驱动发展的大背景，研究区域技术环境影响企业自主创新的时代价值和意义，对技术环境与企业自主创新的国内外文献进行系统回顾和评价，通过理论研究形成研究框架。

其次，运用经典的经济理论，从自主创新要素、技术溢出、自主创新能力三个方面建立区域技术环境影响企业自主创新的理论框架；从制度层面、产业层面、要素层面分析企业自主创新的格局、机遇和挑战。通过成本收益角度研究区域技术环境影响企业自主创新的机理，揭示其影响的驱动力、影响机制和影响效应。

再次，进一步分析区域技术环境对企业自主创新要素、技术溢出、自主创新能力的影响机理，并运用经济计量模型进行实证。

最后，从企业需求和研发能力以及信息获取方面，探讨了区域技术环境促进企业自主创新的实现条件，从创新资源保障体系、制度与政策支持体系、创新氛围导向体系方面探讨了区域技术环境促进企业自主创新的支撑体系，并提出了完善区域技术环境及其促进企业自主创新的政策建议。

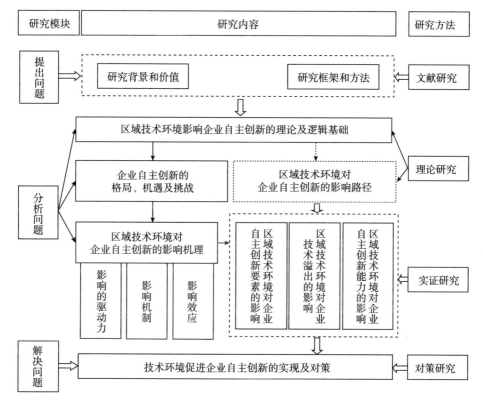

图 1-1 技术环境影响企业自主创新的研究框架

二、技术环境影响企业自主创新的研究方法

（一）定性分析法

基于经济学、管理学基本理论，系统梳理国内外技术环境与企业创新文献，回顾技术环境与企业创新的经典理论，从自主创新要素、技术溢出和创新能力三个方面分析区域技术环境对企业自主创新的影响路径。遵循企业创新成本与收益分析框架，研究技术环境对促进企业自主创新影响的驱动力、影响机制和效益，揭示技术环境影响企业自主创新的机理。此外，详细探讨技术环境促进企业创新的实现条件和支撑体系，提出促进技术环境建设和促进企业自主创新的对策建议。

（二）定量分析法

根据理论分析的逻辑框架，构建相应的经济计量模型，检验区域技术环境对企业自主创新的影响路径。具体为：

（1）面板数据模型。运用 2008～2019 年全国各省份的规模以上工业企业相关数据，实证分析区域技术环境对企业创新人才集聚、创新投资和吸收能力的影响；检验区域技术环境对技术引进、FDI 技术溢出以及 OFDI 逆向技术溢出的调节作用。

（2）时间序列模型。运用 1995～2019 年全国大中型工业企业时间序列数据，检验区域技术环境对进口技术溢出的调节作用。

（3）面板 Tobit 模型。针对创新效率数据的特点，选择面板 Tobit 模型，实证检验区域技术环境对企业创新效率的影响。

第二章 区域技术环境影响企业自主创新的理论基础

第一节 核心概念界定

一、区域

区域是与地理和经济活动密切联系的概念，既指客观存在的地理空间，也指具有内在联系和特定功能的地域空间。区域内部是紧密相连的，可以独立进行经济活动和地理空间功能的探索。区域可以按照同质性和功能一体化的原则进行划分，如地理特征、社会结构、行政隶属、经济属性等。不同的学者有不同的划分方法，本书根据我国经济社会发展的典型特点，按照东、中、西三大地区进行划分①。

二、创新环境

自主创新是以知识生产为核心的过程，包括知识创造、运营和服务。作为创

---

① 东部区域包括北京、天津、河北、辽宁、上海、江苏、浙江、福建、山东、广东、海南；中部区域包括山西、内蒙古、吉林、黑龙江、安徽、江西、河南、湖北、湖南；西部区域包括四川、重庆、贵州、云南、西藏、陕西、甘肃、青海、宁夏、新疆、广西。

新主体的企业，自主创新受到内部条件的影响，如创新资源拥有状况、企业技术集成能力、吸收能力等。对于理性的企业，其创新能力的形成必然受到外部条件的影响，如政策、经济、社会等因素，由此构成了企业创新的外部环境。

"环境"在《辞海》中的含义为"周围的情况和区域"，从广义上看，环境是系统外部的一切事物或系统的综合；从狭义上讲，事物赖以生存和发展的必要条件构成该系统的环境。

现有研究中，多数文献使用"创新环境"一词，泛指影响企业创新的各种外部因素。与此相应，区域创新环境于1985年由欧洲创新小组最早提出，引起了许多相关研究，但对创新环境的内涵存在不同看法。一种观点将创新环境看作是产业在空间上的进一步凝聚形成的一个相对稳定的系统或是一个相互影响的网络（苗圆圆，2014）；另一种观点将创新环境看作是影响企业创新行为的各种要素的集合（Andersson M 和 Karlsson C，2012；侯鹏等，2014）。

三、技术环境

创新环境从影响企业自主创新的要素和内外系统方面揭示了企业自主创新的关系，但是未能完全反映其对企业自主创新影响的力量来源。无论是从影响企业自主创新的要素看，还是从影响企业自主创新的系统看，他们都必然通过某些力量，进而影响企业自主创新，因此，本书试图从"技术环境"的角度来分析这种力量，以期更好地揭示外部环境对企业自主创新的内在机理。影响企业自主创新的因素包括多个，但追溯影响力渊源，不外乎市场、政府和企业三个方面。技术市场不仅能够配置创新资源，而且可以通过技术交易实现创新价值，构成企业创新的动力源泉。政府利用知识产权保护等制度，保护原创者的创新收益。维护创新权益，成为企业自主创新的保障力；专门化的技术服务推动了企业之间的交流与合作，是企业自主创新的推动力。因此，我们选取技术市场、知识产权保护以及技术服务三个方面来表征技术环境。

（一）技术市场

随着科技进一步发展，技术市场逐渐从市场中分化出来。与市场类似，技术市场的含义也有狭义、广义之分。狭义上，技术市场是技术商品交易的活动场所，该含义揭示了技术产品的实体特征，但仍受到"场所"的时空制约。广义的技术市场强调了技术商品的交换关系，涵盖了技术委托开发、合作开发、技术转让以及专利实施许可等多种技术交易方式。与普通商品不同，技术商品交换对场所的依赖程度较弱，在信息网络技术较为发达的今天，技术商品交易可以以多种形式方便地在虚拟空间中完成。因此，技术市场的概念应该是广义的，同时，技术商品的价值实现常常借助必要的试验、展示场所和相关的设备支撑，这说明技术市场具有有形和无形的二重性特点。

（二）知识产权保护

知识产权制度起源于西方资本主义和市场经济的发展，并随之不断完善。知识产权保护是建立在知识产权概念基础之上的。知识产权一词最早由法国学者卡普佐夫开始使用，之后比利时法学家皮卡第进一步使用和发展了知识产权的概念（吴汉东，2018）。就学术界而言，知识产权并没有形成统一的概念，但至少可以理解成为一个法律概念或者经济概念。从法学角度看，知识产权是公民或者法人基于智力创作或创新所产生的知识产品，包括专利、商标、外观设计等相关的工业产权，也包括社会科学等方面作品涉及的著作权和版权。从经济学角度看，知识产权是以专利、著作权、商标权为核心的，以某种特殊技术或权利存在并发挥作用的能产生收益的经济资源（王景和朱利，2004）。

知识产权的概念虽然已经被世界上多数国家所接受，但是不同国家的法律体系存在差异，对知识产权的范围界定也有所不同，但《成立世界知识产权组织公约》（The Convention Establishing the World Intellectual Property Organization，WIPO）与《与贸易有关的知识产权协定》（Agreement on Trade-Related Aspects of Intellectual Property Rights，TRIPs）分别给出了广义和狭义的知识产权保护范围，对知识产权的界定和分类具有较大影响力。

知识产权保护主要指从法律上对知识产权实施保护，对侵害知识产权行为采取的一系列举措。依据《中华人民共和国民法通则》的相关规定，中国知识产权保护体现为立法保护、执法保护。立法保护是以立法形式赋予公民或法人的智力成果的所有权；执法保护包括司法保护和行政保护，前者主要通过司法途径如对侵权行为提起诉讼，对侵权者追究刑事或民事法律责任，后者则通过行政手段对侵权行为进行必要的制止、打击等。由于中国知识产权保护制度起步较晚，相关的司法制度还处于起步阶段，一方面要不断健全知识产权制度，另一方面要加强执法保护，不仅要完善相关的知识产权司法程序，而且要合理运用行政手段制止侵权行为，维护知识产权所有人的合法权益。

基于此，本书将知识产权保护界定为：采取立法保护与执法保护两种方式协调运作，对智力成果给予法律保护，对于知识成果的侵权行为进行司法审查，并配合行政手段进行打击，对创新者的智力成果进行保护，激励创新行为。

（三）技术服务

技术服务的核心功能是通过专门化、社会化的服务，支持各类创新主体从事技术研发和产品开发、商业化推广等活动，包括为创新活动提供各种资源和技术信息，开展技术咨询和评估、技术交易、技术培训和推广、技术成果转化等服务，也包括创新项目的合作、融资和筹资等服务，以降低创新成本、减少创新风险，促进创新更快速转化，密切创新主体与市场的联系，促进知识流动和技术扩散。

四、创新

创新一词最早出现于《魏书》："革弊创新者，先皇之志也"，意指制度革新，强调创建新的或首先。在拉丁语中，创新包含创造或改变新事物的意思。现代意义上的创新的提出者是约瑟夫·熊彼特，他认为创新是生产要素和生产条件的"新结合"，首次系统地界定了创新范围：新产品开发、新技术引进、新市场开辟和发掘新的原材料来源及组织管理创新。他的核心观点是，打破了原有的经济结构，突出生产要素与生产条件实现"新结合"，也被称为"创造性破坏"。

随着技术革命的快速发展，"技术创新"被置于"创新"的主导地位，创新是发明的选择、技术的首次采用、创新事物的首次商业性转化，是企业为获取市场机会对资源重新组合，利用新工艺生产新产品进行推广的综合过程。随后的研究不断丰富创新的内涵，如彼得·德鲁克（2009）突出了企业家精神在创新中的地位，而厉以宁（2017）强调了信息的重要作用，即"创新就是信息重组"。

虽然创新内涵的界定不完全相同，但是在一定程度上能够折射出时代特征，随着知识经济时代的到来，创新是创新主体包括企业和个人，利用内外部资源而展开的创造活动，包括技术、产品、价值观念、管理制度等，以满足市场（社会）需求的过程。

五、自主创新

自主创新是基于中国特色社会主义发展背景而提出的，具有区域特征。国外没有自主创新一词，但与之更相似的词语是内生创新、独立革新（Lenginck - Hall，1991），这些词语都强调创新的独立性，是企业依靠自身研发部门，通过整合各种资源实现技术突破并实现新的产品价值的过程。一般而言，独立创新可能会得到更多的利益，其关键就是掌握知识产权。自主创新最早由周光召（1992）提出——在学习跟踪的基础上走自主创新的道路；陈劲（1994）强调了自主创新是一个"从引进新技术到消化吸收转化为自有技术和自主创新成果"的过程。还有学者从其他角度对自主创新进行定义，如自主创新是"创造自主产权的过程"（刘御林，1997）；是企业实现技术突破—开发新产品—推广转化，实现创新价值的过程（傅家骥，1998）；是引进—消化吸收—模仿—实现创新的学习和积累过程，在模仿和积累的过程中形成自主创新能力（毛蕴诗和汪建成，2006）。《国家中长期科学和技术发展规划纲要（2006—2020年）》给出了自主创新的明确含义，自主创新包括原始创新、集成创新和消化吸收再创新。此后的学者们以自主创新为主题进行了广泛研究，更加强调核心技术的突破、自主知识产权的获取、独立革新的能力、品牌和创意能力等。

随着时代发展和科技进步，自主创新的含义也在不断丰富。作为企业的自主创新，其核心是通过自身力量进行独自研究开发和技术创新的活动，同时需要有效利用外部资源，实现创新资源的最大化利用，从而有效地进行技术研发，获得独立知识产权，并将其有效地运用于市场，实现创新收益的过程。

第二节 区域技术环境影响企业自主创新的理论基础

一、创新理论

（一）熊彼特的创新理论

约瑟夫·熊彼特提出了创新概念，并在1939年和1942年结合经济社会形势进行了补充和完善，形成现代创新理论。该理论揭示了创新的重要性。从创新主体看，企业家是创新的主体，创新需要富有创造性的企业家来组织实现；从创新动机看，追逐垄断利润和企业家精神是创新的动力源泉；从创新形式看，创新包括工艺、产品、市场、资源以及组织管理五个方面。

以熊彼特创新理论为基础，Freeman（1982）将其概括为两个模型，即熊彼特创新模型Ⅰ（企业家创新模型）和熊彼特模型Ⅱ（大企业创新模型）：前者把技术看作外生经济变量，强调了企业家的作用；后者重点关注垄断企业在创新中的作用，把技术创新看作是内生变量，突出企业内部研发活动，企业通过创新获得垄断地位和超额利润，但随着新技术的普及和行业竞争者的模仿，垄断地位逐渐削弱甚至丧失。两个模型的共同点是创新主体基本相似，但区别是，熊彼特模型Ⅱ以企业研发活动的内生科学为起点、创新绩效为终点，成为一个良性循环系统（高传贵，2018）。

之后，一些学者以熊彼特创新理论为基础进行拓展研究，形成了以斯菲尔德、施瓦茨为代表的技术创新学派。该学派认为创新是从新产品构思到生产再到销售的过程，其中，技术对新产品生产起着驱动作用。由于技术具有可复制性的特点，Mansfield 等（1981）还提出了"模仿"的概念，并详细分析了技术的模仿和创新之间的关系。

（二）罗杰斯的创新扩散理论

创新扩散理论以埃弗雷特·罗杰斯为代表，于20世纪60年代提出，又被译为"创新传播理论"（方文艳，2018）。该理论认为，机会、环境、支持系统和创新者构成创新四要素，包括新设想的产生，经过研究、开发、中试，再到批量化生产、市场营销、扩散七个过程。罗杰斯将创新传播扩散划分为认知、劝说、决策、实施、确认五个阶段，详细刻画了创新扩散的阶段特征：在传播早期，由于受个人性格、偏好、社会规范等影响，人们对新事物的认可和接受程度的影响较低，创新采用者数量较少，扩散速度缓慢；经过一段时间后，创新率先采用者数量逐渐增多，人们的认可程度逐步上升，达到临界点后，创新扩散速度迅速上升，创新采纳者不断增加；当接近饱和点时，创新扩散速度逐渐递减，即从创新扩散的时间维度看，创新扩散呈现出"缓慢—迅速—饱和—衰落"的"S"形曲线特征。

从创新个体看，不同的人对创新的采纳时间也各不相同，罗杰斯将创新接受者划分为创新者、最早采用者、早期采用人群、后期采用人群以及落后者。影响因素主要有创新自身的优势、技术的兼容性和可试性、个体的创新性等。Midgly 和 Dowling（1978）将个体创新性界定为个人接受新观念和新事物，不与他人沟通的努力程度。个体创新性反映了个体对新产品、新观点的偏好程度和接受程度（Hurt 等，1997）。与后期采纳者相比，早期采纳者更具创新性，对新观念、新事物的理解能力更强，更愿意冒险和尝试，人际关系和社会活动更多，眼界更宽，对新知识的了解更多（Roger，2002）。这为创新推广提供了有益的思路，在创新推广初期应重点关注创新者和早期采用者的注意力，采取劝说、宣传及尝试等策略。创新扩散离不开社会网络和信息技术，在信息技术发达的今天，利用现代技术信息促进技术推广和创新成果转化，是创新扩散的最优路径。

（三）德鲁克的创新思想

彼得·德鲁克的创新思想立足于熊彼特的创新理论，赞成企业家的作用，对"创造性破坏"加以阐释，同时又超越了经济范畴，将创新的研究扩大到了社会学范畴。德鲁克认为，创新是一种实践，企业家是创新的主体，但企业家不仅在经济领域，而且在社会、管理领域也发挥着重要作用。除资本、劳动力外，管理也是创新的资源。创新机会广泛存在于社会之中，创新不只存在于企业，任何组织包括政府、科研机构、军队、医院等都可以创新。德鲁克试图将创新看作系统化的活动，使其成为一门科学进行管理，将创新变为大众能够学习和实践的工具，他强调有目的的创新，强调企业家战略和企业家管理，其创新思想的影响较为深远，改变了人们对创新高不可攀的印象，这意味着，任何富有勇气的人通过学习掌握创新的准则，任何组织通过建立系统化、有组织的活动，都可以实现创新。

德鲁克的创新思想内涵极其丰富，除将创新领域扩展到社会和大众外，他还丰富和完善了创新的内涵、形式和意义。德鲁克认为，创新是赋予资源一种新的产出能力，是对资源产出改变的活动，其范围不只是技术上的和看得见的"东西"，所有能够改变资源创造力的行为都是创新。从创新的意义来看，创新是推动企业发展的驱动力，是企业应对市场竞争和市场风险的必要手段，是推动社会经济持续发展的途径。从创新形式来看，企业经营的各个阶段都可以创新，如产品设计创新、工艺创新、服务模式创新、市场营销创新、组织管理创新。从创新方法来看，创新必须以市场需求作为核心，企业应当积极主动关注市场和产业内外部变化，主动把握市场动向，将社会需求转变为市场机会，并系统化地、有组织地创新。

德鲁克的创新思想继承和发展了创新理论，主张建立企业家社会，而且对其进一步发展，强调组织创新和社会创新，创新的精髓由为客户创造价值扩大到一个组织能够体现怎样的社会价值，融合了企业家创新、市场创新、组织创新三方面的文化思想。社会发展和变革是在稳定的组织和非稳定的组织之间的平衡，创新是应对现代组织不稳定力量的手段；市场是千变万化的，关注市场变化，建立以市场为导向的创新机制，可提升创新能力；企业家对组织和市场管理和引导起到关键性的作用。

二、创新环境理论

在创新环境理论诞生之前，创新理论主要着眼点在于技术创新，认为经济增长的动力是技术创新，强调企业家精神和以市场为导向的生产方式是创新成功的决定性因素，但是忽略了企业赖以生存的经济、社会、文化、制度等外部环境对创新的影响。

创新环境（Innovation Milieu）理论由欧洲创新环境研究小组（Groupe de Recherche Europensur les Milieus Innovateurs，GREMI）在 1985 年提出。该理论强调了创新环境的作用，创新环境是企业开展创新活动和孕育创新型企业的场所。创新环境是能为创新活动提供规则和机会的体制性因素，如基础教育、基础设施、产业发展政策、市场条件和公共管理政策等，创新是各种环境因素共同作用的结果。能否从所处环境中获取创新资源以及市场需求状况和制度环境等因素是企业创新能否成功的关键。

作为创新环境理论的重要组成部分，制度环境对创新的影响引起了一些学者的关注。诺思和托马斯（1973）认为，企业外部的制度决定了企业技术创新，而不是相反，如专利保护制度的实施刺激了发明和促进了技术创新。由于制度变革需要依靠政府力量，因此企业应处理好与政府的关系，为企业创新营造良好的氛围。

创新环境自提出之后，得到了很多研究的补充和发展。基于产业集群视角，提出了包括环境、产业和市场在内的企业创新模型①。威格和伍德（1997）对创新系统进行了明确划分，企业是创新主体，辅助创新主体包括政府、教育机构、研究机构、金融商业服务机构（见图 2-1）。企业通过创新活动，研发新产品，并将其在市场上销售，是创新的主体；政府是政策和法律法规的制定者，通过政策和法规的约束或支持影响企业创新；教育机构为企业培育创新人才；研究机构进行知识创新和技术生产，为企业创新提供技术支撑；金融商业服务机构为企业创新活动提供资金支持和服务。

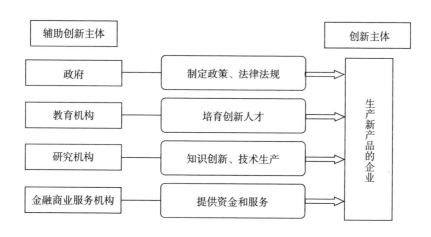

图 2-1　威格和伍德的创新系统

经济合作与发展组织（Organization for Economic Co-operation and Development, OECD）（2001）从国家体系的角度看待创新环境，认为创新环境是为创新活动提供相应的要素、政策和制度支持的配套体系，将创新环境界定为包括政策法规、管理体制、市场和公共服务在内的一个支撑创新的系统。Maillat（1998）揭示了创新环境的三个特征：①创新环境是一种特定的网络结构，由各种物质资源和非物质资源组成，由当地各种组织如企业、研究和教育机构、政府等共同创造和享有。这种共享性有利于减少各个组织包括企业经营中的不确定性。②创新环境是创新策略的组织集合，包括组织内部创新和从外部学习。③创

---

①　转引自：李效林．创新环境对企业创新能力的影响研究［D］．苏州大学硕士学位论文，2012.

新环境是一个不断学习和探索的动态过程。通过持续学习，可以增强组织适应环境变化的能力，还可促进创新传播与扩散，甚至通过反馈机制促进创新环境本身更新改善。

创新环境对企业创新的影响受到越来越多的关注，国内学者对创新环境及其在企业创新中的作用也进行了大量的研究。例如，创新环境具有网络组织形式，是企业、科研机构以及地方政府在长期交流与合作中形成的相对稳定的系统（王缉慈，1999）；创新环境包括促进企业创新的静态环境和自我更新的动态环境（盖文启，2002）；创新环境为企业提供了有效的信息资源，推动企业协作，形成产业集群，是实现技术创新的外部条件（陈赤平，2006）。

创新环境构成组织与团体技术创新的约束条件，也成为创新活动的动力。组织与团体不仅要适应所处的创新环境，还要对创新环境进行改造和利用，实现两者协同发展。

三、技术环境相关理论

（一）技术转移理论

国外技术市场资源主要依靠市场机制配置（郝艳芳，2011），与整个市场体系有着紧密的联系，因此没有专门的技术市场理论，但一些技术交易的研究特别是在跨国技术转移领域的研究，形成了一些理论，对于技术市场的进一步研究仍具借鉴意义。

技术转移理论的研究起点在于揭示技术转移的原因和动力，形成了不同的理论观点，虽然还未形成完整的理论体系，但是具有初步形成独立理论体系的趋势（朴商天，2003）。从技术供方角度看，代表性理论有技术差距理论、技术转移选择理论、技术生命周期理论等。技术差距理论由波西纳（Posner，1961）提出，其核心观点是发达国家利益技术优势垄断国际贸易，并利用技术优势输出技术，而其他国家会进行模仿和技术引进以缩小技术差距。克鲁格曼（Krugman，1979）的商品贸易周期模式表明，技术差距决定了国家之间的贸易格局，揭示了国家间技术转移的原因。金泳镐（1989）根据技术转移主体不同分为发达国家和地区间的技术转移，发达国家与发展中国家之间的技术转移被称为技术双重差距理论，该理论认为，受一些约束条件的影响，如市场容量小、投资成本高等，企业不可能全部利用技术专有权生产新产品获利，会通过技术转移实现创新价值，但如果技术转移的交易成本过高等可能会影响技术转移。技术生命周期理论能够进一步说明技术差距的演变过程，同普通商品一样，任何技术都经历产生—发展—衰退—消亡的过程，最终反映在产品上，从技术贸易角度观察，技术产品问世后，经历新产品垄断—出口增长—出口竞争—出口衰退阶段，在此过程中技术从一国转移到另一国。

基于技术需方，代表性理论有需求资源（NR）关系理论、中间技术理论、雁行形态发展理论等。需求资源关系理论由斋藤优（1985）提出，该理论认为，国民需求（N）和资源（R）是制约经济发展的两个因素，当 R 不能满足 N 时，便产生了技术转移，这种转移既可以在发达国家与发展中国家之间发生，也可以在它们相互之间发生，因为不同国家的 N 和 R 不同。该理论基于需求与资源的关系，强调了 NR 关系是创新的动力，揭示了技术转移的机制，通过技术创新改变资源结构，推动资源更加有效合理利用，使 NR 关系得以协调和改善，而随着经济社会的进一步发展，当 NR 关系不适应时又会产生技术创新和技术转移。中间技术理论基于发展中国家角度，对国际技术转移进行阐述。该理论最早由舒马赫（Schumacher，1973）提出，他认为，发展中国家经济、技术与发达国家的差距日益扩大，发展中国家应优先选择劳动密集型工业发展，这就需要选择中间技术，才能有效发挥本地的比较优势，特别是对于劳动力过剩的国家更为适用：一方面避免了取消工种、节约劳动等问题，促进充分就业；另一方面避免了复杂的生产方法，便于吸收利用，提高生产率。雁行形态发展理论是关于发展中国家技术转移变化轨迹的理论。该理论由馆龙一郎于 1975 年提出，他把技术转移分为引进技术、消化吸收、应用开发、积累技术四个阶段，与之对应地，商品生产经过导入期—进口替代期—出口增长期—成熟期。在导入期，进口国引进技术并模仿生产；在进口替代期，经过消化吸收后技术已经标准化，开始大量生产商品；在出口增长期，满足国内需求后出现剩余，出口开始增加，本土化到产品上的技术也发生转移；在成熟期，国内需求逐渐减少，必须增加出口，此时已经完成技术积累，技术转移随之进行。

（二）外部性理论与交易费用理论

从形式上看，知识产权保护是运用法律手段对知识产权实施保护，是一个法律学科的概念，但从实施的目的和知识产权保护的内涵来看，知识产权保护有着浓厚的经济学基础，又是一个经济学概念。深刻地理解知识产权保护相关的经济理论，对于知识产权保护制度的完善，以及利用知识产权保护促进自主创新有着重要的意义。

与知识产权保护相关的经济学理论主要有外部性理论和交易费用理论。外部性理论揭示了经济主体在从事自身经济活动的过程中给其他主体或社会可能带来的影响，如果是正向影响则称为正外部性，如果产生了不利影响则称为负外部性。创新就是一项具有典型正外部性的活动，因为成果在给创新者带来收益的同时也给他人带来学习的机会，提高收益，进而推动社会进步。从社会发展的角度看，人们都希望增加正外部性的经济活动，因为这样对社会发展有利。然而不幸的是，正外部性活动如创新的边际私人收益（MPR）小于边际社会收益（MSR），均衡产出（Q_1）小于社会需要的最优数量（Q^*）（见图2-2），所以靠市场机制配置资源会使社会希望的产出越来越少，即市场失灵，结果是创新的激励不足，创新产出减少。要使创新产出达到社会有效需求，就需提高边际收益，其中有效的方法是将知识产权变为私有，赋予创新者一定期限的垄断权利，获得创新收益。这就涉及交易费用理论。

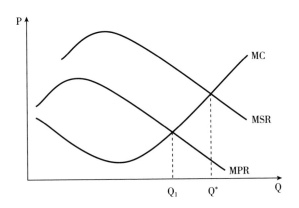

图2-2　创新的外部性

交易费用理论被认为是解决外部性问题的一个有效途径，可以看作是科斯定理的具体运用。科斯定理认为，交易费用为零时，产权无论属于谁，市场都能有效配置资源，达到帕累托最优。这表明，只要产权明晰，市场就可以实现资源最优配置，界定产权就成为解决外部性问题的有效途径。但现实中，交易成本往往很高，原因是存在有限理性、机会主义、不确定性、小数目条件等（Williamson，1985）。交易费用理论认为，只要存在交易费用，不同的产权界定带来不同的资源配置，所以产权制度是资源有效配置的基础。首先，合理界定产权能降低交易费用。交易费用包括契约签订前、契约实施以及事后监督等过程中的各种花费。按新制度经济学的观点，交易费用的高低决定了产权界定的难易程度，如果交易费用高昂，产权界定程度会很低，只有当交易费用很小甚至为零时，产权才能充分界定。创新成果如发明、技术等常常以无形资产形式存在，缺乏有效的方法准确地估计其价值和收益，在交易双方的信息不对称情况下，加之"机会主义倾向"，任何一方隐瞒信息、抬高或压低价格均会造成交易延迟或调查费用增加，便会产生交易费用。如果实施知识产权保护制度，可以有效降低交易费用。例如，创新者在申请专利时，需要经过一系列的审查等程序，取得专利后可以根据相关资料对其有效评估，节省了交易费用，这也说明产权界定会对交易费用产生影响。其次，合理界定产权有利于经济发展和技术进步。一般而言，现实社会存在技术性生产边界和结构性生产边界。由于两者的决定因素不同，因此两个边界不会相同，但两者之间的距离越接近越有利于社会发展。该距离又是由社会的产权结构和政治结构决定的，政府可以通过某个结构缩小两者的距离，如实施知识产权保护制度，对创新者而言，获得了一定的垄断性，提高创新收益，对于社会而言，缩小了私人收益率与社会收益率之间的差距，相当于缩小了技术性生产边界和结果性边界的距离。当然，产权界定应有一个界限和原则，即产权界定的"内在化收益>内在化成本"。

可见，外部性理论和交易费用理论为知识产权保护提供了存在的理论基础，虽然知识产权界定需要花费成本，但是如果能够合理界定知识产权，可以促进技术创新，推动社会发展，所以在实际经济运行中应该合理界定知识产权，而且应该有效保护。

（三）创新服务体系与服务主导逻辑的研究

创新活动离不开所处的环境，需要社会化、专业化的信息服务，如技术开发与交易、技术咨询与培训、资金和组织保障等服务。虽然还没有关于创新服务方面系统的理论，但是关于创新服务体系和服务主导逻辑的研究，都突出了服务在创新中的重要作用，对技术服务问题的进一步研究具有一定的借鉴意义。

改革开放后，随着技术市场的发展，创新服务需求逐步增加，一些研究开始关注科技（创新）服务问题，中国于1992年提出重点发展科技服务业（包括科技咨询业、科技信息业和技术服务业），为最初的创新服务范围。学者们先后围绕如何创新服务体系的作用、评价、构建及推进途径做了较多的研究。学术界普遍认为，研发部门、政府、科技中介服务机构是创新服务体系的构成要素。创新服务体系为创新提供信息交流、技术咨询、人才和资金服务，搭建创新平台形成网络化的联系，促进知识和信息的流动和扩散，减少创新成本，降低创新风险、促进科技成果转化。国外并没有专门对于"创新服务体系"的研究，但关于"国家创新体系"的研究体现了创新服务体系的思想。Freeman（1987）最早提出了国家创新体系的概念，认为国家创新体系是一个创造、改进技术而相互作用、相互依存的"网"。Lundval（1992）认为国家创新体系由大学、研究机构、企业之间相互协作、共同配合以达到技术创新目的而构成的复合体。

在服务主导逻辑之前，占据经济活动中心地位的是生产性商品。然而，随着经济发展，产品与服务融合的趋势愈加明显，服务业占经济的比重不断上升，在发达经济体中已经成为经济增长的主体，由此 Vargo 和 Lusch 于2004年提出服务主导逻辑，并先后在2008年、2016年进行了修订和补充。服务主导逻辑的核心观点主要包括：第一，突出服务的核心地位。服务的新定义是行动者为了自身或者其他行动者利益使用资源的过程。该定义将产品与服务统一到服务视图中，改变了商品逻辑中"服务是产品的附件物"的认识，能更好地解释当今企业服务和产品不断融合的现象，认为服务是社会经济活动的中心，产品是服务的分销机制。第二，竞争优势的来源是可操作性资源。服务主导逻辑认为资源是能使行动者获取帮助的所有要素，可分为对象性资源和操作性资源（郭朝阳等，2012），前者是静态的，后者是动态和无形的资源。商品主导逻辑强调了对象性资源是核心资源，但服务主导逻辑则强调操作性资源是核心资源，是竞争优势的来源，技能提升竞争优势，也受竞争的反向推动。第三，价值是不同行动者共同创造的。服务主导逻辑认为价值是一个连续过程，是在使用过程中实现的（刘林青等，2010），如某个行动者提供价值主张，吸引其他行动者提供资源，进行资源整合和服务交换，从而实现价值，任何一个主体难以单独创造价值。第四，服务生态系统是实现价值共创的主要场所。早期研究者关注企业和顾客的二元关系，即价值共创主要由企业和顾客实现（简兆权等，2016）。随着信息技术和网络的发展，像企业员工、原料供应商、研发机构，甚至竞争对手都参与到价值共创过程中，Vagro 和 Lusch（2010）将其定义为服务生态系统，它由不同的行动者借助一定的制度、技术和语言互动构成，实现服务共同生产和价值共创的过程，是一个自组织的自治系统，通过有效的制度安排、整合资源，从而实现共创。

第三节　区域技术环境影响企业自主创新的逻辑基础

自主创新是一个多重均衡的演化过程，具有路径依赖特征（W. Brian Arthur，1989），从不同角度看有不同的路径，如在已有市场需求条件下，企业自主创新路径为"需求认知—行为—结果"，在潜在需求条件下为"研发生产—需求诱导—检测"（周怀峰和郭玉杰，2011）；从劳动禀赋视角看，企业自主创新包括流程、产品、功能创新；从技术和市场维度看，企业自主创新又可分为改进型、破坏型和革命型（高传贵，2018）。但是，这些角度的划分具有一定的局限性，忽视了自主创新的内生性。自主创新是一个从投入到产出再到应用的过程，企业需要考虑资源在不同环节之间的分配，以获得最大化收益。所以，从过程视角来看待企业自主创新更具普适性。首先，创新要素投入是保证自主创新活动进行的必要条件，增加创新要素投入是企业自主创新的基本路径。其次，开放条件下，利用外部资源，获取技术溢出是企业自主创新的有效路径。最后，提高创新能力是企业自主创新的必要路径：一是提高投入产出比即创新效率；二是有效利用外部资源和技术溢出即提高吸收能力。

自主创新是企业根据内外部条件所作出的理性选择，对自主创新成本和收益产生影响的因素必然影响企业的创新决策。区域技术环境对自主创新不同路径的成本和收益产生着直接或间接的影响，从而影响自主创新。

一、区域技术环境对企业创新要素的影响

创新要素是自主创新的基础。从狭义的角度来看，直接参与创新活动的要素主要为创新人才和创新投资。在企业中，创新人才包括那些能够直接参与企业创新活动的管理人员、技术研发人员、工程师及技术工人等。创新投资是用于创新活动的各项资金经费及通过投资形成的物力资源如设备、仪器等。

增加创新要素投入应满足两个条件：一是需求增加；二是供给增加。从需求看，企业要有增加创新要素投入的意愿，这取决于企业的创新决策。任何企业都面临资源约束问题，这就要求其在技术研发（自主创新）和商品生产之间合理分配资源，当资源在两个环节中的边际产出相同时，企业经营结构达到均衡，研发强度也随之确定。创新要素也是一种资源，只有其在创新环节中的净收益大于在生产领域中的净收益时，企业才会增加创新要素投入，区域技术环境越完善，企业获取技术知识更为便利，学习成本更低，创新价值更容易实现，自主创新净收益增加，这时企业会增加创新要素投入。从供给看，创新要素要有进入企业创新领域的意愿，这取决于创新要素的流向。创新要素流动具有逐利性的特点，即从净收益低的区域流向净收益高的区域，区域技术环境完善可以增加企业自主创新的净收益，从而吸引创新要素流入。因此，区域技术环境从供给和需求两个方面影响企业创新要素投入。

（一）集聚创新人才

区域技术环境一方面可以增加企业对创新人才的需求，企业既可以通过内部调动和培训增加创新人才，也可以从人才流动中获得；另一方面可以增加创新人才的供给，技术环境提高了创新的预期收益，为创新人才提供更好的发展空间，从而吸引创新人才流入。结果是创新人才在技术环境完善的区域集聚，在企业内集聚，形成集聚效应，可以更好地进行技术合作与交流，方便技术学习和信息共享等（见图2-3），形成溢出效应。

（二）增加创新投资

区域技术环境促进企业增加创新投资，企业可以调整内部资源分配，增加自主创新活动经费和物力投入，形成规模效应。另外，区域技术环境提高了自主创新的净收益，资本在创新领域的边际报酬率提高，会吸引其他领域资金，如贷

款、股权性融资、政策性融资、风险投资及其他社会资金，形成进入效应（见图2-4）。

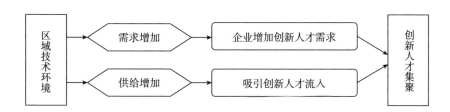

图2-3　区域技术环境对创新人才的影响

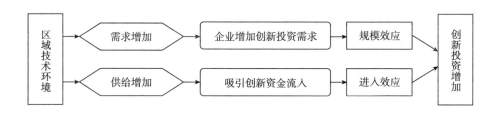

图2-4　区域技术环境对创新投资的影响

二、区域技术环境对技术溢出的调节作用

技术发展与传播呈现出由发达国家逐渐向发展中国家扩散的梯度性特点，加之技术扩散的周期性和不同国家技术差距的存在，任何技术在理论上讲都可以得到传播，从而逐渐缩小国家之间的技术差距（陈晓东，2019），所以，对先进技术的引进、消化和吸收成为发展中国家实现技术创新的重要途径。获取国外技术的主要路径包括引进国外技术、吸引外资（FDI）、对外直接投资（OFDI）、进口等（汤萱，2016），无论何种方式，都可以通过消化吸收、模仿学习，获取技术溢出，在此基础上进一步创新。越来越多的研究认为，获取技术溢出的关键在于吸收能力，只有国内吸收能力高时，技术溢出才能促进自主创新，否则会弱化国内企业自主创新能力，拉大与国外的技术差距（储德银和张同斌，2013）。但吸收能力是企业适应技术环境的结果，研究企业创新行为应从影响力量来源入手，

从此角度看，区域技术环境影响企业创新决策，因为其关系着创新成本和收益。企业是理性的组织，当技术环境条件利好时，自主创新净收益增加，企业会调整创新决策，增加创新投入，改变管理模式，以最优的形式消化吸收外部技术知识，提高创新能力，所以，技术溢出效应的发挥关键在于技术环境状况。

（一）调节技术引进的溢出效应

技术引进可以消除技术内生增长的等待时间，降低企业创新的成本和风险（Tsai 和 Wang，2009），规避创新投入规模报酬递减等（Zhou 和 Wu，2010）。技术引进是发展中国家快速实现技术追赶的重要途径，通过技术引进可以快速积累知识资本，增加本国知识资本存量，为企业提高先进的技术平台，使企业在较短时间内以较低的成本掌握并使用先进技术，通过进一步消化吸收，通过模仿创新而增加自主创新能力，缩小与发达国家的技术差距，提高产品质量和竞争力。同时，技术引进可以实现创新人员的流动，产生间接的知识溢出效应（Lin 和 Yum，2016）。在技术引进的基础上自主创新，可以获得创新者的经验和相关的隐性知识，降低了创新的不确定性风险，提高了创新成功率。但也有观点认为，技术引进会形成路径依赖和组织惰性（刘小鲁，2011），而且核心关键技术很难从外部获取，只能从内部产生（Díazdíaz 和 Pérez，2014），同时技术引进也会占用国内研发资源，尤其是在发达国家实行高技术封锁和技术壁垒的情形下，会削弱自主创新的动机，致使企业自主创新能力不足。由此可见，技术引进对自主创新的影响是双向的，既可能产生技术溢出，促进自主创新，也可能产生技术依赖，抑制自主创新（俞立平，2016）。为此，很多学者进一步研究表明，技术引进溢出效应发挥的关键取决于吸收能力（余泳泽和刘大勇，2013）。王莉静和王庆玲（2019）的研究表明，高技术产业技术引进对自主创新的影响不显著，自主创新产出更多地依赖 R&D 投入。

区域技术环境增加了自主创新的净收益，对企业自主创新产生激励，企业会增加创新投入，形成良好的组织形式，降低学习外部知识的成本，增强吸收能力，使技术引进溢出效应更好发挥，也可以在技术引进的基础上通过模仿进行二次开发，减少技术依赖。也就是说，在技术环境利好的情况下，技术引进可以促进自主创新，即技术环境可以正向调节技术引进的溢出效应（见图 2-5）。

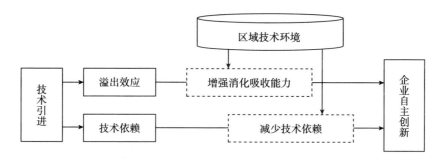

图 2-5 区域技术环境对技术引进溢出效应的调节作用

（二）调节 FDI 的溢出效应

FDI 对自主创新的溢出效应有示范效应、竞争效应、人力资本流动效应和产业关联效应。示范效应是指在外资流入后，东道国企业学习外资企业先进技术和管理经验，进行模仿创新的过程，包括市场开拓示范、技术管理示范（汪旭晖和黄睿，2011）。竞争效应是指外资企业与本土企业争夺市场、资源等加剧市场竞争，促进本土企业改进技术和管理，增加研发投入，从而提高创新能力，这是跨国公司对本土企业技术溢出的重要途径。人力资本效应是指外资企业对本土企业人员的培训或在外企工作过的人员流动到本土企业后对本土企业人员的培训，进而促进企业创新能力提高。外资企业的竞争优势除技术设备外，还包括人力资本优势，在推进本土化战略中，一般都会实施人员培训，外资企业的经营理念和管理经验等对本土企业产生技术溢出。产业关联效应是指引入外资后，产业链上的协作关系，带动东道国产业链上相关产业发展，间接地提升本土企业创新能力。当然，FDI 在带来溢出效应的同时，也给东道国企业带来了负面影响，如果一味地模仿和跟随，可能导致东道国企业产生技术依赖；如果市场竞争过于激烈，本土企业可能被挤出市场；有可能以更高的报酬条件吸引本土企业优秀人才到外资企业工作引起人才流失；可能会排挤东道国内上游、下游企业，使其萎缩等。所以说，FDI 是一把"双刃剑"，如何有效利用其溢出效应成为很多研究关注的焦点，多数学者认为，吸收能力是 FDI 溢出效应发挥的关键。吸收能力是企业利用充分外部资源和知识的一系列组织活动过程（Zahra 和 George，2002），只有企业吸收能力较强时，FDI 的溢出效应才能更好地发挥，进而提高本土企业自主创新能力。

吸收能力是企业与技术环境互动的结果，当技术环境完善时，企业自主创新收益增加，形成创新激励；搜集和学习外部知识成本降低，获取先进技术更为容易，如通过合资、技术许可等形式有效利用先进技术组织生产，并改进内部管理模式，采取有效的组织形式，通过消化吸收，进行技术改进或者二次创新，从而抵消 FDI 可能产生的挤出效应，从而正向调节 FDI 的溢出效应，提高企业自主创新能力（见图 2-6）。

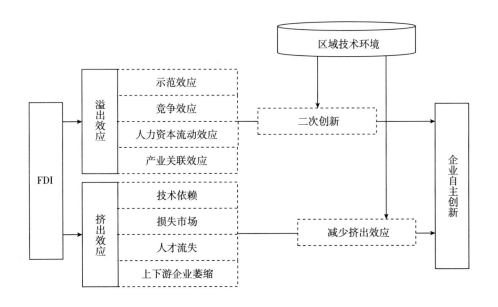

图 2-6　区域技术环境对 FDI 溢出效应的调节作用

（三）调节 OFDI 的逆向技术溢出

对外直接投资（OFDI）的溢出效应主要通过研发互动、成果反馈、逆向技术转移三个机制对母国技术创新产生影响（秦放鸣和张宁，2020）。从研发互动来看，通过 OFDI，增加了国内企业与发达国家企业之间在管理模式、技术知识等方面的沟通和交流，通过雇用国外优秀人才和派遣人才到国外培训，增加交流获取隐性知识，吸纳当地研发要素，增强科研基础。从成果反馈看，对外投资扩大了企业的市场份额，收益增加，增强了创新投入能力，同时，也可以把针对海外市场需要进行的创新研发以及国外先进研发成果反馈到国内，对国内企业创新产生影响。从逆向技术转移看，通过在海外建立子公司、合资、并购、组建技术联盟等，从而获得先进技术以及管理经验，为企业进一步学习、模仿和创新奠定了基础，实现技术蛙跳（王桂军和卢潇潇，2019），并对其他企业产生示范效应、竞争效应，促进技术扩散，提高区域内相关企业和产业的整体创新水平。OFDI溢出效应得到了许多经验研究的支持，如 Seyoum 等（2015）的研究显示，OFDI推动了母国的技术创新。但也有一些研究显示，OFDI 并未带来逆向溢出效应（Bitzer 和 Kerekes，2008），还可能因为母国技术创新而产生抑制作用，对国内研发产生替代作用（Li 和 Hu，2013）、不利于企业技术效率的提升（谢钰敏等，2014）、抑制创新能力、导致创新产出相对不足（李思慧和于津平，2016）。为进一步探究 OFDI 对创新的影响，很多学者试图从吸收能力角度进行解释，主流观点认为，吸收能力是 OFDI 逆向溢出效应发挥的关键，即存在一定的门槛效应（殷朝华等，2017）。

由此可以看出，母国企业的吸收能力是 OFDI 逆向技术溢出效应发挥的必要条件，因为 OFDI 的技术溢出和母国技术吸收是两个相对独立的过程，前者预示了技术溢出的可能性，后者反映了获得技术溢出的现实性，只有两者匹配时才可以发挥其效应（王峰等，2019）。在竞争条件下，企业必须具备快速适应外部环境的能力，企业会选择收益最大化的领域进行投资和实施最初相应的决策。如果企业通过政治关联能够获得更多政策优惠和资金支持，企业对外直接投资所获取的资源用于研发活动的就会减少，这时 OFDI 也可能带来挤出效应。如果企业在技术环境较好的地区集聚了较多的创新资源，如创新资本和创新人才，那么其使企业从外部获取创新知识和资源的成本更低，为企业提供了创新知识和技术积累。同时，企业为了追求更多的利益，会选择最优的方式，以最低的成本获取创新知识，与企业内外部的创新人才和创新资本有机结合，这样有利于企业快速甄别、搜寻技术知识和信息，并加强学习、消化和吸收，将其与企业的技术开发和创新战略结合起来，减少 OFDI 可能带来的挤出效应，正向调节 OFDI 的溢出效应，从而提高自主创新能力（见图 2-7）。

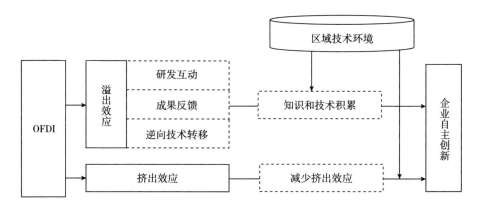

图 2-7 区域技术环境对 OFDI 溢出效应的调节作用

（四）调节进口的溢出效应

新贸易理论强调了进口贸易渠道的国际技术溢出（Coe 和 Helpman，1995）。通过进口国外高技术产品和机器设备等，提高进口国的生产效率；优化国内资源配置；以较低成本引进和模仿先进技术，刺激进口国新技术的产生。学者们对此进行了研究，但观点不尽一致，一些研究认为进口存在溢出效应，能够促进企业创新，如 Goldberg 等（2009）认为，多种类、高质量的中间品进口相当于技术转移，能促进企业利用先进技术并模仿创新。田巍和余淼杰（2014）认为，进口中间品可以促使企业成本下降和市场规模扩大，引致企业研发投入增加。另一些研究表明，中间品进口会导致进口依赖，替代企业内部创新，从而抑制企业创新（Liu 和 Qiu，2016）。还有研究认为，进口溢出效应的发挥需要企业与之匹配的吸收能力（Okafor 等，2017）。

进口技术溢出源于进口方的技术需求动机，包括技术投资和消费两个动机（李平和丁世豪，2019）。从技术投资动机看，进口技术溢出通过学习效应和竞争效应促进创新。一方面，进口国通过模仿学习蕴含在进口品上的先进技术和创新成果，实现技术获取，进一步实现二次创新。另一方面，进口加大了国内相关行业的市场竞争，企业为了获取竞争优势，需要加大自主创新力度，维护市场地位；还可能通过逆向工程等方式破解进口产品中蕴含的技术知识，并使之本土化，提高生产效率。从技术消费动机看，进口方可能更加注重短期生产使用，进口很可能产生挤出效应和锁定效应，不利于企业自主创新。一方面，进口产品往往具有价格优势和竞争力，企业可能更倾向于进口，从而减少该类产品的研发投入和生产，形成研发挤出和生产挤出，从而陷入为出口而进口的对外贸易模式（张会清和唐海燕，2011）。另一方面，进口具有规模报酬递增效应，存在自我增强机制，可能锁定进口国的技术创新路径（Redding，1999），主要通过进口获得技术优势，形成对发达国家的技术依赖，加之进口品需要上下游行业投入品的配套，由此可能引发连锁反应，导致行业的进口依赖，从而削弱自身创新能力。由此表明，进口带来的四种效应可能同时存在，最终结果取决于四者的综合效应。当区域技术环境完善时，企业创新净收益增加，技术投资动机居于主导地位，通过进口获取国外先进技术知识，通过学习和模仿，提高自主创新能力。同时，企业吸收能力也较强，为获取进口品中蕴含的技术知识提供了基础，增强了破解进口产品中技术信息的能力，进行二次创新，也减少了技术消费需求，进口溢出效应得以体现，从而促进企业创新（见图2-8）。

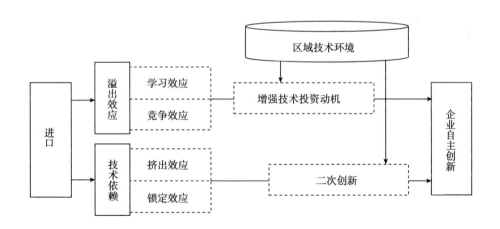

图2-8 区域技术环境对进口溢出效应的调节作用

三、区域技术环境对企业创新能力的影响

（一）提升创新效率

资源约束条件下，优化资源配置，提升创新效率更具现实意义。为此，学者

们从创新环境角度对创新效率进行了研究，创新环境主要包括人力资本水平、市场状况、金融环境、基础设施水平等，能显著提升创新效率（卢英敏和逄亚男，2020），同时创新环境还对企业创新偏好产生影响（韩晓明和范德成，2010）。创新环境决定了企业创新需要的基础设施条件、人力资本供给和可提供的创新资源（Tsuja和Mariño，2013），能够引起企业对创新不确定性和复杂性的反思，从而影响创新活动（Kim和Shin，2019）。

事实上，区域技术环境对创新效率的影响更为直接，因为区域技术环境直接影响着创新收益和成本，影响着创新资源的配置。首先，技术环境能够吸引创新资源集聚，企业搜寻利用技术信息更为便利，优势创新资源逐渐流入企业，相当于提高了区域内企业的创新的基础水平，而且可以形成规模效应。其次，技术环境能够配置创新资源。技术市场能够有效传递技术信息，促进创新资源配置，技术服务通过专业化的技术服务平台促进技术交易，知识产权保护有利于激发创新者的潜能，提升创新效率（张宗益，2014）。可见，区域技术环境通过创新资源合理配置，促进技术交流与合作，从而提高创新效率（见图2-9）。

图2-9 区域技术环境对创新效率的影响

（二）增强吸收能力

吸收能力最早由Cohen和Levintha（1990）提出，并将其定义为企业在一定环境条件下评价、识别和应用新知识的能力。随着研究发展，吸收能力又不断被学者们赋予了新的内涵，如吸收能力是对新知识探索以及旧资源利用的能力（March，1991）；是获取知识并对其转化的学习过程，包含探索性学习和利用性学习（Lane等，2006）；是企业员工从外部获取新知识，并将之转化为自己所用的能力（秦鹏飞等，2019）。

很多研究表明，吸收能力对企业创新具有显著的正向影响，特别是在实现跨组织合作中，吸收能力是合作研发的前提（刘和东，2017），吸收能力越强，意味着企业对外部技术资源的搜索能力越强（Huang 等，2018），整合利用外部创新资源的能力更强（Lane 等，2001；邹文杰，2015）。但是，吸收能力影响因素的研究还需要进一步加强。一些学者从企业组织角度进行了有益的研究，如创新氛围显著影响着吸收能力，当员工能感知到创新氛围时，更有利于促进员工学习新知识，提高吸收能力（Van De Ven，1993；张爽和陈晨，2019）。尽管吸收能力是企业自组织形式的某种能力体现，受到企业内部许多因素的影响，但是企业不可能独立存在，企业的发展离不开所处的外部环境，特别是区域技术环境，因为区域技术环境直接对创新收益和成本产生影响，理性的企业会适应区域技术环境而改变自组织形式，从而形成特定的吸收能力。首先，区域技术环境增加了创新的净收益，激励企业进行创新，形成企业提高吸收能力的拉力。技术环境好的条件下，企业会调整创新决策，改变组织形式，提高吸收能力，以更好地利用内外部创新资源。反之，当区域技术环境条件不好时，企业如果通过其他途径获取更大的收益，则不会优先选择创新，也缺乏创新激励，不会提高吸收能力。其次，技术降低了知识信息的搜寻、获取、学习等方面的成本，有利于企业合理利用外部创新资源进行创新，形成提高吸收能力的推力。在技术环境好的条件下，企业内部形成良好的创新氛围，企业学习利用知识更为便利，付出的成本更低，而且还会受到企业内部的鼓励，甚至在企业内部形成一种知识共享网络，促进知识相互传递和交流，从而增强吸收能力（见图 2-10）。

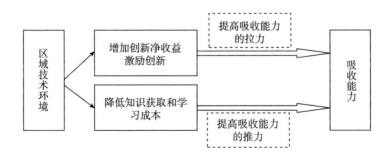

图 2-10　区域技术环境对吸收能力的影响

总之，区域技术环境对企业自主创新的影响路径有三条：一是影响创新要素投入，包括集聚创新人才和促进创新投资增加；二是正向调节技术溢出效应，包括技术引进、FDI、进口的技术溢出和 OFDI 逆向技术溢出；三是影响企业创新能力，包括提升创新效率和增强吸收能力（见图 2-11）。

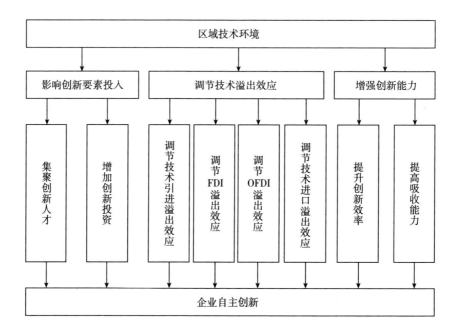

图 2-11　区域技术环境对企业自主创新的影响路径

第三章　企业自主创新的格局、机遇及挑战

第一节　企业自主创新格局

一、企业自主创新现状

（一）企业自主创新投入现状

1. 创新投入持续增长

创新投入是开展创新活动的基础要素。研究与试验发展（R&D）经费常常用来反映自主创新投入水平。随着国家对科技创新的不断重视，以及创新驱动发展战略的逐步实施，企业对创新的投入逐年加大。如表 3-1 所示，2004~2019 年，规模以上工业企业（以下简称规上企业）创新投入持续增长，R&D 经费支出由 2004 年的 1104.50 亿元增长到 2019 年的 13971.10 亿元，增长了 11.65 倍，年均增长率达到 18.43%。与此同时，新产品开发经费增长快于 R&D 经费支出（见图 3-1），在样本年份内增长了 16.59 倍，由 2004 年的 965.70 亿元增长到 2019 年的 16985.72 亿元，年均增长 21.06%。这说明企业在重视创新投入的同时，更加重视新技术的开发应用，加强技术成果的转化应用。

表 3-1 2004~2019 年规上企业研发投入

年份	R&D 经费（亿元）	新产品开发经费（亿元）
2004	1104.50	965.70
2008	3073.13	3676.06
2009	3775.70	4482.00
2011	5993.81	6845.94
2012	7200.65	7998.54
2013	8318.40	9246.74
2014	9254.26	10123.16
2015	10013.93	10270.83
2016	10944.66	11766.27
2017	12012.96	13497.84
2018	12954.83	14987.22
2019	13971.10	16985.72
增长（倍）	11.65	16.59
平均增长（%）	18.43	21.06

注：现有年鉴中，最早按规模以上口径统计的工业企业数据出现在 2004 年，但 2005~2007 年、2010 年的相关数据是按大中型工业企业的口径统计的，故缺少这几年的规上企业相关数据，下同。

数据来源：《中国统计年鉴》《中国科技统计年鉴》。

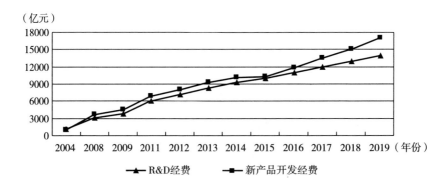

图 3-1 2004~2019 年规上企业研发投入变化趋势

2. 创新人员总体增加

人力资源是自主创新的最重要资源，R&D 人员被认为是衡量创新人力资源投入的主要指标。随着知识经济的发展，企业越来越认识到创新人才的重要性，对人力投入和科研队伍建设力度逐步加大，一方面吸引外部的创新人才进入企业，另一方面可以从企业内部调配、培育创新人才。由表 3-2 可知，2004～2019年，规上企业创新人员不断增加，R&D 人员全时当量由 2004 年的 54.20 万人·年增加到 2019 年的 315.18 万人·年，增长了 4.82 倍。除 2015 年略有减少外，其余年份均呈现出增加趋势，尤其是 2012 年，环比增长率超过 15%，总体来看，平均增长率达到 12.45%。这反映出，企业对创新人员的投入力度逐步增强。

表 3-2　2004～2019 年规上企业 R&D 人员投入

年份	R&D 人员全时当量 （万人·年）	年份	R&D 人员全时当量 （万人·年）
2004	54.20	2014	264.16
2008	123.00	2015	263.83
2009	144.70	2016	270.25
2011	193.91	2017	273.62
2012	224.62	2018	298.12
2013	249.40	2019	315.18

数据来源：《中国统计年鉴》《中国科技统计年鉴》。

（二）企业自主创新产出现状

1. 专利申请快速增长

企业通过自主创新，形成独特的专有技术或者创意，从而提高企业市场竞争优势。专利申请数成为评价企业自主创新产出的核心指标。表 3-3 表明，中国规上企业专利申请数由 2004 年的 64569 件快速增加到 2019 年的 1059808 件，增加了 15.41 倍。除 2015 年增长幅度较小外，其余年份均快速增长，尤其是 2012 年比上年增长 26.91%，总体上看，2004～2019 年，规模以上工业企业专利申请数年均增长 20.51%，呈现出快速增长的趋势，说明规模以上工业企业的创新产出取得了较快的增长，也反映出企业对知识产权的不断重视。

表 3-3　2004~2019 年规上企业专利申请量

年份	专利申请数（件）	年份	专利申请数（件）
2004	64569	2014	630561
2008	173573	2015	638513
2009	265808	2016	715397
2011	386075	2017	817037
2012	489945	2018	957298
2013	560918	2019	1059808

数据来源：《中国统计年鉴》《中国科技统计年鉴》。

2. 新产品销售收入不断增加

自主创新成果最终通过新产品进入市场推广应用，从而获取创新收益。从这种意义上讲，新产品销售收入可以直观反映自主创新的最终效果，因此它成为反映企业自主创新产出的重要指标。表 3-4 给出了 2004~2019 年规上企业的新产品销售收入数据。由此可知，规上企业新产品销售收入增长较快，由 2004 年的22808.58 亿元增长到 2019 年的 212060.26 亿元，增长 8.30 倍。从增长速度看，2009 年、2015 年、2018 年有所放缓，这可能与国际金融、贸易等环境有一定关联，其余年份均实现了较快增长，年平均增长 16.03%，间接说明了创新成果转化率得到了显著提高，新产品销售收入逐渐成为企业收益的重要组成部分。

表 3-4　2004~2019 年规上企业新产品销售收入

年份	新产品销售收入（亿元）	年份	新产品销售收入（亿元）
2004	22808.58	2014	142895.29
2008	57027.10	2015	150856.55
2009	65838.20	2016	174604.15
2011	100582.72	2017	191568.69
2012	110529.77	2018	197094.07
2013	128460.69	2019	212060.26

数据来源：《中国统计年鉴》《中国科技统计年鉴》。

二、企业自主创新的结构特征

（一）企业自主创新投入的结构特征

1. 研发强度逐步加强

为反映企业创新的努力程度，研发强度是一个重要的衡量指标。利用相关数据，表3-5计算出了2004~2019年规上企业的研发强度。由表中数据不难看出，样本期间，规上企业的研发强度不断增加，研发强度由2004年的0.56%增加到2019年的1.31%，增加了1.34倍。随着创新驱动发展战略的实施和创新型国家建设的推进，尤其是党的十八大以来，激励企业创新的政策不断出台，优惠力度逐渐加大，企业研发强度在2017年、2018年总体呈现快速上升态势。这意味着，企业对自主创新投入日益重视，自主创新投入的努力程度不断增强。

表3-5 2004~2019年规上企业研发强度

年份	R&D经费（亿元）	主营业务收入（亿元）	研发强度（%）
2004	1104.50	198908.87	0.56
2008	3073.13	500020.07	0.61
2009	3775.70	542522.43	0.70
2011	5993.81	841830.24	0.71
2012	7200.65	929291.51	0.77
2013	8318.40	1038659.45	0.80
2014	9254.26	1107032.52	0.84
2015	10013.93	1109852.97	0.90
2016	10944.66	1158998.52	0.94
2017	12012.96	1133160.76	1.06
2018	12954.83	1057327.30	1.23
2019	13971.10	1067397.20	1.31

数据来源：根据《中国科技统计年鉴》和国家统计局网站相关数据计算得出。

2. 创新人员比例显著提高

创新人员投入不仅体现在投入的绝对数量上，而且也体现在投入的相对数量上。我们用企业创新人员占企业从业人员的比例（以下简称创新人员比例）反映创新投入的相对数量。表3-6给出了规模以上工业企业的创新人员比例。数据表明，2004年，规上企业创新人员比例仅为0.82%，到2018年已经达到3.75%，增加了3.57倍。从增加速度来看，2012年前后和2018年均呈现出快速增长趋势，这说明，随着党和国家将创新提到国家战略的高度，创新越来越受到企业的重视，企业更加注重创新人员的投入。在科技快速发展的今天，创新成为企业获取竞争优势的引擎，而人才是创新的根本，创新人才的培育和队伍建设是企业快速、可持续发展的关键环节。

表3-6 2004~2019年规上企业创新人员比例

年份	R&D人员全时当量（万人·年）	平均用工人数（万人/年）	创新人员比例（%）
2004	54.20	6622.1	0.82
2008	123.00	8837.6	1.39
2009	144.70	8831.2	1.64
2011	193.91	9167.3	2.12
2012	224.62	9567.3	2.35
2013	249.40	9791.5	2.55
2014	264.16	9977.2	2.65
2015	263.83	9775.0	2.70
2016	270.25	9475.6	2.85
2017	273.62	8957.9	3.05
2018	298.12	7942.3	3.75
2019	315.18	7929.1	3.97

数据来源：根据《中国科技统计年鉴》和国家统计局网站相关数据计算得出。

（二）企业自主创新产出的结构特征

1. 知识产权水平逐步提升

专利是反映企业自主创新产出，特别是有关知识产权的重要指标，考虑到专利授权受行政因素的影响较大，国内大多数学者用专利申请数反映创新产出情况，其中，发明专利更好地反映了知识产权状况，表3-7显示了规上企业专利申请的结构特征。从绝对量看，发明专利申请数持续增加，由2004年的20456件增加到2019年的398802件，增加了18.50倍，年均增长21.90%。从相对量看，发明专利占专利申请比例除 2017 年、2018 年、2019 年略有下降外（见图 3-2），其余年份均显著增加，由最初的 31.68% 增加到 2019 年的 37.63%。有效发明专利反映了企业实际拥有的还处于保护期的发明专利，是企业拥有的知识产权和创新水平实力的真实体现。从表中数据可以看出，样本年份间，规上企业的有效发明专利数量持续增长，从 30315 件增加到 1218074 件，增加了 39.18 倍，年均增长 27.92%。从相对量看，企业有效发明专利占当年专利申请数的比例总体上呈上升的变化趋势，2004 年该比例为 46.95%，到 2019 年已经增加到 114.93%。无论是发明专利还是有效发明专利，其绝对数量和相对数量均显著增加，说明企业知识产权水平得到显著提升。

表 3-7　2004~2019 年规上企业专利申请结构

年份	专利申请（件）	发明专利申请（件）	有效发明专利（件）	发明专利/专利申请（%）	有效发明专利/专利申请（%）
2004	64569	20456	30315	31.68	46.95
2008	173573	59254	80252	34.14	46.24
2009	265808	92450	118245	34.78	44.49
2011	386075	134843	201089	34.93	52.09
2012	489945	176167	277196	35.96	56.58
2013	560918	205146	335401	36.57	59.80
2014	630561	239925	448885	38.05	71.19
2015	638513	245688	573765	38.48	89.86
2016	715397	286987	769847	40.12	107.61
2017	817037	320626	933990	39.24	114.31
2018	957298	371569	1094200	38.81	114.30
2019	1059808	398802	1218074	37.63	114.93
增长（倍）	15.41	18.50	39.18	0.19	1.45
平均增长（%）	20.51	21.90	27.92	1.15	6.15

数据来源：根据《中国科技统计年鉴》和国家统计局网站相关数据计算得出。

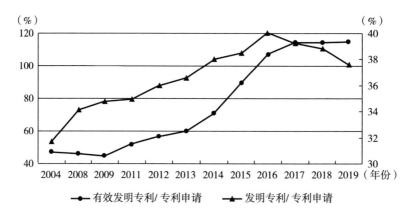

图 3-2　2004~2019 年规上企业专利申请结构变化趋势

2. 创新效果逐步显现

企业通过自主创新获取新技术生产新产品，不断替代传统产品，以获得市场竞争优势和更高的创新收益。因此，新产品销售收入占主营业务收入的比例（以下简称新产品销售比例）可以用来反映自主创新的效果。在样本年份期间，规上企业新产品销售比例在 2011 年、2012 年略有下降，企业年份均呈现出上升趋势，由 2004 年的 11.47%增加到 2019 年的 19.87%。这意味着，新产品在企业销售收入中的份额不断增加，对企业创新受益的影响越来越重要。特别是 2013 年后，新产品销售比例持续增加，增长幅度有逐渐加大的趋势，这与中国创新驱动发展战略的实施密不可分，在改变增长方式，以创新为核心的促进经济转型，推动高质量发展的今天，企业不断加大创新力度，其效果也逐步体现出来。

表 3-8　2004~2019 年规上企业新产品销售比例

年份	新产品销售收入（亿元）	主营业务收入（亿元）	新产品销售比例（%）
2004	22808.58	198908.87	11.47
2008	57027.10	500020.07	11.40
2009	65838.20	542522.43	12.14
2011	100582.72	841830.24	11.95
2012	110529.77	929291.51	11.89

续表

年份	新产品销售收入（亿元）	主营业务收入（亿元）	新产品销售比例（%）
2013	128460.69	1038659.45	12.37
2014	142895.29	1107032.52	12.91
2015	150856.55	1109852.97	13.59
2016	174604.15	1158998.52	15.07
2017	191568.69	1133160.76	16.91
2018	197094.07	1022241.10	19.28
2019	212060.26	1067397.20	19.87

数据来源：根据《中国科技统计年鉴》和国家统计局网站相关数据计算得出。

第二节 企业自主创新的机遇

一、创新政策体系不断完善

（一）创新政策框架更为广泛

改革开放后，国家更加重视科学技术的发展，《中共中央关于科学技术体制改革的决定》于1985年出台，《国务院关于深化科技体制改革若干问题的决定》《中共中央 国务院关于加速科学技术进步的决定》相继在1988年、1995年颁布实施。进入21世纪后，因建设创新型国家的需要，2006年国务院发布《国家中长期科学和技术发展规划纲要（2006-2020年）》，随后，国家先后制定了多项关于科技管理、创新驱动政策文本，并相继出台配套政策及管理办法和制度安排，包括15个方面的科技综合性政策（见表3-9）的"纲要""规划""意见""通知""法规""决定""规定""办法""政策"等政策性文本，1996～2017年，国家科技创新政策聚类分析结果表明：强制类政策、鼓励类政策、引导类政策占比分别为 42.1%、26.3%、31.6%①，强制类政策是创新战略实施的有力保障，鼓励类政策是创新工作开展的方向性政策，并对创新政策进行完善和补充，引导类政策是创新实践的细化指导，由三者之间的比例可以看出，中国创新政策不断规范化、多元化（张宝建等，2019）。特别是 2012 年以后，针对科技管理、科技经费、科技人才、科技金融和服务等多方面的政策文本不断完善，强制类政策就科技成果转化、人才培育、教育和基金管理方面进一步明确，旨在强化创新源头，鼓励类和引导类政策着力于双创、科研合作、财税补贴和优惠、金融服务等方面，进一步提高政策实施效果，使创新政策逐渐从"建立研发投入机制""促进科技成果转化"为主的科技政策和产业政策中分化出来，转向覆盖创新链各个环节的综合性政策体系。

表 3-9　1996～2019 年国家主要综合性科技政策

政策类别	政策数量（项）	政策类别	政策数量（项）
综合	23	—	—
科研机构改革	16	科技计划管理	11
科技经费与财务	21	基础研究与科研基地	31
企业技术进步与高新技术产业化	32	农村科技与社会发展	41
科技人才	27	科技中介服务	20
科技条件与标准	13	科技金融与税收	71
科技成果与知识产权	30	科学技术普及	11
科技奖励	10	国家科技合作	13

数据来源：依据中华人民共和国科学技术部网站科技政策分类整理。

（二）企业创新政策支持力度加大

随着社会主义市场经济的发展，企业在创新中的作用更加凸显，国家逐步加大对企业创新的支持力度，出台了相应的促进企业创新的政策文本。一是转变职

---

① 强制类政策指创新政策中带有强制色彩的词汇如"承担""规定""要求""违反""责任""监督"等创新频率高；鼓励类政策指创新政策中鼓励性质的词汇如"支持""鼓励""奖励""扶持"等出现频率高；引导类政策指创新政策中引导类词汇如"完善""健全""建设""支撑""改革""加强"等出现频率高。详见张宝建，李鹏利，陈劲，郭琦，吴延瑞. 国家科技创新政策的主题分析与演化过程——基于文本挖掘的视角 [J]. 科学学与科学技术管理, 2019 (11)：15-31.

能，优化企业创新环境。随着国家行政管理体制和管理机构改革，科技管理体制不断完善，简政放权，规范优化科技管理审批流程，并相继出台关于科研机构人才评价、创新激励和项目评审的意见和通知，为企业提供良好的创新环境。二是全力支持创新型企业发展，2006 年、2007 年先后下发文件，开展创新型企业试点，随后就企业信用保险支持、高技术企业认定及税收优惠出台了相关的通知和办法等，对创新型和高新技术企业创新给予制度保障和政策上的优惠，激励这些企业快速发展。三是扶持中小企业技术创新。中小企业发展规模较小，资源约束更紧，更需要优惠的政策支持。《关于支持中小企业技术创新的若干政策》于2007 年开始实施，之后连续出台了关于中小企业信贷、项目评审、质押融资及科技企业孵化方面的意见、通知、办法等，并加大税收优惠和提供金融服务，助力中小企业创新。四是细化落实创新优惠政策。不断出台相关政策措施，从研发费用、财政补贴、股权激励、税收减免和优惠等多方面、多渠道落实创新优惠政策。特别是 2017 年以后，对于创新的优惠政策更为细化，涉及股权和分红、技术入股、知识产权参与分配、创新创业投资等多方面，不仅优惠范围扩大，而且优惠措施进一步多样化，加强了创新政策的激励作用。

（三）创新治理体系逐步建成

2007 年修订后的《中华人民共和国科学技术进步法》颁布，随之关于创新方面的法规不断完善，知识产权保护的法律法规相继颁布实施，逐步加强执法力度并增强执法的独立性。对知识成果转化应用等方面的法规进行修改，增加科技成果权益方面规定和办法，对创新资源融合和创新人才培育等方面出台了详细的意见和管理细则，创新治理体系初步建成并不断完善。一是完善创新法规。颁布《中华人民共和国专利法》《中华人民共和国著作权法》《中华人民共和国标准化法》，并对促进成果转化法进行修订，出台了《中华人民共和国知识产权海关保护条例》《计算机软件保护条例》《信息网络传播权保护条例》，使中国的知识产权法律法规进一步完善，知识产权水平不断提高；在采用国际标准方面，与国际逐步接轨，取得明显进展。二是加强创新成果与知识产权管理。2008 年出台的《关于促进自主创新成果产业化的若干政策》，为促进创新成果转化应用提供了制度保障和有利的发展环境。对知识产权的保护、评估、质押以及提高知识产权信息利用和服务能力等方面进行了规定，促进创新收益分配向创新者倾斜，保障了创新者的权益，发挥了政策对创新的激励效应。三是增强创新资源融合管理。出台科技计划监督评估体系、优化整合科技创新基地、加强科技军民融合发展专项规划以及国家科技资源共享服务平台管理等方面的文件，进一步对技术标准、科技失信行为等做出了明确的管理细则，有效地促进了创新资源共享和优化配置，提高了创新资源的利用效率。四是强化创新人员培育。创新人才培养办法、深化人才发展体制机制改革，2019 年进一步对科研机构和人员赋予更大自主权及贯彻落实工作文件，充分调动创新人员的积极性，发挥其科研能动性，提高创新能力。

二、技术环境在企业创新中的作用凸显

（一）技术市场日益活跃

从 20 世纪 80 年代开始，中国技术市场逐步发展，成为社会主义市场经济体系的重要组成部分，在促进技术创新中的纽带作用愈加明显。1986~2019 年，中国的技术市场交易合同数由 87084 项增加到 484077 项，增加了 4.56 倍，年均增长 5.34%；技术市场交易合同金额由 20.50 亿元增加到 22398.39 亿元，增加了 1091.60 倍，年均增长 23.62%；单位合同金额由 2.35 万元/项增加到 462.70 万元/项。同时，企业技术交易活动逐步活跃，1990~2019 年，企业技术交易合同数由 31563 项增加到 321777 项，年均增长 8.34%，占技术市场交易合同数的比例由 15.27% 增加到 66.47%；企业技术交易合同金额由 1990 年的 14.43 亿元增加到 2019 年的 20494.04 亿元，年均增长 28.44%，占技术市场交易额的比例由 19.21% 增加到 91.50%（见表 3-10），特别是从 2006 年开始，企业技术交易占比迅速提高，这与国家创新驱动发展战略实施和企业创新主体地位逐渐突出密不可分，也说明技术市场是企业技术交易的主阵地，在企业创新中的作用日益凸显。

表 3-10　1986~2019 年技术市场和企业技术交易情况（按卖方分）

年份	合同数			合同金额		
	总（项）	企业（项）	占比（%）	总（亿元）	企业（亿元）	占比（%）
1986	87084	—	—	20.50	—	—
1990	206748	31563	15.27	75.10	14.43	19.21

续表

年份	合同数			合同金额		
	总（项）	企业（项）	占比（%）	总（亿元）	企业（亿元）	占比（%）
1991	208098	27112	13.03	94.81	12.41	13.09
1992	226470	32550	14.37	141.62	16.34	11.54
1993	245967	45401	18.46	207.55	34.15	16.45
1994	222356	35193	15.83	228.87	40.85	17.85
1995	221182	33725	15.25	268.34	39.24	14.62
1996	226962	36370	16.02	300.20	44.25	14.74
1997	250496	37643	15.03	351.37	51.18	14.56
1998	281782	43022	15.27	435.82	69.54	15.96
1999	264496	34407	13.01	523.45	109.17	20.86
2000	241008	40934	16.98	650.75	142.63	21.92
2001	229702	47177	20.54	782.75	285.61	36.49
2002	237093	57480	24.24	884.14	358.59	40.56
2003	267997	73390	27.38	1084.67	518.74	47.83
2004	264638	89398	33.78	1334.36	754.12	56.52
2005	265010	92170	34.78	1551.37	—	—
2006	205845	130113	63.21	1818.18	1553.32	85.43
2007	220868	135859	61.51	2226.53	1919.79	86.22
2008	226343	136737	60.41	2665.23	2332.14	87.50
2009	213752	137752	64.44	3039.00	2626.25	86.42
2010	229601	146526	63.82	3906.58	3341.74	85.54
2011	256428	161292	62.90	4763.56	4119.29	86.48
2012	282242	172249	61.03	6437.07	5570.55	86.54
2013	294929	183430	62.19	7469.13	6436.18	86.17
2014	297037	191654	64.52	8577.18	7516.29	87.63
2015	307132	196517	63.98	9835.79	8476.92	86.18
2016	320437	218387	68.15	11406.98	9881.41	86.63
2017	367586	250126	68.05	13424.22	11875.28	88.46
2018	411985	283049	68.70	17697.42	15977.99	90.28
2019	484077	321777	66.47	22398.39	20494.04	91.50

数据来源：《中国科技统计年鉴》。

（二）知识产权保护水平不断加强

中国的知识产权保护起步较晚，但随着中国特色社会主义市场经济的发展，中国的知识产权保护水平逐步提升。一是知识产权法律法规体系不断健全和完善。立法是建立知识产权保护制度和保障其运行的基础，通过立法，保护创新者合法权益，依法惩处侵权行为，中国已经基本形成了较为完整的涉及专利、商标、版权等方面的法律、法规、规章以及司法解释。专利法自 1984 年开始颁布实施，并分别于 1992 年、2000 年、2008 年进行了修正，第四次修正案已经于 2020 年通过国务院审议①；《中华人民共和国商标法》于 1882 年通过，1983 年 3 月 1 日开始实施，先后在 1993 年、2001 年、2013 年、2019 年进行了四次修订；《中华人民共和国著作权法》于 1991 年通过实施，之后在 2001 年、2010 年、2020 年进行修正。其他知识产权方面的法律和行政法规也先后制定、实施和修订，使知识产权方面的法律法规逐渐全面和完善。二是知识产权执法不断加强。长期以来，知识产权执法缺少或执法不足是制约知识产权保护效果的主要因素之一（翁润，2019），为此，国家知识产权管理部门日益重视知识产权执法，逐步加大执法力度，强化重点领域的治理和监管。从知识产权的司法保护看，知识产权的结案率逐步提高。表 3-11 给出了 2001~2018 年的专利执法情况，总纠纷案件的结案率由 86.74% 增加到 97.60%，其中，侵权纠纷案件的结案率由 85.97% 增加到 97.88%，虽然中间年份有所波动，但是整体上呈现出上升趋势，同时，查处假冒专利案件也是波动增加，由 2001 年的 573 件增加到 2018 年的 42697 件，说明知识产权案件的审理效率逐渐提高，特别是党的十八大提出知识产权战略以来，知识产权行政执法结案率显著提升，查处假冒专利力度不断加大，使知识产权保护水平进一步加强。

表 3-11　2001~2018 年专利执法情况

年份	总			侵权纠纷			查处假冒专利（件）
	立案（件）	结案（件）	结案率（%）	立案（件）	结案（件）	结案率（%）	
2001	1161	1007	86.74	784	674	85.97	573

---

① 搜狐网：http://www.sohu.com/a/281113480_120055086。

续表

年份	总			侵权纠纷			查处假冒专利（件）
	立案（件）	结案（件）	结案率（%）	立案（件）	结案（件）	结案率（%）	
2002	1455	1271	87.35	1399	1216	86.92	1153
2003	1545	1253	81.10	1448	1179	81.42	1412
2004	1480	1241	83.85	1414	1181	83.52	1549
2005	1492	1272	85.25	1360	1140	83.82	2174
2006	1270	973	76.61	1227	952	77.59	966
2007	1013	749	73.94	986	733	74.34	713
2008	1126	869	77.18	1092	838	76.74	660
2009	963	758	78.71	937	741	79.08	578
2010	1095	726	66.30	1077	712	66.11	728
2011	1313	1040	79.21	1286	1019	79.24	1704
2012	2493	1386	55.60	2225	1294	58.16	6512
2013	5056	3884	76.82	4684	3536	75.49	11171
2014	8220	8188	99.61	7671	7640	99.60	16259
2015	14607	14417	98.70	14202	14040	98.86	21237
2016	20859	20150	96.60	20351	19682	96.71	28057
2017	28157	27823	98.81	27305	26987	98.84	38492
2018	34597	33768	97.60	33976	33256	97.88	42697

数据来源：国家知识产权局网站，历年国家知识产权局统计统年报。

（三）技术服务蓬勃发展

在知识经济时代，技术服务在有效传递科技信息、降低技术交易成本方面的作用越来越重要。伴随着科技的发展，技术服务也得到了快速多样化的发展，主要表现为：

第一，技术服务交易额迅速增加。从表3-12可以看出，1990~2019年，技术服务交易额由29.30亿元持续增加到12418.08亿元，增加了423倍，年均增加23.19%；占总技术市场交易额的比例由39.01%增加到55.44%，尽管在1996

年后的 10 多年间波动下降，但是在 2008 年后，整体上升态势比较明显。

表 3-12　1990~2019 年技术服务交易情况

年份	技术市场交易总额（亿元）	技术服务交易额（亿元）	占比（%）	年份	技术市场交易总额（亿元）	技术服务交易额（亿元）	占比（%）
1990	75.10	29.30	39.01	2005	1551.37	526.60	33.94
1991	94.81	38.18	40.27	2006	1818.18	695.07	38.23
1992	141.62	57.56	40.64	2007	2226.53	840.39	37.74
1993	207.55	90.94	43.81	2008	2665.23	955.57	35.85
1994	228.87	99.00	43.26	2009	3039.00	1142.18	37.58
1995	268.34	116.91	43.57	2010	3906.58	1545.60	39.56
1996	300.20	122.84	40.92	2011	4763.56	1904.14	39.97
1997	351.37	143.14	40.74	2012	6437.07	2630.07	40.86
1998	435.82	178.70	41.00	2013	7469.13	3416.85	45.75
1999	523.45	197.33	37.70	2014	8577.18	4246.72	49.51
2000	650.75	214.17	32.91	2015	9835.79	5058.96	51.43
2001	782.75	226.09	28.88	2016	11406.98	5851.13	51.29
2002	884.14	264.66	29.93	2017	13424.22	6826.17	50.85
2003	1084.67	340.87	31.43	2018	17697.42	9634.57	54.44
2004	1334.36	446.85	33.49	2019	22398.39	12418.08	55.44

数据来源：《中国科技统计年鉴》。

　　第二，科技企业孵化器向专业化发展。科技企业孵化器数量由 2015 年的 2533 个增加到 2019 年的 5206 个，其中国家级孵化器由 733 个增加到 1155 个。孵化器在培育和扶植创新型企业中的作用愈加重要，在样本年份间，孵化器内企业数量由 145956 个增加到 275910 个，在孵企业数由 2015 年的 102176 个快速增加到 2019 年的 216828 个，其中，累计毕业企业数由原来的 74853 个增加到 2019 年的 160850 个。科技企业孵化器已经初步形成多种形态的发展趋势，功能更加专业化，投资主体更加多元化，孵化器内获得风险投资的企业数和投资额均呈现出快速增长的趋势（见表 3-13）。

表3-13 2015~2019年科技企业孵化器基本情况

年份	孵化器数量（个）		孵化器内企业数（个）		毕业企业数（个）		在孵企业获得风险投资额（亿元）		当年获得风险投资的企业数（个）	
2015	总	2533	总	145956	累计	74853	累计	847.28	累计	26636
	国家级	733	在孵	102176	当年	11594	当年	258.64	当年	6038
2016	总	3255	总	173779	累计	89694	累计	1480.63	累计	33238
	国家级	859	在孵	133286	当年	15020	当年	385.98	当年	7485
2017	总	4063	总	223046	累计	110701	累计	1940.23	累计	39875
	国家级	976	在孵	177542	当年	20366	当年	473.34	当年	9576
2018	总	4849	总	260521	累计	139396	累计	2755.89	累计	48060
	国家级	967	在孵	206024	当年	23457	当年	629.78	当年	11196
2019	总	5206	总	275910	累计	160850	累计	2606.01	累计	53369
	国家级	1155	在孵	216828	当年	26152	当年	545.49	当年	10771

数据来源：《中国科技年鉴》。

第三，众创空间快速发展。众创空间是顺应协同创新和大众创新的趋势而产生的，并得到了快速发展。2016~2019年，众创空间数量由4298个增加到8000个，其中国家级的由1337个增加到1819个。众创空间在发挥社会力量投入到创新中的作用逐步凸显，发挥着创新资源共享以及创新集成效应，在构建专业化服务和低成本化创新方面更显优势。2016~2019年，创业团队数量和常驻企业团队快速增加，获得投融资的企业数、团队及投资额都快速增加（见表3-14），显示出众创空间良好的发展前景。

表3-14 2016~2019年众创空间运行情况

年份	2016		2017		2018		2019	
众创空间数量（个）	总	国家级	总	国家级	总	国家级	总	国家级
	4298	1337	5739	1976	6959	1889	8000	1819
当年服务的创业团队数量（个）	总	常驻	总	常驻	总	常驻	总	常驻
	154329	77214	237126	115010	238969	126498	233767	132187
当年服务的初创企业数（个）	总	常驻	总	常驻	总	常驻	总	常驻
	119592	63544	182462	96306	169541	100575	207082	131577

年份	2016		2017		2018		2019	
获得投资额（亿元）	当年	累计	当年	累计	当年	累计	当年	累计
	539.63	1017.79	677.57	1691.48	789.77	3802.59	873.06	4896.72
获得投融资的团队及企业数（个）	当年	累计	当年	累计	当年	累计	当年	累计
	14997	28957	18410	44472	19045	64406	18739	71323

数据来源：《中国科技统计年鉴》。

三、企业创新的主体地位逐步加强

（一）创新要素向企业集聚

在市场化进程中，创新要素逐渐流向企业，成为自主创新的初始动力。从创新要素投入看，2000~2019 年，规上企业的创新人员占全国创新人员的比例逐步提高，R&D 人员全时当量占比由 47.59% 增加到 65.65%，虽然少数年份略有下降，但是自 2008 年以来均超过 60%；规上企业 R&D 经费支出占全国 R&D 经费支出的比例由 54.67% 增加到 63.09，尽管中间年份有所波动，但是 2008 年以后，经费支出占比均在 60% 以上（见表3-15）。整体来看，企业创新要素投入占比呈现出增加趋势，说明创新要素逐步向企业集聚。从创新产出看，规上企业在国内发明专利申请受理量占比和国内发明专利申请授权量占比均呈现出较快增加的趋势，1995~2019 年，规上企业国内发明专利申请量占比由 10.84% 增加到 64.96%，国内发明授权量占比由 13.40% 增加到 61.63%（见表3-16）。

表3-15　2000~2019 年规上企业 R&D 人员和经费支出占比

年份	R&D 人员全时当量			R&D 经费支出		
	总（万人）	规上企业（万人）	占比（%）	总（亿元）	规上企业（亿元）	占比（%）
2000	92.21	43.88	47.59	895.66	489.69	54.67
2004	115.26	54.20	47.02	1966.33	1104.50	56.17
2008	196.54	123.00	62.58	4616.02	3073.13	66.58
2009	229.13	144.70	63.15	5802.11	3775.70	65.07
2011	288.29	193.91	67.26	8687.01	5993.81	69.00

续表

年份	R&D 人员全时当量			R&D 经费支出		
	总（万人）	规上企业（万人）	占比（%）	总（亿元）	规上企业（亿元）	占比（%）
2012	324.68	224.62	69.18	10298.41	7200.65	69.92
2013	353.28	249.40	70.59	11846.60	8318.40	70.22
2014	371.06	264.16	71.19	13015.63	9254.26	71.10
2015	375.88	263.83	70.19	14169.88	10013.93	70.67
2016	387.81	270.25	69.69	15676.75	10944.66	69.81
2017	403.36	273.62	67.84	17606.13	12012.96	68.23
2018	438.10	298.12	68.05	19677.90	12954.83	65.83
2019	480.10	315.18	65.65	22143.58	13971.10	63.09

数据来源：《中国科技统计年鉴》。

表 3-16　1995~2019 年规上企业发明专利占比

年份	国内发明专利申请数			国内发明专利申请授权量		
	总（项）	规上企业（项）	占比（%）	总（项）	规上企业（项）	占比（%）
1995	10018	1086	10.84	1530	205	13.40
1996	11471	1725	15.04	1383	187	13.52
1997	12713	2239	17.61	1532	170	11.10
1998	13726	2480	18.07	1655	182	11.00
1999	15596	3490	22.38	3097	462	14.92
2000	25346	8316	32.81	6177	1016	16.45
2001	30038	9371	31.20	5395	1089	20.19
2002	39806	14657	36.82	5868	1461	24.90
2003	56769	21858	38.50	11404	3382	29.66
2004	65786	27029	41.09	18241	6128	33.59
2005	93485	40196	43.00	20705	7712	37.25
2006	122318	56455	46.15	25077	9433	37.62
2007	153060	73893	48.28	31945	12851	40.23
2008	194579	95619	49.14	46590	22493	48.28
2009	229096	118257	51.62	65391	32160	49.18
2010	293066	154581	52.75	79767	40049	50.21
2011	415829	231551	55.68	112347	58364	51.95

年份	国内发明专利申请数			国内发明专利申请授权量		
	总（项）	规上企业（项）	占比（%）	总（项）	规上企业（项）	占比（%）
2012	535313	316414	59.11	143847	78651	54.68
2013	704936	426544	60.51	143535	79439	55.34
2014	801135	484747	60.51	162680	91874	56.48
2015	968251	582512	60.16	263436	158620	60.21
2016	1204981	735533	61.04	302136	189564	62.74
2017	1245709	788194	63.27	326970	200804	61.41
2018	1393815	896648	64.33	345959	222287	64.25
2019	1243568	807813	64.96	360919	222439	61.63

数据来源：《中国科技统计年鉴》。

（二）创新型企业和高技术企业迅速发展

创新型企业是指拥有核心技术、自主知识产权和知名品牌，在市场上具有强劲竞争力的企业，在同行业中具有技术领先优势的企业。创新型企业汇集了更多的创新资源，具有更强的创新能力，对同行业企业创新产生辐射作用。为贯彻落实创新驱动发展战略，自党的十七大以来，国家逐步构建以企业为核心、以市场为导向的科技创新体系，着手推行创新型企业试点，由科学技术部、国务院国资委和中华全国总工会负责实施，先后开展了五批试点企业数共计563家，其中前三批已经通过评审，共356家企业被授予"创新型企业"称号（见表3-17）。

表3-17　国家级创新型企业试点认定情况

年份	批次	文号	企业数量（家）	状态
2008	一	国科发政〔2008〕405号	91	评审通过
2009	二	国科发政〔2009〕402号	111	评审通过
2010	三	国科发政〔2011〕112号	154	评审通过
2011	四	国科发政〔2010〕491号	81	试点
2012	五	国科发体〔2012〕1062号	126	试点

数据来源：依据中华人民共和国科技部网站相关资料整理。

与此同时，高技术企业近年来也得到快速发展，逐步形成以当代尖端技术为主导的高技术产品的产业群，有的发展成为知识密集型企业。2000~2019 年，高技术产业企业数由 9758 个增加到 35833 个，增长了 2.67 倍，年均增长 7.09%，企业规模扩张更快，主营业务收入增长了 14.83 倍，年均增长 15.65%。高技术企业具有更强的技术研发能力，其创新投入强度和创新产出均呈现出高速增长态势，特别是专利申请数年均增长 26.64%，有效发明专利数年均增长率高达 33.82%。高技术企业能够凭借创新优势快速推进新产品开发，在样本年份间，新产品开发经费年均增长 20.98%（见表 3-18）。创新型企业和高技术企业在技术研发和应用方面具有较强的优势，其快速发展不仅有利于自身核心竞争力的提升，而且能够使创新要素集聚，提高自主创新效率，并可产生技术溢出效应和示范效应，带动行业内其他企业创新。

表 3-18　2000~2019 年高技术产业企业情况

年份	企业数（个）	主营业务收入（亿元）	R&D 人员（万人·年）	R&D 经费（亿元）	新产品开发经费（亿元）	专利申请（项）	有效发明专利（项）
2000	9758	10033.7	9.2	111.0	117.8	2245	1443
2005	17527	33921.8	17.3	362.5	415.7	16823	6658
2008	25817	55728.9	28.5	655.2	798.4	39656	23915
2009	27218	59566.7	32.0	774.0	925.1	51513	31830
2010	28189	74482.8	39.9	967.8	1006.9	59683	50166
2011	21682	87527.2	42.7	1237.8	1528.0	77725	67428
2012	24636	102284.0	52.6	1491.5	1827.5	97200	97878
2013	26894	116048.9	55.9	1734.4	2069.5	102532	115884
2014	27939	127367.7	57.3	1922.2	2350.6	120077	147927
2015	29631	139968.6	59.0	2219.7	2574.6	114562	199728
2016	30798	153796.3	58.0	2437.6	3000.4	131680	257234
2017	32027	159375.8	59.0	2644.7	3421.3	158354	306431
2018	33573	157001	66.10	2912.5	3768.4	179600	327965
2019	35833	158849	63.9	3077.8	4389.3	199660	365523

年份	企业数（个）	主营业务收入（亿元）	R&D 人员（万人·年）	R&D 经费（亿元）	新产品开发经费（亿元）	专利申请（项）	有效发明专利（项）
增长（倍）	2.67	14.83	5.95	26.73	36.26	87.94	252.31
年均增长率（%）	7.09	15.65	10.74	19.11	20.98	26.64	33.82

注：企业数、主营业务收入等数据口径为规模以上工业企业，科技活动情况的数据口径为大中型工业企业。

数据来源：《中国科技统计年鉴》。

第三节　企业自主创新的挑战

一、市场还未发挥对创新的决定性作用

中国正处在发展转型的关键时期，经济体制正在转轨，市场发展还不充分。在要素驱动经济增长的发展阶段，依靠政府力量配置资源，加之优惠政策，加大资本投入等，可以取得显性的效果。但在创新驱动发展阶段则不同，创新要素是创造性的知识，具有隐性特点，只有市场机制才能激发知识资源的活力，如还用行政力量配置创新资源，不仅不能促进企业创新，还会抑制市场的创新能力（程虹，2017）。创新驱动需要发挥市场的有效作用，而与之适应的"以市场为导向"的创新体系还未完全建立，主要表现为以下三个方面。

（一）创新资源错配

在经济体制转型阶段，创新资源的配置权仍然由政府掌握，研发活动主要由大企业、国有企业执行（张春霖，2009）。国家统计局于 2015 年对全国企业创新情况进行了调查，结果表明，小企业、大企业技术创新开展的比重分别为 29.6%、75.3%（熊鸿儒，2016）。在这种资源配置方式下，大型企业、国有企业享受到创新激励政策的优惠更多，由表 3-19 可以看出，内资规上企业中，国有企业 R&D 经费支出中政府资金占比一直高于私营企业和内资企业，说明政府

对创新资源的分配更倾向于国有企业。但国有企业受管理体制的限制以及带有垄断性质，其创新激励不足。从表3-20可以看出，2016~2019年，国有规上企业中开展创新活动的比例、实现创新的比例、全部实现四种创新（产品创新、工艺创新、管理创新、营销创新）的比例均低于内资规上企业和私营规上企业的比例。

表3-19　规上企业（内资）R&D经费内部支出构成

年份	内资企业			国有企业			私营企业		
	总（亿元）	政府资金（亿元）	占比（%）	总（亿元）	政府资金（亿元）	占比（%）	总（亿元）	政府资金（亿元）	占比（%）
2011	4497.23	217.43	4.83	467.84	23.31	4.98	944.00	33.34	3.53
2012	5437.03	281.38	5.18	562.08	34.82	6.19	1246.54	42.33	3.40
2013	6303.28	320.29	5.08	308.44	27.65	8.96	1690.14	51.10	3.02
2014	7103.51	337.54	4.75	325.71	27.70	8.50	2026.76	58.24	2.87
2015	7712.43	374.52	4.86	322.37	41.88	12.99	2363.58	58.83	2.49
2016	8525.37	365.39	4.29	283.92	37.47	13.20	2800.54	63.73	2.28
2017	9423.01	370.86	3.94	213.44	30.97	14.51	3188.06	70.82	2.22
2018	10272.05	384.31	3.74	83.44	10.98	13.16	3851.61	76.19	1.98
2019	11218.96	515.64	4.59	83.18	9.34	11.23	4516.75	138.26	3.06

数据来源：根据《中国科技统计年鉴》和《中国统计年鉴》整理。

表3-20　规上企业（内资）创新活动比例

年份	内资企业（%）			国有企业（%）			私营企业（%）		
	开展创新活动	实现创新	实现四种创新	开展创新活动	实现创新	实现四种创新	开展创新活动	实现创新	实现四种创新
2016	38.04	35.29	7.61	29.85	27.79	4.14	37.73	34.88	7.36
2017	38.85	36.27	7.66	29.71	28.11	3.90	38.31	35.63	7.32
2018	39.9	37.4	8.0	27.9	26.3	3.2	38.9	36.4	7.60
2019	44.4	41.0	8.4	32.6	30.3	3.3	43.7	40.2	8.10

数据来源：根据《中国科技统计年鉴》和《中国统计年鉴》整理。

（二）企业创新动力不足

自主创新需要大量持续的前期投入，投入回报周期长风险大，在市场体系功能还不完整的情况下，市场机制难以实现创新激励和引导创新的功能，使得企业创新动力不足。调查显示，国有企业中创新动力缺乏的企业占比接近20%，高于私营企业的占比14.3%（熊鸿儒，2016）。由表3-20可以看出，2016~2019年，内资规上企业实现创新活动的比例由35.29%逐步增加到41.00%，但仍然低于欧盟国家2010年的平均水平52.90%（熊鸿儒，2016）。从企业R&D活动看，规上工业企业中有R&D活动的企业数和比例逐年提升，到2019年达到34.2%（见表3-21），但与国外企业相比仍然较低。

表3-21 规上企业开展 R&D 活动情况

年份	R&D 活动企业数（个）	R&D 活动企业比例（%）	年份	R&D 活动企业数（个）	R&D 活动企业比例（%）
2004	17075	6.2	2014	63676	16.9
2008	27278	6.5	2015	73570	19.2
2009	36387	8.5	2016	86891	23.0
2011	37467	11.5	2017	102218	27.4
2012	47204	13.7	2018	104820	28.0
2013	54832	14.8	2019	129198	34.2

数据来源：根据《中国科技统计年鉴》和《中国统计年鉴》整理。

企业创新动力不足的主要原因是：

首先，要素价格扭曲。在完备市场条件下，价格可以充分反映要素的稀缺程度，企业通过创新，提高资源利用效率或者寻找新的资源，也就是说，要素的稀缺可以诱致企业创新，形成企业创新的内在动力。但在目前条件下，中国市场体系还不够成熟，重要资源的配置和定价权是通过行政手段决定而不是由市场机制决定的，要素价格并未真正反映其稀缺程度，市场机制不能传递有效的价格信号，难以发挥对创新的驱动作用。其次，创新成本过高。制约企业创新的主要因素之一是创新成本高。调查发现，影响企业创新的主要原因是创新意识不强、成本较高、要素缺乏①。创新成本高主要体现在两个方面：一是研发成本。在世界经济下行压力加大，单边保护主义抬头的情形下，发达国家对关键核心技术控制更为严格，而核心技术研发的不确定性更大，从金融机构和社会获取的资金有限，企业技术研发面临很高的资金成本。二是制度性成本。由于行业准入及行业间相对收益率的差异等，企业还面临着一些制度因素造成的隐性成本，现行的金融体系对企业创新方面的多层次资金需求支持不足等，加大了企业创新的成本（熊鸿儒，2016）。

（三）小型企业创新能力低

受行业壁垒和体制因素的影响，创新资源更多地流向大中型企业，小型企业缺乏必要的资金支持和竞争力，难以留住创新人才和吸引创新投资，而且绝大多数小型企业是市场上的跟随者，创新意识不强，创新投入较低。从表3-22的数据可以看出，2004~2019年，规上企业中，小型企业的研发强度由0.23%增加到1.06%，创新人员比例由0.31%增加到3.62%，新产品销售比例由3.68%增加到12.23%，尽管均呈现出增长趋势，但是一直低于大中型工业企业的对应数据，说明小型企业的创新投入和创新产出水平较低。而小型企业数量大，占规模以上工业企业数量的比例在有的年份占比超过90%，1999~2019年平均为86.34%；利润总额平均占规模以上工业企业利润总额的30.71%（见表3-23），由此可以看出，"创新者少"的格局依然存在。要深入贯彻创新驱动发展战略，占企业数量绝大部分的小型企业的创新能力必须加强，必须营造有利于小型企业发展的营商环境，完善要素市场，引导创新要素合理流动，促进小型企业增加创新投入，提高创新能力。

表3-22　不同规模企业创新活动对比

年份	研发强度		创新人员比例（%）		新产品销售比例（%）	
	大中型	小型	大中型	小型	大中型	小型
2004	0.71	0.23	1.36	0.31	15.24	3.68

---

① 2016年我国企业创新活动特征统计分析（2018-03-20）：中华人民共和国科学技术部网站/科技部门户/信息公开/科技统计：http://www.most.gov.cn/kjtj/。

续表

年份	研发强度		创新人员比例（%）		新产品销售比例（%）	
	大中型	小型	大中型	小型	大中型	小型
2008	0.84	0.22	2.13	0.53	16.09	3.17
2009	0.96	0.27	2.40	0.72	17.27	3.80
2011	0.91	0.33	2.57	1.18	16.00	4.15
2012	0.99	0.37	2.84	1.35	16.28	3.78
2013	1.01	0.42	3.06	1.55	16.92	4.26
2014	1.04	0.48	3.17	1.71	17.53	4.80
2015	1.12	0.53	3.18	1.85	18.60	5.24
2016	1.15	0.61	3.25	2.16	20.38	6.25
2017	1.24	0.74	3.41	2.44	22.17	7.68
2018	1.37	1.05	4.06	3.24	22.81	11.69
2019	1.45	1.06	4.22	3.62	24.02	12.23
平均	1.07	0.53	2.97	1.72	18.61	5.89

注：小型企业的数据为通过规模以上工业企业相关指标的绝对数据减去大中型工业企业对应的数据后计算得出。

数据来源：根据《中国科技统计年鉴》相关数据整理。

表3-23 小型企业数量、利润及占比

年份	企业数			利润总额		
	总（个）	小型（个）	占比（%）	总（亿元）	小型（亿元）	占比（%）
1999	162000	139798	86.30	2288	699.66	30.58
2000	162885	141161	86.66	4393.48	1210.21	27.55
2001	171000	148269	86.71	4733	1292.87	27.32
2002	182000	158234	86.94	5784.48	1775.51	30.69
2003	196000	172591	88.06	8337.24	1814.26	21.76
2004	276474	248782	89.98	11929.3	2745.39	23.01
2005	271835	242061	89.05	14802.54	3790.78	25.61
2006	301961	269031	89.09	19504.44	5141.21	26.36
2007	336768	300262	89.16	27155.18	7528.54	27.72
2008	426113	385721	90.52	30562.37	10633.13	34.79
2009	434364	393074	90.49	34542.22	12276.54	35.54

续表

年份	企业数			利润总额		
	总（个）	小型（个）	占比（%）	总（亿元）	小型（亿元）	占比（%）
2010	452872	406224	89.70	53049.66	18072.48	34.07
2011	325609	264262	81.16	61396.33	19652.56	32.01
2012	343769	280455	81.58	61910.06	21339.89	34.47
2013	369813	304299	82.28	68378.91	24371.68	35.64
2014	377888	312587	82.72	68154.89	24001.98	35.22
2015	383148	319445	83.37	66187.07	24622.16	37.20
2016	378599	316287	83.54	71921.43	25728.63	35.77
2017	372729	313875	84.21	74916.25	23554.74	31.44
2018	378440	319559	84.44	66351.40	18701.50	28.19
2019	377815	329631	87.25	65799.00	19776.10	30.05
平均	318194	274552	86.34	39147.49	12796.66	30.71

数据来源：国家统计局网站。

二、科技管理体制改革仍需深化

伴随经济体制改革，中国的科技体制经历了从"科研拨款制度"到"加强科技成果转化"再到"推动自主创新"的转变。《国家中长期科学和技术发展规划纲要（2006-2020年）》明确了科技体制改革必须符合创新型国家建设的需要。在创新驱动发展战略提出后，党中央和国务院相继颁布了关于科技创新和改革的文件，特别是党的十八大以后，提出了一系列促进科技体制改革的新思想和新要求，完善科技管理体制和深化改革，应突出企业的创新主体地位，推进"产学研"合作，为企业营造良好的创新环境，建立完善的财税和金融体制[①]。党的十九大以来，自主创新再一次被提升到新的高度，成为高质量发展的第一驱动力，科技体制改革取得了丰硕的成果，在推动技术创新和创新成果转化方面发挥了关键作用，使科学技术创新由"跟踪模仿"逐步走向"自主创新"，但还存在一些问题。

（一）科技管理体制需要向科技创新管理体系转变

推动科技管理体制向科技创新管理体制转变是建设创新型国家的普遍做法，其逻辑是，以创新为导向的科技管理体制是国家创新效能提升的制度基石（张义

---

① 习近平同志在中央财经领导小组第七次会议上的讲话，2014年8月18日。

芳，2017）。中国现行的科技管理体系是在传统的计划管理模式的基础上发展而来的，受传统体制的影响，科技管理体制仍附着了浓厚的行政色彩，表现为：一是管理层次划分不太清楚，条块分割的格局仍未打破。科技管理部门缺乏一套完整的科研管理机制，在项目立项和评审中对科研立项管理更为注重，但对过程管理比较放松，导致科研部门和科研管理部门信息不对称，造成研究中的短期行为出现，如重申报轻研究，极力争取研究项目，而对是否满足社会需求不太关注。二是科研预算与监督体系不够健全。科技创新是一项较为系统和复杂的活动，这就要求建立科学的预算和有效的监督管理体系，为科研活动提供制度保障，但由于缺乏独立的、科学的科研预算和监督评估机制，科研效果大打折扣，难以形成良好的科研氛围。三是不重视基础研究。在科技管理体制改革过程中，受经济因素的影响，科研的"趋利性"渐渐凸显，在科技为经济建设服务的思路下，科研经费更多投向了应用领域，而对基础研究的投入比例较低，徘徊在5%左右，在部分年份还不断下降。基础研究对独立开发核心技术有着长远的影响，长此以往会严重削弱自主创新能力。随着对创新的日益重视，基础研究经费比例开始有所上升，但到2019年才刚超过6%（见表3-24）。

表3-24　1998~2019年R&D基础研究经费支出占比

年份	总经费（亿元）	基础研究经费（亿元）	占比（%）	年份	总经费（亿元）	基础研究经费（亿元）	占比（%）
1998	551.12	28.95	5.25	2009	5802.11	270.29	4.66
1999	678.91	33.90	4.99	2010	7063.00	324.49	4.59
2000	896.00	46.73	5.22	2011	8687.00	411.81	4.74
2001	1042.49	55.60	5.33	2012	10298.41	498.81	4.84
2002	1287.64	73.77	5.73	2013	11846.60	554.95	4.68
2003	1539.63	87.65	5.69	2014	13015.63	613.54	4.71
2004	1966.33	117.18	5.96	2015	14169.88	716.12	5.05
2005	2449.97	131.21	5.36	2016	15676.75	822.89	5.25
2006	3003.10	155.76	5.19	2017	17606.13	975.49	5.54
2007	3710.24	174.52	4.70	2018	19677.93	1090.37	5.54
2008	4616.02	220.82	4.78	2019	22143.58	1335.57	6.03

数据来源：根据《中国统计年鉴》整理。

推动科技管理体制向创新管理体制转变还有很多工作要做，如建立科技创新决策咨询机构、完善科技预算管理体制、优化科技决策与监督管理体系、简政放权保证科研机构一定的自主权限、建立有效的科技绩效评估制度，提高创新质量和能力等。

（二）科技管理体制改革需要面向市场化

市场化改革中，科技管理体制改革整体上慢于市场改革步伐，市场机制对科技资源的配置效用还未充分释放，一些科研项目在立项时没有充分考虑市场需求状况，出现了科研立项和科研成果相分离的现象，使产研之间的联系不够密切，导致科研成果难以转化应用，有的甚至沉淀在研究领域，无法实现创新收益。创新的内在动力来源于市场，因此科技管理体制改革应发挥市场功能，坚持以"市场调节为主、政府引导为辅"的原则，通过价格信号传递创新信息，诱致和推动企业创新，通过供求关系、市场竞争等配置创新资源，发挥其最大效用，并给予政策上的支持和保护，对于哪些基础研究、战略性研究，可能存在市场失灵，这就需要政府介入，并采取优惠政策引导企业从事这方面的创新。

（三）创新服务体系需要完善

自主创新具有高成本、高风险的特性，使研发活动由过去单一学科和部门为主体，逐渐演变为由多种学科、多种部门共同合作，进行协同创新（张义芳，2017），这就要求具有完善的创新服务体系，提供专业化的技术咨询、转让、交易、合作等社会化服务，构建创新资源共享平台，完善创新各主体之间的权责关系、利益分享和风险承担机制，促进协同创新，提高创新效率。但国内创新服务体系建设步伐较慢，具体为：

第一，产学研协同创新机制还不完善，合作创新的比例仍然很低，2019年规模以上工业企业产品或工艺合作创新的比例仅略超20%（见表3-25）。一些技术合作仍然停留在较低层次的合作如技术转让、合作开发和委托开发等。虽然政府出台了促进协同创新的相关政策，但是由于缺乏有效的协调机制，像技术联盟、科工贸一体化的深层次的合作还较为匮乏。

表 3-25　规上企业产品或工艺创新合作开展情况

年份	合作比例（%）	在创新合作企业中，与下列伙伴开展合作的比例（%）										
		集团内	高校	研究机构	政府	行业协会	供应商	客户	同行业	咨询机构	风险投资机构	其他
2016	16.5	28.2	31.5	19.2	11.3	19.7	34.7	41.8	15.4	11.1	1.3	17.5
2017	17.5	28.4	31.2	18.6	11.2	20.4	36.4	42.8	15.9	12.0	1.3	17.1
2018	18.8	28.6	30.0	17.6	10.9	20.2	37.3	43.4	15.9	12.1	1.0	16.9
2019	20.4	28.0	28.2	15.9	10.2	19.6	39.1	45.7	16.2	12.8	0.7	15.0

数据来源：根据《中国科技统计年鉴》和《中国统计年鉴》整理。

第二，创新活动的服务机制不健全。创新特别是自主创新，需要充分发挥社会服务机构的专门化服务功能，提高科技信息的利用效率，降低创新合作的交易成本，但目前国内专业化的科技服务企业数量还比较少。以全国生产力促进中心的数据为例，服务企业总数和总资产自 2000 年以来取得了较快增长，但 2015 年后创新呈下降趋势，到 2017 年为止，平均每个企业的资产规模只有 10 万多一点，总体发展规模较小（见表 3-26）。国内的科技服务机构多数是由科技管理部门创办的，经营定位缺乏市场导向，管理方式和服务内容不能满足创新的实际需求，有的主要服务于大型企业，不大关注小微企业的创新需求，影响了服务效率和质量，成为影响创新驱动发展战略实施的"短板"之一（秦健，2017）。

表 3-26　全国生产力促进中心主要经济指标

年份	中心总数（个）	总资产（亿元）	服务企业数（万个）	服务收入（亿元）	为企业增加销售额（亿元）
2000	581	27.8	3.4	8.9	388.0
2001	701	31.2	5.0	11.3	407.0
2002	865	61.4	7.8	10.3	300.0
2003	1070	67.0	6.5	13.6	477.0
2004	1218	77.1	9.2	18.7	642.0

续表

年份	中心总数（个）	总资产（亿元）	服务企业数（万个）	服务收入（亿元）	为企业增加销售额（亿元）
2005	1270	90.6	9.7	18.4	1078.0
2006	1331	109.9	10.3	24.8	752.0
2007	1425	116.4	15.5	40.6	1299.0
2008	1532	162.5	19.0	30.4	1202.0
2009	1808	209.2	24.5	30.8	1796.8
2010	2032	157.1	24.5	38.4	1578.6
2011	2274	260.8	30.7	62.8	1918.2
2012	2281	295.1	38.0	89.0	2535.2
2013	2581	351.0	38.7	139.1	5282.8
2014	2152	325.0	42.7	68.2	2480.7
2015	2688	284.4	44.2	57.6	1794.4
2016	1925	298.4	20.8	52.5	1400.7
2017	1799	241.2	21.6	51.0	1076.6

数据来源：根据《中国科技统计年鉴》和《中国统计年鉴》整理。

第三，创新成果转化机制不完善。受现行管理体制的影响，科研立项未能充分考虑市场需求，加之科研成果推广转化的机制不完善，缺少专门化的技术转化机构和服务，科研部门没有更多力量搞推广转化，市场部门对技术信息了解不充分，导致科研和应用"两张皮"的现状依然存在，影响了创新成果转化应用。

三、创新要素培育有待加强

（一）创新人才缺乏

改革开放以后，国家创新能力不断提高，企业在全球的竞争地位不断提升，当前中国科技投入总量位居世界第二，每年专利申请数量、新增专利授权量分别占世界的1/3和2/3，但面临的最大问题是原始创新不够。原始创新是最基础的创新工程，只有基础打牢，才能增强自主创新后劲。"人"是影响企业创新能否成功的关键因素，自主创新必须重视创新人才培育，然而，创新人才缺乏是制约我国企业自主创新的主要因素之一。国家统计局对企业的调查表明，缺乏人才或人才流失已成为影响企业自主创新的第一大阻力（熊鸿儒，2016）；2018年对中国企业家对外成长与发展调查的结果与2015年的结果基本一致，81.49%的被调查企业家认为，"创新人才缺乏"对企业创新具有"很强"或"较强"的抑制作用（中国企业家调查系统，2019）。究其原因，从外部看，受科技管理体制的制约，创新人才的激励机制还不够完善，创新人才的流动性不足；从内部看，对创新人才的培育不够重视，引进机制不够灵活，配套的人才保障机制不够健全等。

（二）创新投融资体系不完备

自主创新需要大量的前期投入，这就要求建立以企业为中心的投融资体系。尤其对中小型企业而言，缺乏有效的、持续的融资渠道，企业技术研发和创新活动难以开展。为了鼓励中小企业发展，激励创新，国家相继出台了促进科技金融发展方面的政策、法规和文件，但科技金融发展的保障机制较为缺乏，而中小企业受经营规模小、抵押物不足以及财务信息不健全等因素的影响，不能向金融市场有效传递信息，信息不对称等使中小企业融资的交易成本较高。同时，中小企业往往处于发展的初期，未来收益的不确定性和风险较大，导致金融市场及金融机构的融资风险与收益不匹配（赵玲和战昱宁，2019），金融市场就会失灵，这时商业资本就会优先选择大企业或者相对成熟的企业投资，以规避投资风险，导致中小企业融资难问题突出，成为企业制约自主创新的"瓶颈"。这时政府应发挥资金引导功能，弥补市场失灵，构建合理的企业投融资体系，引导和激励社会资金流向企业，支持中小企业创新。

第四章　区域技术环境对企业自主创新的影响机理

第一节　区域技术环境影响企业自主创新的驱动力

一、技术推力

自主创新更多的是原始性创新，需要前期大量持续的投入，但又缺少可以借鉴的经验和信息，面临着很大的不确定性，这意味着自主创新很难一次性成功，一旦失败，将会产生很大损失。同时，技术研发成功后，能否满足市场需求，实现创新成果转化应用并进行产业化生产，也面临着很高的风险。也就是说，自主创新具有较高的技术风险和市场风险，也面临着较高的沉没成本，因此这成为制约企业自主创新的重要原因。只有降低了创新风险，理性的企业才会增加自主创新意愿，形成自主创新的技术推力，如图4-1所示。

区域技术环境可以显著降低创新风险。首先，技术市场降低创新风险。第一，降低选择风险。技术市场发展可以扩大技术交易规模，增加技术交易种类，如基础研究成果、中间技术和相关配套技术等，有利于企业选择自主创新所需的技术资源，从而降低选择风险。第二，降低技术风险。有效配置创新资源是技术市场的重要功能，技术市场发展可以验证和提供技术测试服务，并通过技术市场

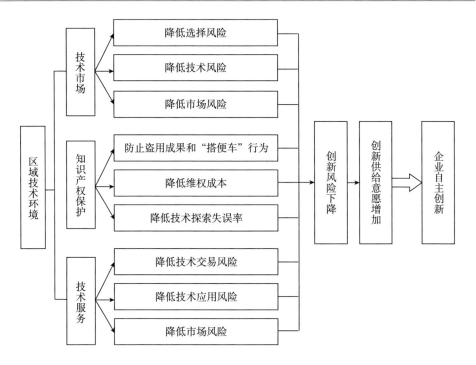

图 4-1　区域技术环境对企业自主创新的技术推力

信息传递，较为全面反映技术的供求信息。在没有技术交易的时代，企业创新遇到的技术难题只能依靠自身克服，但这些难题往往属于其他领域的研究成果和配套技术，技术市场为企业获取这类技术成果提供了可能，降低了机会成本，为企业创新提供有效的技术资源，降低了创新的技术风险。第三，降低市场风险。创新成果与市场需求不匹配是产生市场风险的主要原因，创新成果被市场接受的可能性越大，说明越符合市场需要。技术市场发展推动技术创新成果的转化应用，为企业自主创新提供了市场导向，使企业能够建立符合市场需要的创新目标，有利于未来创新成果转化，乃至商业化推广，降低了自主创新的市场风险。

其次，知识产权保护可以降低创新风险。第一，防止盗用创新成果和"搭便车"行为。一项创新成果问世时，往往能产生高额的利润回报，很容易被他人以低成本或零成本窃取盗用，导致原创者的实际收益远远小于期望收益，甚至难以回收自主创新的投入成本，加大了创新风险，使自主创新的边际私人收益小于边际社会收益，致使创新动力不足。盗用者则无须承担创新成本便可坐享其成，便产生了"搭便车"行为。因此，为了防止这种行为的发生，保护创新者的收益，知识产权保护制度为创新者提供了法律保护，赋予创新者一定时期内的创新技术专有权，进而获取创新收益。知识产权保护制度可以利用法律手段，打击各种假冒、盗用创新成果的侵权行为，杜绝"搭便车"行为。第二，降低创新者的维权成本。创新者可以通过知识产权保护制度，运用有效的法律、经济、行政等手段维护自身合法权益；对于模仿、复制、盗用等侵权行为给予经济处罚和法律处罚，提高模仿复制成本和侵权代价，能够有效降低产权纠纷发生率，遏制侵权行为，最大限度地减少创新成果被复制盗用，降低创新者的维权成本。第三，降低技术探索的失误率。自主创新多数是前瞻性研究，不确定性较强，尤其是在研发阶段，面临着技术难点难以攻破、研发失误等多种风险，同时还面临着竞争的压力，如果技术研发方向选择不慎，可能会导致更高的创新失败率。在知识产权保护制度下，创新者在创新成果申请专利后，需要提供完整的说明书并予以公开，这为后续研究者能够迅速获知创新的方向和途径提供了便利，减少不必要的盲目的重复创新。创新者可以灵活运用知识产权相关的期刊检索查阅，合理吸收现有创新成果。世界知识产权组织的研究显示，全球90%的技术发明成果可以通过专利文献期刊进行检索查阅，可以有效降低技术引进和扩散的失误率。利用专利文献检索，不仅扩大了创新者对外界的认知范围，使其了解某些专门领域内的创新水平和能力，而且对于未来创新的价值预判、最佳方案制定和选择以及科研资源合理配置，都有很好的启发和帮助作用。

最后，技术服务可以降低创新风险。第一，降低技术交易风险。与普通商品不同，创新成果特别是技术商品，其交易具有典型的特殊性，一是价格难以确定。普通商品的价值由其社会必要劳动时间决定，可以由重复的批量的生产确定，而技术商品一般以独特的、新颖的非物质形态存在，如专利、技术诀窍、技能知识等，其社会必要劳动时间难以确定，致使价值较难衡量。二是面临着较高的交易成本。普通商品的应用性能较为容易观察，测度成本较低，协商交易容易达成。而技术商品内化了新的技术信息，包含了物化技术和非物化技术，卖方对其了解得更少，特别是非物化技术的价值难以确定，技术商品购买方需要付出更多的搜寻成本了解技术商品的特性，还需要与技术供方多次谈判，在充分了解的基础上才能达成交易，这都增加了技术商品的交易成本。技术商品的特殊性决定了技术商品交易面临更大的交易风险。技术服务可以通过专业化的服务，为技术商品交易双方提供技术咨询、技术代理、技术评审等服务，如专门化的技术中介机构，通过长期的专业化服务，利用其专业技巧开展评估活动，为技术商品的价格确定提供参考标准，为技术商品谈判提供充分的信息和服务，协助买方获得对技术商品的客观公正的判断，促进技术信息传递，降低交易成本，减少交易风险，从而有利于技术商品交易完成。第二，降低技术应用风险。由于技术商品需求方的工艺、设备水平不配套、操作方法不当等可能会使购买的技术商品作用不能有效发挥，甚至卖方夸大了技术商品的功能，而实际应用中达不到预期效果等，这都会带来技术应用风险。技术服务中介机构的存在，可以为技术买方提供专业化的技术培训和配套化服务，促进技术商品发挥其应有的功效，同时，技术服务中介机构可以对技术交易过程实施有效监督管理，提供公平的竞争环境，规范技术交易行为。第三，降低市场风险。自主创新的最终成果能否被市场认可，能否产业化生产，取决于能否满足未来市场的需要，也就是说，自主创新面临着市场风险。作为功能日趋发达的技术中介机构来说，还可以通过相关的有偿技术服务，提供技术咨询、技术转让、技术中介等服务，搭建科技与经济的"桥梁"，如建立产学研合作中心、产业化服务中心，对技术成果提供验证、评估、测试、产业化服务等技术支持，把创新成果推向市场，提供信息支持和服务，为创新者提供市场导向服务，促进相关机构的优势互补，构建从创意到创新再到新产品生产一条龙服务，降低了市场风险。同时，技术服务可以通过技术中介机构，与创投机构联合，通过股权、债券等形式为企业创新融资，避免因创新资金链断裂而带来的创新失败，降低了资金风险。

二、需求拉力

创新成果主要表现为内含核心技术信息的知识型商品。如果技术供需双方都非常了解该核心技术，技术交易需求不会发生。通常情况下，技术供方对技术的性能和花费的成本等有更充分的了解，而技术需方很难准确获得这方面的信息，造成技术交易中的信息不对称。由于技术供需双方技术信息不对称才促使技术交易的发生。但信息不对称也会对技术交易产生阻碍，因为供方拥有更充分的技术信息，为获取更多的利润，供方不愿提供更多的技术信息，以此维持谈判的主动地位，而需方得到的技术信息太少会影响其对技术价值的准确评判，甚至影响购买决策。技术信息不对称会引起技术交易的逆向选择和道德风险，即"柠檬市场"。技术交易的"柠檬市场"特征更为明显，技术商品供方拥有充分的关于价格、质量等信息，而需方只能被动地接受价格并承担相应的风险，使其对技术商品的需求下降，降低了技术交易。只有保证技术交易中充分的信息传递，才能促使技术交易的顺利进行，刺激创新需求，形成自主创新的需求拉力。

区域技术环境能够有效传递技术信息。首先，增强企业技术信息获取能力。区域技术环境在传递技术信息的同时，也发挥了信号显示功能，使企业获得了更多的技术知识、创新资源等信息，为企业获取和利用这些信息资源提供了可能。技术市场承载着信息搜寻、发布和交流的功能，技术市场还具有价格发现功能，通过市场机制，达成一个较为客观的价格，在促进技术商品交易的同时，也向外界传递价格信号，技术商品供需双方可以根据以往技术市场传递的信号对所要交易的技术商品价格有一个客观的评估。同时，技术市场可以提供信息集散、供求关系、技术创新的特点和市场潜力等方面的信息，技术服务可以提供专门化的技术咨询和评估、技术交易中的相关程序服务如技术合同的签订、登记、公证、仲裁和管理、信息检索等便利服务，使技术信息有效传递，降低了技术信息搜寻成本，增加技术创新的需求。知识产权服务业在一定程度上提供技术专利等的检索信息，对于需方而言，获得技术信息更为方便，增加对技术信息的了解，刺激技术创新需求；对于供方而言，通过技术市场也对需方的实际需要和市场未来的潜在需要有一定的了解，为进一步创新提供决策参考。

其次，促进企业技术交易。在自主创新中，创新者拥有比其他主体更充分的信息，但为了防止技术信息外泄必须保密，而买方为了准确评估技术或者创新成果的应用价值又必须知道更多的技术信息，阻碍了技术交易。技术市场促进技术信息流动，使得技术商品的需方可以更多了解技术商品的性能、技术特点，技术商品供方可以进一步了解需方的实际需求，促进交易顺利达成；技术服务通过专业的中介机构，利用较强的技术信息获取和处理能力，提供专业化的信息服务，方便供需双方信息交流，大大降低了交易成本，促成交易顺利实现；知识产权保护可以进一步规范技术商品交易，创新者取得了知识产权，使用者必须通过付费或交易，维护了正常的市场秩序。技术交易活跃满足了技术创新的需要，并可刺激未来创新需要。

最后，推动技术信息扩散。从技术商品的生产过程看，开发—交易—推广过程中一直伴随着技术信息扩散。技术需方通过创新资本和创新劳动投入开发新技术，通过技术市场和技术服务机构交易，技术需方利用该技术开发新产品，然后推向市场，技术市场的供需双方分别成了技术扩散传播的源头和末端，技术服务机构成为主要的技术信息扩散渠道，连接着技术创新者和技术采纳者，这个过程形成一个技术信息扩散机制。技术信息扩散使自主创新成果最终走向市场，实现创新价值，同时，在创新成果的推广扩散过程中，企业可以从中得到启发，新的创意、构思会被激发，促使企业进一步创新，即会增加创新需求。

技术环境通过有效的信息传递，增强了企业技术信息的获取能力、促进技术交易、推动技术信息扩散，最终可以进一步刺激企业创新需求，形成自主创新的需求拉力（见图4-2）。

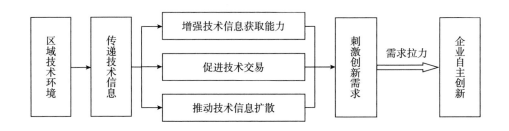

图4-2　区域技术环境对企业自主创新的需求拉力

三、利益驱动力

资源约束是企业经营中面临的问题。既定条件下，理性的厂商会增加资源利用效率较高环节的投入，减少较低环节的投入。作为一种典型的经济行为，企业创新决策需要根据既定的资源约束配置资源，即资源如何在创新部门和商品生产之间进行分配，均衡的经营结构是资源在两个环节中的边际产出相等，当创新净收益大于零时，企业必然倾向于加大创新投入。

技术环境直接影响着自主创新的收益和成本，增加自主创新的净收益，可以对企业自主创新产生激励，形成利益驱动力。

（一）实现自主创新价值

自主创新取得的科研成果，最终体现为新技术产品，必须通过交换才能实现创新价值，取得创新收益。但技术研发与新产品生产不一定是同一个主体，这时，新研发的技术需要转化应用，但技术研发者不一定完全了解产品市场，而新产品生产者虽然了解市场，但是又缺乏新技术，因此，新技术的供求双方需要借助技术市场实现交换，技术市场是创新价值实现的有效通道。与普通商品不同，技术商品具有无形性、信息不对称等特点，其交易价格往往难以确定，也使技术交易的风险成本很高，一旦成交价格与实际价值偏差较大，会给交易的一方带来较大经济损失，不利于技术交易。因此，价格发现是保障技术交易顺利进行的必要条件，否则技术交易双方很难达成一致的契约。技术市场的存在为交易双方提供了有关技术信息交流、沟通等平台，使双方对新技术有关的信息了解更为便利，有利于促进技术交易价格更加接近真实价值，即提供了一个良好的价格发现机制，通过在技术市场中进行公开、竞争形成一个反映供求关系的权威性价格。在发达和完善的市场中，技术信息的传递更有效，技术市场中"发现"的价格更客观，技术买方获取的信息更充分，购买决策的正确率更高，从而促进技术交易顺利进行，实现创新收益和创新价值。

首先，知识产权保护保障创新者的合法权益，实现创新价值。获取新技术带来的超额收益是企业自主创新的内在动力。而技术产品容易复制、易于传播，具有非排他性和非独占性，属于典型的正外部性，很容易产生"搭便车"行为，甚至被侵权，从而损害原创者权益，降低收益预期，造成技术创新的边际私人收益小于边际社会收益，结果是创新供给不足，这就需要知识产权制度作为保障，保证创新者能够从创新中获取更高的收益。通过知识产权保护如专利保护等制度，为创新者提供法律保护，赋予一定时期内的创新技术专有权，企业可以自己生产产品，也可以通过技术许可、转让等多种形式获取创新收益。知识产权保护实际上给予了企业稳定的收益预期，激励企业不断增加创新投入进行创新，通过技术研发和产品开发，增强市场竞争优势，从而赚取更多利润。新技术成果虽然能够产生较高的收益，但是前期投入金额较大，时间长，具有高风险特征。如果没有有效的知识产权保护制度，创新很容易被他人盗用，从而侵害创新者的合法权益和收益。知识产权保护制度赋予创新者技术独占权，打击各种侵权行为，通过法律的形式为企业搭建一个公平的市场环境：一方面，创新者可以获取创新产品的垄断收益或者其他各种技术交易获取的收益；另一方面，降低了创新维权成本。创新者可以利用知识产权保护制度，维护创新权益不受侵害；对于模仿、复制等侵权行为给予经济处罚和法律处罚，可以提高模仿复制的成本，从而有效保护创新者的收益。

其次，技术服务通过提供多样化的专业化服务，使技术交易活跃，促进创新成果转化。在知识经济时代，科学技术更新速度不断加快，创新成果的商品化周期渐渐缩短，这就需要充分利用科技信息，促进创新要素有效配置，推动创新成果转化应用。技术服务机构是科技创新发展的需要，也是社会化协作和分工的结果，技术服务机构以"技术经纪人"的角色参与自主创新的各个环节，如技术服务中心、技术评估和咨询中心、技术情报中心、创新服务园区等，通过开展与自主创新相关的投融资、信息咨询和传递、创新资源配置、技术成果评审等业务，促进创新主体之间的网络化联系，搭建创新资源共享平台，提供优质的技术交易服务。技术服务机构利用信息优势，促进企业和市场有效对接，增加信息流动，有助于创新成果转化应用。

（二）降低自主创新成本

作为一项典型的经济活动，收益和成本力量的变化影响着自主创新的进程。与普通经济活动不同，自主创新面临着更大的不确定性和风险，既有技术研发失败的风险，也有创新成果不能转化应用的风险，即市场风险。风险高意味着自主创新要付出更高的成本，这制约着企业自主创新。所以，降低自主创新成本是增强企业自主创新能力、激发创新活力的有效途径。

区域技术环境能降低企业自主创新成本。首先，技术市场可以降低自主创新成本。技术市场通过价格信号配置创新资源，传递技术信息，减少了搜寻成本，包括技术信息的搜寻，考察与自身的匹配状况等活动所发生的费用；通过市场机制实现创新价值交换，降低了交易成本，包括契约合同的协商谈判；技术市场的存在打通了科研场域和经济场域，实现了创新技术成果从科研机构流向企业单位，促成两者利用各自的独特优势形成合理的分工与合作，降低创新成本，提高创新效率。

其次，知识产权保护降低了创新的监督成本。创新成果通常以信息形式存在，具有传播速度快、模仿成本低的特点，如果没有知识产权保护制度，创新成果很容易被仿制和盗用，而创新者很难实施有效的监督，必将承担创新前期的巨大投入。知识产权保护制度法律上给予创新者独享创新收益的权利，对损害创新者独享收益的侵权行为实施严厉的打击，形成规范和公平的市场环境，创新者可以利用法律武器维护合法权益，在法律规定的范围内对仿制、假冒、盗用知识产权的行为实施有效监督，甚至提起诉讼，降低了创新的监督成本。

最后，技术服务降低了创新成本。各类专业技术服务机构如技术中介、技术中心、生产力促进中心等，为企业提供有效的信息咨询、技术转让、合作开发、技术委托等服务，大大降低了技术信息的搜寻成本、交易成本；技术服务机构可以提供技术指导、人员培训，使得企业快速运用新技术，降低了新技术的应用成本；应用阶段发生的成本是实施成本，包括实施运行中的培训、学习和监督等发生的费用；技术服务机构还可以通过专门的创新成果评审、产权申报、公正和仲裁等专业化业务，对技术成果交易过程实施全程的有效监督，调节市场纠纷，降低了创新的监督成本；技术服务机构如企业孵化器、行业协会等，为企业创新投融资提供便利的服务，解决创新资金约束问题，降低创新成本，培育企业自主创新能力，为解决技术创新难题提供技术咨询和服务，为创新决策提供市场导向，增强自主创新的市场适用性，促进科研部门和市场推广部门的网络化连接，降低科技成果转化成本，促进创新成果推广转化（见图4-3）。

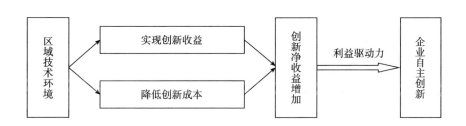

图4-3　区域技术环境对企业自主创新的利益驱动力

以上分析表明，技术环境降低创新风险，促进创新供给意愿增加，形成企业自主创新的技术推力；通过技术信息传递，刺激创新需求，形成企业自主创新的需求推力；通过实现自主创新价值，降低自主创新成本，增加了自主创新净收益，成为企业自主创新的利益驱动力（见图4-4）。

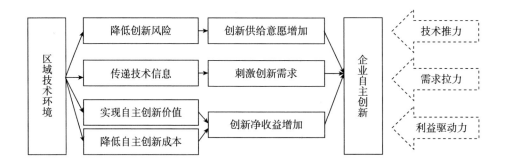

图4-4　区域技术环境促进企业自主创新的驱动力

第二节　区域技术环境对企业自主创新的影响机制

自主创新是一个连续的动态的系统活动，包含若干阶段，在每个阶段呈现出不同的特点，面临的主要问题不同，技术环境发挥的作用也呈现出差异，即对自主创新的影响机制也有所不同。由于不同创新项目面临的技术和环境约束不同，因此很难对自主创新有一个标准的阶段划分，但从创新活动的基本过程看，大致可以划分为发现和决策、开发、应用三个阶段。在发现和决策阶段，核心是创新机会的识别和把握，形成创新思路，制定创新方案。该阶段需要充分利用科技信息，把握创新方向，技术环境通过引导机制促进自主创新。在开发阶段，主要是试验和新技术开发。该阶段需要解决技术难题，降低创新风险，技术环境通过支持机制、配置机制促进自主创新。在应用阶段，主要是创新成果商业化推广应用。该阶段需要开发符合市场需要的新产品或服务，并快速转化应用，技术环境通过强化机制和反馈机制促进自主创新（见图4-5）。

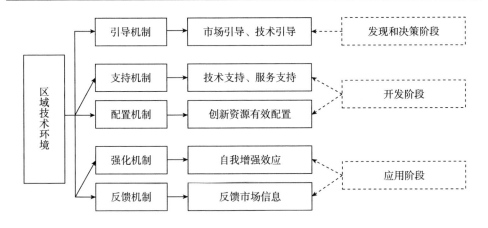

图 4-5　区域技术环境促进企业自主创新的机制

一、引导机制

自主创新是一个发现新机会，并利用现有资源实现该机会的过程。发现新机会是自主创新的起点，在自主创新的发现和决策阶段，企业利用已知信息对相关技术的应用前景、开发方案、工艺技术等进行评估和考察，为创新构思、创新设计奠定基础，并结合企业资源禀赋和创新基础等因素，制定可行的创新方案。只有对所处的社会、经济环境、市场需求正确分析，创新方案才具有可操作性。因此，发现新机会需要进行充足的信息搜集、市场调研和可行性分析等工作，这些工作对于确立自主创新目标、创新战略、科研方向具有重要的意义。

区域技术环境在自主创新的发现和决策阶段发挥引导作用。一是市场引导作用。自主创新最终要经过市场检验，只有符合市场需要才能实现创新成果转化应用，所以，在自主创新的发现和决策阶段就应该坚持以市场为导向。这就需要充分了解市场需求，预测未来市场的变化趋势。技术市场是传递科技供需信息的主要通道，借助技术市场，企业可以方便地汇集关于创新的信息，进一步了解市场变化特征和发展前景，才能有针对性地解决市场所需，开发适合市场需要的技术等。技术服务在创新信息传递中也发挥着重要的作用，通过技术服务，企业能够快速地了解技术信息需求、资金、产品、配套服务等方面的信息，可以低成本地搜集关于创新信息，包括市场调研和考察，把握市场变化规律，有效整合创新资源，促使技术交易双方充分沟通，了解实际需求，促使开展满足市场需要的创新活动。同时，利用知识产权保护制度，检索专利信息，分析其特点和变动趋势，从中获取启示，也可以为分析市场变化规律提供一定参考。二是技术引导作用。自主创新开始于发现新机会，形成新的构思和创意。但这些新的发现、构思和创意的实现通常需要一些基础研究和共享技术作为支撑，从而保证创新构思和创新方案的落实。通过技术市场，企业可以方便地了解到现有的基础研究和共性技术情况，并利用技术市场的资源配置功能，整合创新资源有效利用现有技术进一步开发，保证创新活动顺利进行；知识产权保护制度的存在，使企业可以有针对性地检索相关的知识产权状况，了解创新构思相关的研究进展情况，同时使企业对创新构思及预想的新技术和新产品的基础研究状况做出科学的预判，增加创新成果的机会；技术服务可以为企业提供基础研究和共性技术的诸多信息，并进一步促成供需双方交流与合作，充分利用现有研究成果，实现创新资源共享，共同解决面临的技术难点，企业也不必要花费大量创新资源从零开始自行研发，使创新资源更加合理有效使用，也可降低创新成本，既避免了重复立项研究，也促进了已有研究成果的转化利用，使得创新从一开始就有较为明确的目标，保障技术上的可行性，有利于自主创新持续开展。

二、支持机制

自主创新的开发阶段是在创新第一阶段形成的创新方案的基础上，通过反复试验、探索，筛选出具有良好市场前景和技术性良好的项目进行研究，开发工艺技术、设计产品原型或者制造样品，并进一步进行中间试验，该阶段是自主创新的关键环节。技术环境在开发阶段发挥着全方位的支持作用，如提供技术资源，降低企业获取和学习外部知识的边际成本，增强企业利用和学习外部知识的能力，并通过消化吸收，将其用于自身技术开发，促使技术开发的创造性、新颖性向中试技术成果的稳定性、成熟性、经济性延伸，缩短中试试验周期。技术服务可以参与到技术开发中的各个环节，如对研发阶段的技术成果提供全面的、系统化的中试服务，为企业提供试验信息、人员培训等服务，为企业获取外部知识资源提供专门的服务，降低企业创新成本和风险，还可以对开发技术进行专业的技术评估、技术咨询。技术评估包括三方面：一是先进性评估，对待开发技术的先进性、适用性和可靠性评估；二是技术价值和效益评估；三是对技术应用的商业前景和应用风险评估。技术咨询的范围涉及技术开发项目选择、技术管理、试验部署等多个方面。这些都为技术开发提供必要的信息保障和技术支撑，促进技术开发持续进行，并促进技术开发阶段向技术应用阶段过渡和转化。

三、配置机制

自主技术创新需要大量的前期投入，尤其是技术开发阶段，需要不断地探索和开拓性研究，在开始阶段到技术成果产生需要经历较长的时间，很难一次成功，往往要经过多次失败，可见，自主创新面临着较高的风险，是一个需要整合多种资源的复杂的系统工程。因此，有效配置和合理使用创新资源尤为重要，具体包括人力资源、技术项目、管理资源等的配置。在现实中，创新资源不一定能够实现最优配置。这就需要借助技术市场进行创新资源配置。资源配置是市场的基本功能，技术市场也不例外。通过技术市场的竞争机制、价格机制等，创新资源流向创新收益高的领域，也促使技术开发者有效利用创新资源，当技术供方技术商品的边际转化率等于技术需方的技术商品的边际替代率时，技术供需双方的交换和生产达到最优，实现了创新资源的最优配置，即帕累托最优。

自主创新的最终目的是将创新成果推向市场，实现商业化，这样创新价值才能体现。但如果创新者为防止创新成果被盗用或仿制而不推广应用，则会浪费大量的创新投入和资源，也失去了自主创新的本质意义。知识产权保护制度是在市场经济发展过程中产生的，可以有效地解决这一矛盾，促进创新资源合理配置。一方面，知识产权保护制度推动了规范的技术交易制度形成，如授权使用、技术许可等制度，创新者通过技术交易实现创新收益，其他组织和个人可以有偿使用，有利于创新成果的扩散和利用。另一方面，他人可以有效利用现有的创新成果，通过技术交易或者其他付费方式获取该成果，减少不必要的重复创新，既节约创新成本，降低创新风险，又减少了无谓的浪费，使资源更加合理使用，加快自主创新进程。

技术服务在创新资源配置中也发挥着重要作用。技术服务可方便信息传递，降低技术信息和知识的搜寻成本，为技术咨询、技术转让、委托代理、信贷融资、人员培训等提供系统、全面的服务，通过构建科技信息服务平台，对技术交易开展"一对多""多对一"的洽谈和协商沟通，促进技术供需双方实现合理的分工与合作，推动创新要素合理流动，实现创新资源优化配置。

四、强化机制

自主创新的应用阶段是把创新成果推向市场、获取创新收益的过程。影响创新成果转化应用的主要因素有创新成果的市场适用性和技术先进性。技术环境在创新的推广转化中起着重要的作用。首先，技术市场运行中，不仅促进技术交易活动，而且伴随着价格信号等不断传递创新信息，对自主创新产生导向作用，保证创新成果能够适用市场需求和技术上的先进性，并通过交易实现创新价值。其次，知识产权保护制度为创新成果的实现提供合理有序的环境：一是赋予创新者独享创新收益，并在法律允许的条件下以技术许可、技术转让等多种形式取得创新收益的权利；二是为他人使用创新者的成果提供了可能，激发其创新意愿。最后，技术服务为技术交易双方提供有效的创新信息，促使创新信息快速传递，创新者能够获得更多的技术信息和市场信号，使创新者能充分了解市场需求，提高创新成果的市场适用性，同时，还可促进创新者了解技术需求者在技术应用中的瓶颈，提高创新成果的技术先进性。技术服务通过提供专业化的服务，降低技术交易成本，活跃技术交易，促进技术成果转化。总之，技术环境密切了创新者和市场需求者的关系，有利于创新成果推广转化，实现创新价值。一方面使有形产出增加，另一方面使无形产出增加。有形产出增加表现为创新直接收益或者商业利润增加，为企业创新开展创新活动提供财力物力保障；无形产出的增加，增强了企业的智力资源，如知识产权为企业增强创新能力和后劲提供技术支撑，同时，有些专利技术通过技术市场进行交易或者有偿转让，为其他创新主体利用该技术提供了可能，以此作为"中间技术"在此基础上展开技术创新，提高自身的创新能力，从而进一步提高全社会的自主创新能力，社会整体自主创新能力的提高又可以进一步提高各个创新主体的知识消化吸收能力和创新意识等，形成自主创新的正向激励循环。因此，技术环境促进企业开展自主创新活动，为创新成果的交易和应用扩散提供了渠道，形成自我增强效应。

五、反馈机制

随着科学技术的快速发展和市场竞争程度的不断增强，市场对创新成果的要求也越来越高，这就要求创新者从创新立项开始到技术开发、产品应用必须满足市场需要，因此，自主创新应该坚持市场导向，及时跟踪市场变化并获取市场信息，才可了解市场的实际需求，以此为基础优化创新方案，有针对性地从事技术研发、开发新产品，才能生产出具有技术优势和市场优势的技术和产品，才能快速实现创新成果转化。

技术环境在促进自主创新成果转化过程中，始终传递着市场和技术等多方面的信息，企业可以充分利用这些信息，对创新方案的设计和完善提供有益的参考。技术市场在促进技术产品交易的同时也直接或间接地传递着各种创新信息，为企业创新形成有效的反馈，企业可以根据这些信息对技术开发方案、产品开发决策优化调整，以更好地满足市场需求。知识产权保护也渗透着技术创新的信息，特别是通过专利等检索，使企业能够把握同领域内新技术的发展动向，为创新方向的把握和技术开发决策提供必要的依据。技术服务通过专业化的服务可以为技术研发和新产品开发提供大量的信息、可行性分析和适用性调研，对市场进行有效的评估，从而减少创新可能遇到的技术风险和市场风险，并增强创新成果的适用性，提高创新成果转化率，使之快速实现产业化生产。

第三节　区域技术环境对企业自主创新的影响效应

一、孵化效应

孵化原指在适宜的生态环境条件下卵生生物破壳而出的过程。在经济领域内被借入，特指提供有利于企业成长的环境，帮助新生企业获取人力、财力、物力等资源和提供相关服务，促进企业发展壮大，最终能够参与市场竞争（Roura，2015）。人们把能够催生新企业成长，产生孵化效应的特定空间集合或者平台称为孵化器。孵化器最早在美国被提出，1959 年在纽约成立的"贝特维亚工业中心"，为中小企业提供商务服务支持，取得很大成功，因此该中心被认为是世界第一家孵化器。随之，孵化器在世界范围内逐渐兴起，中国第一家孵化器于 1987 年在武汉诞生，经过多年发展，孵化器得到了快速发展。孵化器为创新型企业尤其是中小企业提供有利的发展空间和条件，降低创新风险和成本，助推科技成果转化应用。同时，密切了企业间的合作与交流，推动企业自主创新的作用逐步彰显。

孵化器之所以具有孵化效应，是因为孵化器能够为新生企业提供优良的成长环境、扶持新生企业成长。技术环境的发展能够吸引创新要素集聚，为创新型企业发展提供资源和服务，促进企业共享创新资源，产生孵化效应。

（一）集聚创新资源

技术环境的发展，降低了创新风险和成本，创新净收益增加，一方面促使企业增加创新要素投入，另一方面吸引创新资源集聚，因为资源流动具有典型的逐利性，当一个地区内资源的收益率高于其他地区时，便会吸引资源流入该地区，形成集聚效应。因此，在技术环境完善地区，创新要素不断流入便会形成集聚效应，为创新型企业发展提供了有利的资源条件和广阔的发展空间，实现了创新资源的跨区域配置和整合，促进企业快速成长。在创新资源集聚区内，新产生的企业可以较为方便地获得资金、人才等方面的要素，依托产学研平台获得各种配套服务，降低了交易成本，有利于催生创新型企业，进而促进新生企业发展壮大。首先，技术环境发展，可以提供技术创新、技术成果交易等方面的信息，方便企业找准技术创新目标。其次，知识产权服务为企业新产生的企业了解和有效利用已有创新成果提供了有益渠道，企业可以通过购买、技术许可等形式，利用现有的技术条件进一步开发业务。最后，技术服务能为新生企业提供市场需求信息，企业可以利用各种市场信息从中发掘新的需求，并辅助科学决策，实现有效运作和自主创新的有效开展，为企业提供更多的产品创新机会，有效缩短产品研发周期，提高新产品开发的成功率，进一步进行产品商业化运作，提高创新成果转化率。

（二）共享创新资源

技术环境发展有利于创新资源集聚，而且在创新资源集聚区内，企业可以获得优质的技术服务和资源共享平台。一是有助于形成产学研合作。"产"指企业，是技术创新和创新成果转化的主体；"学"指高等院校，是知识创造和创新人才培养的主要阵地；"研"指科研机构，是技术创新和技术开发的践行者。三者都可以是创新的主体，但由于各自利益和目标不尽相同，因此需要合理的沟通和协调机制。产学研合作最关键的问题是需要形成有效的利益共享和风险分担机制，技术环境的发展为形成产学研合作提供了条件，如通过专门化的技术服务平台，将三者紧密联系起来，通过创新资源共享，各方可以充分发挥其优势，形成有效的合作方式，高校和科研机构生产知识和培养创新人才，企业利用这些知识进行技术开发，使其推向市场，实现协同创新，从而有效使用创新资源，推动科技成果转化。二是有助于形成产业技术创新战略联盟。作为一种新型的网络化产业技术创新体系，产业技术创新战略联盟是通过契约、股权参与等多种方式，联合多个企业组建的一种联盟伙伴关系，其核心是实现创新资源共享，共同承担成本和风险，有效实现优势互补，通过协调运行以实现"双赢"或"多赢"。技术环境发展，为产业技术创新战略联盟构建提供了可能：技术市场可以实现创新成果的交易、转让、委托开发等；知识产权保护制度合理界定了创新成果收益分配界限，保障技术成果合理有序使用；技术服务提供广泛专业的技术咨询、技术评估、技术推广、技术交易等服务，节省了创新成果转化成本，缩短了创新成果转化应用周期。现阶段，中国创新资源主要集中在高等院校、科研机构和大企业的研究所，而大多数企业创新能力仍然较为薄弱，企业间创新合作仍然以单向委托为主，因此，需要从完善技术环境入手，建立以企业为主导，以技术创新为依托，遵循市场经济发展规律的产业技术创新联盟，形成创新资源共享机制，实现创新资源有效配置，促进创新成果转化应用，实现高层次、多元化的有效合作。

二、匹配效应

匹配意指相称、均衡的搭配。匹配最早主要用于研究人的行为和决策。从本质上看，匹配内含一种筛选机制，如果该机制是有效的，那么筛选结果是匹配的，也就是说存在"匹配效应"。譬如在劳动力市场上，通过丰厚的工资报酬，经济效益好的单位可以招聘到工作能力强的员工；通过雄厚的科研平台，名牌高校和科研机构可以吸引科研能力出众的研究人才。技术环境集聚了创新资源，能否促进高水平的技术合作？如果是，说明它们之间存在"匹配效应"。

为简便起见，假定有一个技术合作项目，存在供方和需方两类代理人，决定该项目成功的因素有该技术固有成功率、供需双方的努力程度 α（0<α<1）。各方努力程度大，则合作成功的概率会增加，所以该项目成功的概率可以表示为：

$$P_i = p_0 + (1-p_0)\alpha_i, \quad i=s, d \qquad\qquad 式（4-1）$$

式（4-1）中，P（0<P<1）表示技术合作项目成功的概率，p_0（0<p_0<1）表示该技术固有成功率，α（0<α<1）表示合作各方的努力程度，下标 i 表示合作方，其中，s 表示技术供方，d 表示技术需方。

同时，技术合作项目需要花费一定的成本，将其划分为两个部分：一是谈判、协商等过程中付出的固定成本；二是不确定性成本，它受到双方努力程度和技术环境的影响。努力程度大则需要付出更多成本，技术环境越好，双方在合作洽谈中越可以得到充分的技术信息，技术信息搜寻、谈判和合作中付出的交易成本也小。那么，技术合作的成本可以表示为：

$$C_i = F_i + M_i e^{\frac{\alpha_i}{\beta}}, \quad i=s, d \qquad\qquad 式（4-2）$$

式中，C 表示技术合作成本，F 表示技术合作项目需要付出的固定成本，β（β>0）表示技术环境发展程度，M、e 表示影响合作双方不确定成本的参数。

在既定技术条件下，其能够带来的产出可以预见，相对而言，技术供方拥有更为充分的技术信息，所以技术合作项目如果成功，可以给供方带来固定的收益，如果合作项目不成功，则不会产生收益，所以供方的期望效用可用式（4-3）表示：

$$E(U_s) = [p_0 + (1-p_0)\alpha_s]Y_s - F_s - M_s e^{\frac{\alpha_s}{\beta}} \qquad 式（4-3）$$

式中，$E(U_s)$ 表示技术供方的期望效用，Y_s 表示技术合作项目成功后供方获得的收益。技术供方期望效用最大化的一阶条件为：

$$\frac{\partial[E(U_s)]}{\partial\alpha_s} = (1-p_0)Y_s - \frac{M_s}{\beta}e^{\frac{\alpha_s}{\beta}} = 0 \qquad 式（4-4）$$

求得技术需方努力程度的最优解为：

$$\alpha_s = \beta Ln\left[\frac{(1-p_0)Y_s}{M_s}\beta\right] \qquad\qquad 式（4-5）$$

由式（4-5）可以看出，供方努力程度是技术环境的增函数，说明随着技术环境的不断发展和完善，技术合作供方的努力将会增加。

从技术需方看，产出主要由自身生产能力和该合作项目的技术含量决定，用式（4-6）表示如下：

$$Y_d = M_d T^{\lambda} \qquad\qquad 式（4-6）$$

式中，Y_d表示技术合作项目成功后需方获得的收益，M_d表示技术需方的生产能力，T表示该合作项目的技术含量，λ表示该合作项目的技术生产参数，需方的期望效用可以表示为：

$$E(U_d) = [p_0 + (1-p_0)\alpha_d] M_d T^{\lambda} - F_d - M_d e^{\frac{\alpha_d}{\beta}} \qquad\qquad 式（4-7）$$

式中，$E(U_d)$表示技术需方的期望效用，对技术需方期望效用求一阶条件，可得到需方努力程度的最优解，具体如下：

$$\frac{\partial [E(U_d)]}{\partial \alpha_d} = (1-p_0) M_d T^{\lambda} - \frac{M_d}{\beta} e^{\frac{\alpha_d}{\beta}} = 0 \qquad\qquad 式（4-8）$$

解得需方努力程度为：

$$\alpha_d = \beta Ln\left[\frac{(1-p_0) M_d T^{\lambda}}{M_d}\beta\right] \qquad\qquad 式（4-9）$$

式（4-9）表明，技术环境越好，需方努力程度越会增加。从式（4-9）还可以看出，技术含量越高，需方的努力程度越大。

以上分析说明，发展和完善技术环境，能够增加供需双方进行技术合作的努力程度，尤其是高水平的技术合作。这表明，技术环境能够促进高水平的技术合作，也就是说技术环境与技术合作之间存在匹配效应。在知识经济时代，充分发挥技术环境的匹配效应，对于促进高水平的技术合作尤为重要，通过企业、高等院校、科研机构的深入技术合作，实现专业化的分工与合作，从而更加有效利用创新资源，推动创新成果转化，提高区域自主创新能力。

三、溢出效应

技术环境促进了创新资源集聚，推动了各创新主体之间的合作，进一步产生溢出效应。一是在创新资源集聚区内部成员企业之间由于合作交流、相互学习、共享信息，甚至通过产业链、价值知识链等建立的紧密协作关系如形成战略联盟，使传统的价值冲突转变为价值共享，通过协同创新共同创造知识和分享价值增值收益，产生知识溢出；二是对于其他企业而言，即使没有参与技术合作或协同创造，但是由于所在区域内公共知识本身带来的溢出，企业使用他人知识的边际成本为零，可见，知识具备公共品属性，具有流动性高的特性，知识溢出方很难知道在何时、何地、通过哪些人、哪些方式使接收方获取了溢出性知识（张文锋等，2019），这些共享知识被视为是无意识的、自然形成的（王伟光等，2015）。知识溢出促进企业之间形成良性的互动关系，推动集群创新，提高集群企业的创新水平（陶锋，2011）。

（一）提供企业创新的知识环境

通常情况下，企业获取外部知识信息需要花费较高的成本，单靠自身知识条件进行创新，其进展速度较为缓慢。但在技术环境较好的区域，知识信息搜寻更为便利和快捷，其搜寻成本也大大降低，同时，在这些区域内，创新资源集聚度高，技术环境为企业之间的各种形式的交流提供了机会和渠道，存在"近邻效应"和社会化效应，减少了知识转移过程中的障碍，如创新人员之间的交流和流动较为密切，加快了知识信息流动和扩散，降低了知识的学习成本，企业可以将从其他企业中获取的知识与自己现有的知识有机结合，进行二次创新，进一步推动企业间的再交流和再学习（金波，2015），甚至可以共享集聚区内的知识，从而提高生产效率和创新能力，为企业创新提供有利的知识环境，形成外部规模经济，最终提高区域内企业整体创新水平和能力。

（二）实现企业创新资源互补

企业自主创新既需要利用自身已经拥有的知识，也需要主动选择利用企业外部的知识，通过集成整合，研发新的生产技术，开发新产品。但在远距离情况下，利用外部知识需要付出较高的知识获取成本，在技术环境完善的区域内，创新资源集聚，缩短了企业之间交流与合作的距离，企业间在创新价值链上形成各种网络关系，如与上下游企业之间形成优势互补，通过知识共享和合作交流，发挥人才和技术的互补作用，形成协同创新效应，企业在获取区域内共享知识和其他企业的知识的基础上，增强了自身知识的积累和开发。在创新资源集聚区，区域内企业可以消化吸收集群内其他企业的知识，在此基础上加强研发，获取自主知识产权，不仅增强了自身创新能力，而且有一部分知识产生溢出成为区域内共享知识，随着企业间交流和合作不断扩散，提高了区域内整体知识水平和企业创新基础。例如，大企业与小企业通过优势互补形成各种形式的合作，大规模企业提供关键技术，小企业负责新产品开发和生产，成为技术创新战略联盟合作，共享创新收益，这样大规模企业可以有效节约和降低新产品生产成本，而小规模企业可以吸纳大企业的知识溢出，参与技术创新和新产品开发推广，通过有效的分工合作，有效开展技术创新和新产品推广转化，快速响应市场需求变化，提高创新能力和创新效益。

（三）开辟企业创新路径

企业自主创新面临技术上、市场上的双重风险，对于单个企业而言，由于拥有的知识技术和市场信息有限，很难准确把握技术创新的方向和快速开发符合市场需要的新产品。技术环境使企业获取创新知识和市场信息更为容易，付出的成本也较低，特别是在创新资源集聚区内，企业数量较多，企业之间的各种交流与合作都可能成为技术知识和市场信息传播的通道，任何企业创新成功的经验或者失败的教训都可为其他企业提供经验借鉴，企业可以利用这些信息分析相关技术的发展前景和应用前景，避免类似的失败风险，而不需要亲身再通过试验，节省了创新决策中的试验成本，通过总结他人的经验和教训，从而获得启示，确定适合自己的创新路径。同时，企业还可以更方便地了解到顾客信息，对于收集市场信息，把握市场脉搏提供有益的借鉴，更充分地了解市场需求，开发满足市场需要的新产品，寻找到合适的产品创新路径。

第五章　区域技术环境对企业创新要素投入的影响

第一节　区域技术环境对企业创新人才集聚的影响

一、企业创新人才集聚文献述评

自主创新是推动高质量发展的核心力量。创新人才承载着科学技术和先进生产力，成为创新型经济的第一资源，在增强企业竞争力和提高企业创新能力等方面的作用越来越重要，是创新驱动发展战略实施的关键。

随着社会主义市场经济的发展，企业逐步成为中国自主创新的主体力量。以企业为主导的自主创新，既是提升企业竞争力的手段，又是推动经济高质量发展的关键。因此，吸引创新人才，推动企业自主创新已成为越来越重要的问题。

创新人才集聚是伴随地区经济发展的一个重要现象，受到区域产业发展、就业环境和工资待遇的影响，也受到个人价值观等的影响。产业是人才生存和发展的基础，人才跟随产业集聚做相应流动就形成人才集聚，因为产业集聚能够提供更多的工作机会、工资收入和较好的人才成长环境，吸引劳动力流动和集中。产业集聚促进产业结构发生变化，经过工资等信号引致人才集聚（Tom，2010）。产业集聚吸引了大量优势资源，会对科技人才产生促进作用（牛冲槐等，2012）。

产业集聚引起人才集聚，人才集聚又会引致产业集聚区拥有更多的创新优势，对产业集聚产生反馈作用（詹晖和吕康银，2015）。同时，集聚度的高技术产业发展水平和对科技创新成果的认可程度也对人才集聚产生重要的影响，地区经济科技水平差异引起人才集聚格局不同，特别是专业技术人才集聚受到"虹吸效应"和"空间溢出效应"的影响（刘晖等，2018）。

人才的成长和发展离不开环境，经济社会发展水平等外部环境也影响着人才集聚。人才集聚包括同行业或同区域内之间的集聚（即横向人才集聚）和不同行业或区域之间的集聚（即纵向人才集聚）。人才集聚是人才流向收益率高的地区的过程，受到集聚地经济发展状况和人才政策的影响，特别是国家人才激励政策对人才集聚形成显著的吸引力。包惠等（2007）从经济发展环境、市场环境、创业环境、教育环境、生活环境等方面评价了人才发展环境。Soete（2007）指出，集聚地的地理环境、资源条件以及生活环境都对人才集聚产生重要影响。人才集聚表现为人才向某区域内会集，通过经验交流和知识共享等形成的集聚效应，受到公共服务、工资收入和区域经济发展状况等多种因素的影响，彼此发挥优势促进新知识和新思想的传播扩散。影响人才集聚的环境因素包括经济、地理、生活、制度、产业等多个方面（徐茜，2010）。翟群臻和刘珊珊（2013）则强调了经济环境、科研环境对人才集聚的影响。李瑞等（2013）的研究表明，自然环境、经济环境、政治环境、文化教育的差异影响着人才的空间分布。另外，随着社会对人才的日益重视，各地相继出台优惠的人才引进政策，对人才集聚产生着一定的激励作用（吴剑平等，2017）。

从个人角度看，追求更高的收入和良好的成长空间是人才流动的基本动因，因而，对人才集聚产生重要影响。人才集聚的推动因素包括技术创新、工资差异、知识外溢（Allen Scott，1988）、地方公共物品的供应、规模报酬和收入水平（Palivos，1996）。人才集聚既受到区域经济水平和发展环境的影响，也受到个人价值能否实现的影响，因此人才集聚效应的发挥受到人才竞争和政策激励的双重作用。区域综合实力和科技创新能力有助于创新者发挥自我价值，对人才集聚产生较强的吸引力。有效的人才激励机制能够为创新人才提供良好的成长空间，促进人才流入。从科技人才集聚的动因看，包括诱致因素和驱动因素两种，前者包括区域经济水平、人才政策、工作和生活环境；后者包括发展机会、开放的科研环境和经济收益等，如个人职业成就和工作满意度对人才流动产生显著的影响（王建军等，2014）。

以上研究为本书奠定了良好的基础，但还存在以下不足：一方面，忽略了创新需求多样性对创新人才集聚的重要影响。现有文献从产业集聚、社会经济水平、地理条件等方面研究了创新人才集聚的影响因素，本质上是基于经济理性人的假定看待创新人才，创新者的动机具有典型的功利性。这些研究忽略了创新人才功利性之外的多样化需求。现实中，在物质生活水平提高的同时，人们更加追求自我实现，创新动机由功利性逐渐转变为超理性动机（王一涵和焦秀君，2018）。如硅谷的多数企业家和风险投资家的梦想是改造世界（阿伦，2016），中关村的创业者大多并不是因为生存问题而创业，而是为了实现人生价值和梦想（王胜光等，2014）。另一方面，技术环境对创新人才集聚影响的研究不足。在经济快速发展的今天，创新需求由低成本的多供给向提供便捷、新颖、独特等个性化特色逐渐转变。单纯追求经济利益的创新难以满足个性化、多样化的需求，而对未来的好奇、自我才华的展示、对改造世界的热望等越来越居于主导地位。这就需要为创新人才提供良好的技术环境，而不是单纯的经济利益驱动。技术环境主要包括技术市场、知识产权保护和技术服务（王爱民等，2016）。在人类物质生活条件发生革命性变化的今天，创新者更加重视兴趣、个性的发挥和自我价值的实现，经济因素对创新人才集聚的影响逐步减弱，而技术环境能够有效促进创新资源配置，实现创新价值，对创新人才集聚的影响逐渐增强。因为创新者更需要"雪中送炭"，而不是"锦上添花"。

基于此，本书试图建立技术环境对创新人才集聚的理论分析框架，揭示其影响机理，并利用创新人才及相关数据实证检验。

二、区域技术环境对创新人才集聚的影响机理

创新人才集聚是要素市场化流动的普遍现象。作为一种资本，人才在流动中不断寻求增长的机会，以实现利益最大化。但人才不同于一般资本，不仅追求物质利益，更追求高层次的需求——自我价值。基于需要层次理论的逻辑，我们可以预见，当社会物质条件较为发达时，经济物质条件对创新人才流动的刺激不再敏感，而能否实现创新价值和创新使命感显得更为重要。技术环境促进了创新资

源的有效配置，为创新人才提供了创新价值实现通道和有利的发展空间以及降低创新风险，因而推动了创新人才的集聚（见图5-1）。

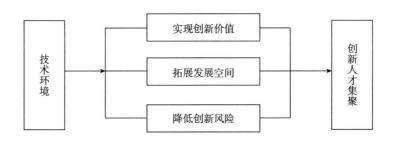

图5-1　技术环境影响创新人才的机理

（一）实现创新价值

创新涉及创新资源配置、技术研发、新产品开发到转化应用全过程。当创新成果得到转化应用时，创新价值才能得以实现，创新人才的自我价值实现目标才能达成。该过程等需要创新资源的优化组合、共享、信息传递、创新产品的试验、推广、商业化应用等诸多环节，这就需要完善的技术环境作为支撑。技术市场可以充分利用市场机制，降低技术交易成本、减少技术信息搜寻成本，发挥创新资源配置功能，促进技术成果的交易和实现创新成果转化应用；知识产权保护创新者的预期收入，为创新者的价值实现提供保障；自主创新往往以原始性创新为基础，前期需要大量持续的投入，见效较慢，面临着很强的不确定性和很大的风险，技术服务方便了技术信息的交流与传播，形成创新链中的分工与合作，有利于创新资源优化组合和创新成果交易。总之，技术环境越完善，创新者付出的创新成本越低，获得的创新收益越高，创新价值越容易实现，为创新人才实现自我价值提供了空间和平台，因而对创新人才产生集聚作用。

（二）拓展发展空间

创新人才的进一步发展是现代创新人才流动时考虑的一个重要因素，其对工作地的选择首先考虑是否符合自身事业发展规划，是否有协同创新的载体和有效的创新平台。技术市场通过创新资源的有效配置有利于创新资源共享，提高创新效率；知识产权保护规范了创新者的行为以及创新各方的权利与义务，有利于创新合作与平台建设；技术服务不仅为构建协同创新平台提供相关服务和信息，也为创新分工与合作奠定基础，有利于实现更高层次的创新交流与合作。而且，技术环境完善的地区，创新知识扩散较快，能够有效获取隐性知识，具有更多的创新载体和平台，为创新人才的进一步发展提供更好的空间，因而能够吸引创新人才集聚。

（三）降低创新风险

自主创新是一项高收益高风险事业，对于既定技术，创新收益主要由市场决定，创新者难以影响，是外生的，但创新风险既受到市场的影响，也受到创新组织及其区域环境的影响，是内生的，因此，创新风险是影响创新能否成功的最关键因素。知识产权保护不仅保护了创新者收益，而且可以有效避免被模仿、被盗权等侵权行为，大大降低了创新风险，稳定了创新者的预期；与一般商品不同，技术和创新产品交易属于典型的信息不对称市场，在技术合作与交易中面临着较大的风险，而技术市场和技术服务可以促进技术资源配置和交易中信息的流动，有效降低交易风险。因此，完善的技术环境能降低创新风险，因而能够吸引创新人才，推动创新人才集聚。

三、技术环境对企业创新人才集聚影响的实证

（一）模型设定

根据以上理论分析，我们构建如下模型：

$$Lq = \beta_0 + \beta_1 Env + \beta_2 Rdk + \beta_3 Mbi + \beta_4 Gdp + \mu \qquad 模型（5-1）$$

其中，Lq 表示人才集聚的区位熵，通过计算创新人才区位熵得出。Env 表示技术环境，选用技术市场、知识产权保护和技术服务三个指标代表，技术市场交易额反映了技术市场的活跃程度，选其作为技术市场的代理指标；根据已有的文献，用修正的知识产权保护水平代表知识产权保护；技术服务的指标较难选择，一是数据限制，二是选择何种指标。鉴于技术服务业规模在一定程度上反映了技术服务行业的发展状况，试图选择技术服务业的投资或者收入等相关指标，但现有统计数据中没有单独技术服务业口径的相关指标，最为接近指标是科学研究、技术服务和勘探业固定资产投资，故选用该指标表示技术服务。

考虑到企业创新规模对创新人才集聚的影响，选择创新投资 **Rdk** 为控制变

量，用企业新产品研究与试验发展（R&D）经费支出表示。企业规模不同，面临的创新成本与收益也不尽相同，所以也将企业规模作为控制变量引入模型之中，企业规模最终体现为主营业务收入 Mbi，选其间接反映企业规模。随着经济发展水平的提高和市场体系不断完善，创新越来越受到企业的重视，因此将经济水平纳入模型之中，用人均 GDP 表示。为清楚显示，表5-1 给出了变量的相关含义和度量。

表5-1　变量含义及削价处理

变量	含义	度量	削价
LQ	人才集聚区位熵	测算得出	—
Env	技术市场（Mar）	技术市场交易额	工业品出厂价格指数
	知识产权保护（Pro）	修正的知识产权保护水平	—
	技术服务（Ser）	科学研究、技术服务和勘探业固定资产投资	固定资产价格指数
Rdk	创新规模	R&D 经费支出	固定资产价格指数
Mbi	企业规模	主营业务收入	工业品出厂价格指数
AGDP	经济水平	人均 GDP	GDP 平减指数

（二）数据描述

我们选择 2008~2019 年的规上企业的省级面板数据（由于西藏自治区数据缺失较多，故未包括，下同）。数据来源于《中国科技统计年鉴》、《中国知识产权统计年报》、《中国统计年鉴》、各省统计网站。其中，知识产权保护水平测算中用到分省的律师人数数据，个别省份 2008 年、2018 年的律师人数没有找到，用相邻年份的环比发展速度估算，具体为，假定相邻年份律师人数的环比发展速度相等，本年律师人数＝上年律师人数×上年的环比发展速度（或本年律师人数＝下年律师人数/下下年的环比发展速度）。为消除价格影响，对一些数据以 2008 年为基期进行了削减，技术市场交易额、主营业务收入用工业品出厂价格指数削减，科学研究、技术服务和勘探业固定资产投资、R&D 经费支出用固定资产投资价格指数削减，国内生产总值用 GDP 平均指数削减（见表5-1）。为减少共线性的影响，模型中除人才集聚的区位熵、知识产权保护水平外，其余数据均取其自然对数。

实证分析中涉及知识产权保护水平、创新人才集聚的区位熵测算。知识产权保护水平测算如下：

$$P^A(t) = F(t) \times P^G(t) \qquad\qquad 式（5-1）$$

其中，F（t）表示执法力度，其借鉴李伟（2013）的思路，选取5个方面的相关指标[①]，以指标的平均得分作为执法力度，具体计算方法如表5-2所示。$P^G(t)$ 表示按 Ginarte-Park 方法计算的知识产权保护水平，$P^A(t)$ 表示修正后的知识产权保护水平。

表5-2　执法水平指标

项目	指标
法制化程度	律师比例（≥5‰时，取值1；<5‰时，律师比例/5‰）
法律体系完备程度	以1954年第一部宪法为起点计算立法时间（≥100时，取值1；<100时，立法时间/100）
执法程度	专利侵权案件结案率（≥100时，取值1；<100时，结案率/100）
经济发展水平	人均GDP（≥1000美元时，取值1；<1000美元时，人均GDP（美元）/1000）
国际社会的监督制衡	WTO成员方（加入＝1，未加入＝0）

人才集聚区位熵测算如下：

$$Lq = \frac{E_{ij}/E_i}{E_j/E} \qquad\qquad 式（5-2）$$

其中，Lq 表示人才集聚的区位熵，E_{ij}、E_j 分别表示区域 i 和全国的创新人才数，用规上企业的研究与发展试验人员（R&D）全时当量表示，E_i、E 分别表示区域 i 和全国的就业人数，受数据限制，用城镇单位就业人数表示。变量数据的描述性统计如表5-3所示。

---

① 李伟.知识产权保护对技术创新的影响——基于中国高技术产业的实证检验［D］.山东大学硕士学位论文，2013.

表5-3　变量描述性统计

变量	平均值	标准差	最小值	最大值	变异系数（%）
人才集聚区位熵	1.24	0.86	0.12	4.73	69.52
技术市场交易额（亿元）	296.15	652.30	0.56	5695.28	220.26
知识产权保护水平	3.63	0.48	2.26	4.55	13.26
科学研究、技术服务和勘探业固定资产投资（亿元）	126.70	185.62	0.65	1202.82	146.50
R&D经费支出（亿元）	284.42	394.42	0.88	2314.86	138.67
主营业务收入（亿元）	30964.28	32626.91	1009.34	156591	105.37
人均GDP（元）	46113.77	26479.79	9697	161776	57.42

（三）实证结果分析

1. 全样本情形

考虑到技术环境的三个代理变量技术市场、知识产权保护、技术服务之间可能存在较强的相关关系，为避免多重共线性问题，将表征技术环境的三个变量逐个引入模型进行估计，分别得到结果（1）、结果（2）、结果（3）。经过检验选定变截距模型，选取固定效应。同时，自相关是时间序列数据容易出现的问题，从而影响估计结果的有效性，通过检验，最终选用迭代法估计模型。另外，考虑到横截面个数较多，可能产生异方差问题，所以采用截面加权法估计模型（见表5-4）。

表5-4表明，估计结果中，调整后的R^2和其他统计量较为理想，多数变量的回归系数通过了显著性检验，符号合理，说明模型整体回归效果较好，也反映出模型设置和变量选取较为妥当，能够有效检验技术环境对创新人才集聚的影响。

由回归结果可知：技术环境对创新人才集聚产生正向影响。模型（5-1）的三个结果中，技术市场、知识产权保护、技术服务的系数分别为0.0089、0.0110、0.0081，都通过了显著性检验。说明技术环境有利于创新人才集聚，即技术环境越完善，企业更能吸引创新人才。这也能够有效解释创新人才集聚的机理，当技术环境利好时，技术市场活跃，技术服务业提供更全面的专业化服务，知识产权保护水平高，可以促进科技信息的交流和创新资源共享，降低技术合作与交流的交易成本，增加创新预期，为创新人员提供良好的发展平台。其次，技术环境不同代理变量对创新人才集聚的影响存在差异。技术服务、技术市场、知识产权保护对创新投资的影响分别在 1%、5%、10%的水平上显著。说明技术服务对创新人才集聚的影响最为显著，技术市场的影响次之，知识产权保护影响的显著性最低。其可能解释的原因是，技术服务主要功能体系在提供技术信息、技术交流与合作方面，降低交易成本，为创新人才提供更广阔的发展空间，有利于实现个人价值；技术市场主要功能是创新资源配置、创新成果价值的实现，当然也能有效促进科技信息的传递，但更多的是实现创新收益；知识产权保护更多的是对创新成果权益方面的因素。如前文所述，随着物质条件不断丰富，创新人才更多地会重视自我价值实现和才华展示，而经济收益方面的重要性会降低，所以，技术服务的重要性逐渐增强，技术市场、知识产权保护对创新人才的影响程度相对小一些。

表 5-4　技术环境对创新人才集聚影响的估计结果（全样本）

变量与回归结果	（1）	（2）	（3）
Mar	0.0089 ** （0.0043）		
Pro		0.0110 * （0.0062）	
Ser			0.0081 *** （0.0026）
Rdk	0.1984 *** （0.0582）	0.2107 *** （0.0574）	0.2390 *** （0.0534）
Mbi	0.0410 （0.0709）	0.0354 （0.0892）	0.0350 （0.0892）
AGDP	0.3785 *** （0.1403）	0.2975 *** （0.0493）	0.3002 *** （0.0520）
AR（1）	0.6554 *** （0.2184）	0.6677 *** （0.0482）	0.8645 *** （0.2749）
常数项	0.8142 （0.5337）	0.8902 （0.5076）	0.9987 （0.6014）
标准误	0.0977	0.0975	0.0988
调整后的 R^2	0.9841	0.9642	0.9642
DW 值	1.7238	1.8111	1.8267

注：*、**、*** 分别表示在 10%、5%、1%水平上显著，括号中为估计参数的标准差。

2. 分地区情形

为检验不同地区技术环境对创新人才集聚影响的差异，用模型（5-1）分别对东、中、西三大地区进行估计（见表5-5）。估计结果表明，分地区的估计结果与全样本下的估计结果大体相似，技术环境对创新人才集聚均产生正向影响，除西部回归结果（1）和（3）中技术市场、技术服务的系数的显著性较低之外，其余结果和全样本情形基本一致，技术服务和技术市场的显著性较高。说明技术环境对于创新人才集聚具有显著的正向作用，技术服务和技术市场的影响更大，也说明估计结果具有一定的稳健性。

表 5-5　技术环境对创新人才集聚影响的估计结果（分地区）

变量	东部地区			中部地区			西部地区		
回归结果	（1）	（2）	（3）	（1）	（2）	（3）	（1）	（2）	（3）
Mar	0.0051** (0.0024)			0.0049*** (0.0016)			0.0053* (0.0027)		
Pro		0.0234** (0.0119)			0.0245** (0.0107)			0.0204** (0.0109)	
Ser			0.0576*** (0.0188)			0.0516*** (0.0192)			0.0104* (0.0061)
Rdk	0.2194*** (0.0766)	0.1642*** (0.0452)	0.1468*** (0.0367)	0.2607*** (0.0722)	0.3091*** (0.0906)	0.3074*** (0.0991)	0.2437*** (0.0361)	0.2363*** (0.0382)	0.2465*** (0.0349)
Mbi	0.0353 (0.0768)	0.03478 (0.0773)	0.0315 (0.07904)	0.0316 (0.1036)	0.0263 (0.0195)	0.0265 (0.0794)	0.0301 (0.0284)	0.0240 (0.0193)	0.04257 (0.0629)
GDP	0.3024** (0.1336)	0.3704** (0.1464)	0.3695** (0.1422)	0.2344 (0.1715)	0.5319*** (0.1500)	0.3775*** (0.1514)	0.1993*** (0.0748)	0.1635** (0.0738)	0.2081* (0.0751)
AR（1）	0.5603*** (0.0677)	0.5471*** (0.0679)	0.5091*** (0.0691)	0.7321*** (0.0514)	0.7381*** (0.0502)	0.7291*** (0.0531)	0.5896*** (0.0676)	0.5954*** (0.0607)	0.6001*** (0.0658)
常数项	1.5117 (0.9789)	1.5624 (0.9551)	3.1256 (1.1678)	2.1156 (1.0676)	2.0977 (0.8865)	3.1024 (0.8938)	1.1198 (0.5903)	1.0145 (0.5499)	1.1983 (0.5616)
标准误	0.1459	0.1445	0.1429	0.0804	0.0827	0.0803	0.0599	0.0595	0.05978
调整后的 R²	0.9633	0.9626	0.9656	0.9082	0.8855	0.8859	0.9417	0.9414	0.9451
DW 值	1.6610	1.6387	1.6835	1.7719	1.7483	1.7367	1.8798	1.8519	1.8860

注：*、**、***分别表示在10%、5%、1%水平上显著，括号中为估计参数的标准差。

进一步比较可以发现，技术环境对东、中、西部创新人才集聚的影响存在差异。首先，技术服务、技术市场对三大区域的影响存在差异。技术服务对东、中部创新人才集聚的影响在 1% 的水平上显著，而西部的显著水平仅为 10%，从该系数值看，东、中部较为接近，但远大于西部的，说明技术服务对东、中部创新人才集聚的影响作用更大。技术市场对中部的影响通过了 1% 的显著水平，最为显著，东部次之，西部最小，说明技术市场在中部创新人才集聚中发挥的作用更大，而西部还未有效发挥作用。这可能与中国区域发展差异有关，由于经济社会发展的区域差距，创新人才主要流向东部地区，在东部快速发展的同时，伴随着产业转移，带动了中部的发展，技术市场、技术服务能够有效发挥作用，对创新人才集聚的影响作用较大。其次，知识产权保护对东部、中部、西部创新人才集聚影响的差异不大。在分地区的回归结果中，知识产权保护的系数都通过了 5% 的显著性检验，而且回归系数相差很小，说明知识产权保护对区域创新人才集聚的影响大致相同。其原因可能是，中国是一个高度统一的国家，各地区面临的制度环境基本相同。

（四）结论与启示

基于超理性创新动机的逻辑，分析了技术环境影响创新人才集聚的机理：实现创新价值、拓宽发展空间、降低创新风险，从影响创新人才集聚。并进行实证检验，结果表明：技术环境促进创新人才集聚；不同技术环境变量对创新人才集聚影响的显著性不同，技术服务的影响最为显著，技术市场次之，知识产权保护最小，这说明，越是影响个人价值实现的因素，对创新人才集聚的影响作用越大；进一步对东中西部地区的实证检验显示，技术环境对创新人才集聚的影响呈现出地区差异，技术服务、技术市场对东部、中部创新人才集聚的影响较大，对西部人才集聚的影响较小；知识产权保护对东、中、西三大地区人才集聚影响的差异不大。

研究的政策含义是，吸引创新人才应加强技术环境建设。创新驱动发展战略实施、高质量发展的重点在于自主创新，着力点在于创新人才。首先，健全自主创新服务体系。通过自主创新服务体系建设，促进科技信息的流动与传播，推动技术创新的合作与分工，构建专业化的技术服务平台，利用现代信息技术，整合创新资源，促进科技信息交流与共享，为创新人才提供良好的成长空间和实现个人价值的机会。其次，加强技术市场建设。利用市场机制配置创新资源，促进创新成果的转化应用，为有效实现创新价值提供有效的通道，吸引创新人才集聚。最后，不断完善知识产权保护制度，提高知识产权保护水平。通过知识产权保护制度建设，为企业实现创新价值提供有效保障，利用知识产权保护制度，为创新人才提供稳定的预期收入，促进创新人才创造性的有效发挥，推动自主创新。

第二节　区域技术环境对企业创新投资影响的研究

一、企业创新投资文献述评

自主创新是高质量发展的引擎。伴随着社会主义市场经济的发展和体制转轨，企业在创新中的地位越加重要。以企业为主导的自主创新，既是提高企业知识产权水平和核心竞争力的动力，又是促进产业转型和经济高质量发展的有力措施。自主创新是知识生产过程，需要经历研究、开发、应用与推广等多个阶段，需要大量持续的资金投入。因此，创新投资引起了社会各界广泛关注，许多企业越来越重视创新自主创新投资，通过加大自主研发投入开发新技术和新产品，实现技术创新。虽然企业的 R&D 经费实现了较快增长，但 2019 年的研发强度只有 1.31%，与国外企业研发强度 2%~3% 相比还有一定的差距。那么，企业创新投资的决定机制是什么？其影响因素是什么？成为当前亟须关注的重点问题。

以创新投资的影响因素为主题，已有文献从企业内部、外部两方面进行了研究。早期的研究重点从企业外部因素入手，"需求拉力"与"技术推力"是两种代表性理论。前者认为市场需求及其变化影响企业创新投资（Cemoglu 和 Linn，2004）；后者则认为，由于行业差异导致的市场计划成为推动企业创新投资的关键因素（Renko 等，2005）。这两种理论在一定程度上揭示了自主创新投资的机理，但它们把企业创新投资仅仅作为外部因素影响的结果，忽略了企业创新决策的内生性。

随后，学者们逐渐从企业内部开始研究影响创新投资的因素。Canto 和 Gonza'lez（1999）的研究表明，实物资源、人力资本对企业技术研发产生显著影响，而金融资源的影响不显著。Gustavsson 和 Poldahl（2003）认为，竞争强度、人力资本、企业规模、企业产权结构等对企业创新投入产生影响。Frenkel 和 Shefer（2005）的研究显示，企业规模和经营年限对研发投入强度产生负向影响，地理位置、产业类型出口率对研发投入强度正相关。Boubakri 等（2013）认为，企业私有化使企业具有更高的风险承担能力，对创新投资产生积极影响。Tung（2017）的研究表明，网络能够影响企业创新。概括起来，影响企业创新投资的内部因素有：企业的社会资本、公司治理、企业规模、企业家特性等，国内不少学者从这些方面进行了研究，结果表明，融资结构、社会资本、高层管理特征、金融发展、股权集中度等对创新投资产生影响（王昱等，2017）。然而，一些研究结果还存在争论，如企业规模对创新投资的影响存在三种观点：一是企业规模与创新投资正相关，原因是，规模越大，资源优势越大；二是企业规模与创新投资负相关，其主要原因是大企业对外界环境变化的反应迟钝；三是企业规模与创新投资具有倒"U"型关系（Scherer，1980；李绍东，2012）。从企业内部因素角度研究企业创新投资，从微观角度较好地解释了企业创新，但未考虑外部环境对企业创新投资的影响。

企业创新不仅受到内部因素的影响，而且也受到环境因素的影响，因为外部环境的变化影响着企业创新的收益和成本。面临市场竞争压力，企业必须灵活适应外部环境的变化，因此，近年来外部因素对企业创新投资影响的研究逐渐增多，主要包括市场环境、制度环境和金融环境等。随着市场化程度的提高，要素扭曲程度较低，价格信号更为灵敏，对企业创新投资产生有利影响，但可能存在异质性，如对国有企业影响较大，对非国有企业的影响不显著。制度有利于减少不确定性进而影响企业创新决策。Guellec 和 B. Van（2003）的研究发现，财政支出和税收优惠能够刺激企业增加研发支出；Furukawa（2010）等的研究表明，知识产权保护有利于企业创新投资。但也有研究显示，知识产权对企业创新投资的影响不明显（Kunt 和 Maksimovic，1998）。金融体系具有跨时空筹集和分配资源以及风险控制功能，良好的金融体系能够促使投资多元化组合，推动资金流向高收益的风险项目，从而增加企业研发项目的投入。Hsu 等（2014）认为，筹资环境改善有利于企业获得更多的贷款，增加研发投入。外部环境固然对企业创新产生重要影响，但必须通过企业内部因素才能发挥作用。无论是外部因素还是内部影响因素，企业创新决策都是基于收益最大化原则考虑创新的净收益。因此，研究企业创新投资必须从企业创新决策入手，而现有文献对企业创新决策的研究不足。另外，创新净收益是企业创新决策的依据，而影响创新成本和收益的因素必然影响创新决策，从影响力量来源看，主要是技术市场、知识产权保护、技术服务即技术环境，直接影响自主创新的收益和成本，从而影响创新投资。现有文献就技术市场、技术服务对自主创新投资影响的研究不多。

基于此，本书通过分析企业创新决策入手，分析技术环境对企业创新投资的影响，并建立模型进行实证检验。

二、区域技术环境对企业创新投资的影响机理

自主创新是一项具有高收益和高风险的活动，理性厂商在创新决策时必须考虑创新可能产生的收益和需要付出的成本，当创新的净收益更高时，企业才会增加创新投资。企业的创新净收益可以表示为：

$$U[R(k)-C(k)] \tag{式(5-3)}$$

式中，$U(\cdot)$ 表示企业自主创新的净收益，$R(k)$、$C(k)$ 分别表示企业创新投资的收益和成本，均是创新投资 k 的函数。假定企业创新收益服从正态分布，风险偏好不变，创新的期望效用可用递增的均值—方差标准凹函数表示（Dubios，2004），企业效用最大化函数为：

$$\underset{k}{Max}U(R，C) = E[R(k)] - C(k) - \frac{1}{2}\gamma Var[R(k)] \tag{式(5-4)}$$

式(5-4)中，γ 表示企业风险偏好，$E[R(k)]$、$Var[R(k)]$ 分别表示自主创新收益的期望和方差。

假定企业通过自主创新获取新技术，经过试验推广，最终形成新产品，通过销售获取创新收益。创新收益主要取决于新产品的产量和价格 P_0。价格主要根据市场供求决定，产量则主要由自主创新成功率、新产品技术性能和推广情况确定。新产品技术性能受到创新投资 k、企业特征 z 的影响，对产量的最终效应取决于创新成功率 p；技术推广受到创新投资和企业特征和随机因素 μ 的影响，假定 μ 独立，且 $\mu \sim N(0，\sigma^2)$，企业产量 Q 可以表示如下：

$$Q = p(z+k)+(z+k)\mu \qquad \text{式(5-5)}$$

自主创新成功率主要受企业内外部两种因素的影响，内部因素主要为企业的科研基础和组织管理能力；外部因素主要为技术环境，主要体现为，技术市场促进创新资源有效配置，提供有益的技术交易信息以便了解新技术的发展趋势和动向，提高产品质量，增加适用性；知识产权保护可以有效防止模仿等侵权行为的发生；技术服务有利于科研信息交流与传播，促进新产品转化推广。因此，自主创新成功率可以表示为企业内部因素 W 和外部因素即技术环境 E 的函数，这样，企业自主创新收益用式(5-6)表示：

$$R(k) = P_0WEz+P_0WEk+P_0(z+k)\mu \qquad \text{式(5-6)}$$

根据式(5-7)可以得到企业收益的期望和方差：

$$E[R(k)] = P_0WEz+P_0WEk \qquad \text{式(5-7)}$$

$$Var[R(k)] = P_0^2(z+k)^2\sigma^2 \qquad \text{式(5-8)}$$

不同企业的资源禀赋和环境条件不尽相同，为便于分析，将生产成本分为两部分：一部分为确定性成本 F，由基本的生产费用 g 和创新投资 k 构成；另一部分为不确定性成本，主要是技术创新的交易成本，包括技术信息的搜集、谈判、学习成本以及风险成本，受到企业内部因素 W 和外部因素即技术环境 E 的影响。企业内部资源配置能力和管理能力高，技术创新所付出的交易成本更小；技术市场发展程度高，技术信息的搜集和交易更为方便；知识产权保护不仅保护创新者的未来收益，而且可以有效预防和降低创新风险，降低创新的风险成本，技术服务促进科技信息传播和技术信息流动，促进技术合作乃至技术产品的推广转化，所以，技术环境能够有效降低自主创新的交易成本。假定正常水平下自主创新的交易成本为 M_0，那么，企业创新面临的实际交易成本可以表示为：M_0/WE，这样，企业创新的成本可以定义为：

$$C(k) = g+k+\frac{M_0}{WE} \qquad \text{式(5-9)}$$

将式(5-8)、式(5-9)、式(5-10)代入式(5-7)，则有：

$$\underset{s}{Max}U(R，k) = P_0WEz+P_0WEk-g-k-\frac{M_0}{WE}-\frac{1}{2}\gamma P_0^2(z+k)^2\sigma^2 \qquad \text{式(5-10)}$$

企业创新投资效用最大化的一阶条件为：

$$\frac{\partial U}{\partial k} = P_0WE - 1 - \gamma P_0^2(z+k)\sigma^2 = 0 \qquad\qquad 式(5-11)$$

则有：

$$k^* = \frac{P_0WE - 1}{\gamma P_0^2 \sigma^2} - z \qquad\qquad 式(5-12)$$

式（5-12）表明，在既定的市场条件下，企业最优投资是技术环境的增函数，即技术环境越完善，企业越会增加创新投资，由此提出以下研究假说：

假说：技术环境对创新投资产生正向影响。

三、区域技术环境对企业创新投资影响的实证

（一）模型设定

根据以上理论分析，我们构建如下模型：

$$Rdk = \beta_0 + \beta_1 Env + \beta_2 Rdl + \beta_3 Mbi + \beta_4 Fin + \mu \qquad\qquad 模型(5-2)$$

其中，Rdk 表示创新投资，Env 表示技术环境，变量选取与第五章第一节相同，为排除创新规模的影响，选择企业创新人员（Rdl）作为控制变量。由前文分析可知，企业内部因素如科研基础和组织管理能力等也是影响企业创新决策的重要因素，但科研基础和组织管理能力难以衡量，鉴于企业科研基础和组织管理能力的发挥最终体现在企业经营业绩上，故选取企业主营业务收入（Mbi）间接反映企业内部因素。金融发展为企业创新提供融投资机会，选取金融发展（Fin）作为控制变量，由于不同省份经济规模存在差异，所以用金融机构存贷款余额/GDP表示（见表5-6）。

表5-6 变量含义及削价处理

变量	含义	度量	削价
Rdk	创新投入	R&D 经费	固定资产价格指数
Env	技术市场（Mar）	技术市场交易额	工业品出厂价格指数
	知识产权保护（Pro）	修正的知识产权保护水平	—
	技术服务（Ser）	科学研究、技术服务和勘探业固定资产投资	固定资产价格指数

续表

变量	含义	度量	削价
Rdl	创新规模	R&D 人员	—
Mbi	企业内部因素	主营业务收入	工业品出厂价格指数
Fin	金融发展	金融机构存贷款余额/GDP	—

（二）数据描述

本节选取分省的规上企业的 2008～2019 年的数据，数据来源同第五章第一节，对于一些数据进行价格处理。

（三）实证结果分析

1. 全样本情形

对模型（5-2）估计，以检验技术环境对创新投资的影响。在模型选择和处理方法上与第五章第一节类似，经检验，选用变截距模型，估计结果如表5-7所示。

表 5-7　技术环境对企业创新投资影响的估计结果（全样本）

变量与回归结果	（1）	（2）	（3）
Mar	0.0128** （0.0063）		
Pro		0.0107* （0.0063）	
Pro			0.0076*** （0.0031）
Rdl	0.3160*** （0.0307）	0.3043*** （0.0311）	0.3087*** （0.0313）
Mbi	0.2092*** （0.0465）	0.2015*** （0.0467）	0.1890*** （0.0474）
Fin	0.1380 （0.0947）	0.1279 （0.0958）	0.1609* （0.0963）
AR（1）	0.8622*** （0.2615）	0.8635*** （0.2363）	0.8645*** （0.2749）
常数项	−1.3053 （0.7744）	−0.8595 （0.8099）	−1.1413 （0.8072）
标准误	0.0543	0.0542	0.0549

续表

变量与回归结果	(1)	(2)	(3)
调整后的 R^2	0.9992	0.9988	0.9989
DW 值	1.8485	1.8473	1.8673

注：*、**、***分别表示在10%、5%、1%水平上显著，括号中为估计参数的标准差。

实证检验结果表明：首先，技术环境对创新投资产生正向影响。模型（5-2）的三个结果中，技术环境三个代理变量的系数均为正，且都通过了显著性检验。说明技术环境对创新投资产生积极影响，即技术环境越完善，企业有增加创新投资的倾向。实证结果可以进一步揭示企业自主创新机理，在技术环境条件好时，技术市场发达，技术服务活跃，知识产权保护完善，加快科技信息的交流和科技成果的转化，降低技术合作与科技信息交流的交易成本，增加企业自主创新的预期净收益，激励企业研发。其次，技术环境不同代理变量对自主创新投资的影响存在差异。技术服务、技术市场、知识产权保护对创新投资的影响分别在1%、5%、10%的水平上显著，这与前面的分析较为一致。说明技术服务对自主创新的影响最为显著，技术市场的影响次之，知识产权保护影响的显著性较低。究其原因，自主创新是知识生产和信息流动的过程，具有典型的外部性，所以在创新初期，企业往往严格保密技术信息，结果导致企业创新中的信息交流不充分，甚至单打独斗，出现科研立项重复和雷同，企业需要付出的技术交易成本很高。而技术服务可以促进科研信息的交流，减少不必要的重复和浪费，降低创新风险，促进有效的科研合作与分工，降低创新的交易成本，使得创新资源有效配置，提高创新效率，进一步激励企业自主创新。一般而言，技术市场涉及的是已经开发出来的技术，对自主创新的影响主要体现在创新的中后期，更多地影响着创新收益，尽管对创新成本也有一定的影响，但对技术开发初期成本的影响比较间接，而技术开发前期的成本比较大，企业面临的风险更大，所以技术市场对创新投资的影响程度要小于技术服务。知识产权保护隶属于制度层面因素，对创新产品生产的影响可能更大，从此角度看，知识产权保护主要影响创新的后期如创新成果的转化应用过程中，保护企业创新的预期收益，而对企业创新前期的成本影响不大。总之，自主创新是一个需要前期大量、持续投资的知识生产过程，面临着较大的沉没成本，越是技术开发前期，预期不确定性越大，自主创新影响因素的作用越显著。

2. 分地区情形

不同地区资源状况和技术环境不同，技术环境对创新投资的影响也可能不同，为进一步检验，我们以式（5-14）为基础，分别估计了技术环境对东部、中部、西部地区规上企业创新投资的影响（见表5-8）。

表5-8　技术环境对企业创新投资影响的估计结果（分地区）

变量	东部地区			中部地区			西部地区		
回归结果	（1）	（2）	（3）	（1）	（2）	（3）	（1）	（2）	（3）
Mar	0.0528*** (0.0204)			0.0171* (0.0089)			0.0114 (0.0117)		
Pro		0.0242** (0.0117)			0.0256** (0.0121)			0.0263** (0.0119)	
Pro			0.0551*** (0.0168)			0.0358** (0.0139)			0.0192* (0.0107)
Rdl	0.4806*** (0.0629)	0.4219*** (0.0649)	0.4974*** (0.0633)	0.4511*** (0.1715)	0.3975*** (0.0608)	0.3943*** (0.0685)	0.4051*** (0.0631)	0.3998*** (0.0633)	0.4055*** (0.0443)
Mbi	0.1956*** (0.0645)	0.2071*** (0.0685)	0.2572*** (0.0587)	0.0796 (0.0913)	0.0777 (0.0779)	0.0689 (0.0853)	0.1453 (0.0969)	0.1382 (0.0965)	0.1291 (0.0913)
Fin	0.6953*** (0.0735)	0.8118*** (0.0591)	0.8292*** (0.0598)	0.3572* (0.1795)	0.3853** (0.1825)	0.3908** (0.1767)	0.1953* (0.1081)	0.1874* (0.1035)	0.2113* (0.1191)
AR（1）	0.4633*** (0.0632)	0.5083*** (0.0730)	0.4372*** (0.0652)	0.6617*** (0.0893)	0.6543*** (0.0666)	0.7323*** (0.0958)	0.8854*** (0.0206)	0.8841*** (0.0207)	-0.8831 (0.0203)
常数项	-9.0544 (0.5099)	-9.3460 (0.5503)	-10.7270 (0.5540)	-2.1173 (1.2992)	-2.0236 (1.3553)	-2.3657 (1.3501)	-2.3277 (1.2906)	-2.2491 (1.329)	-2.3682 (1.2748)
标准误	0.0596	0.0618	0.0599	0.04823	0.0455	0.0460	0.0598	0.0597	0.0597
调整后的 R²	0.9981	0.9980	0.9982	0.9963	0.9969	0.9964	0.9974	0.9973	0.9970
DW 值	1.4561	1.5045	1.5314	2.0807	1.8520	2.0646	1.6442	1.6379	1.4843

注：*、**、***分别表示在10%、5%、1%水平上显著，括号中为估计参数的标准差。

由估计结果可知，各主要解释变量对创新投资的影响与全样本下有一定的相似性，技术环境对创新投资均产生正向影响，除了西部回归结果（1）中技术市场的系数不显著外，其余结果的系数均显著，从显著性比较可以发现，技术服务对创新投资影响的显著性均高于技术市场的影响，说明从总体上看，技术环境对东部、中部、西部地区的企业创新投资具有促进作用。

进一步比较不难发现，技术环境对东部、中部、西部创新投资的影响存在差异。首先，技术服务、技术市场对三大区域的影响呈现出明显的梯度差异。技术服务对东部、中部、西部地区创新投资的影响分别在 1%、5%、10% 水平上显著，技术市场对东部、中部、西部地区创新投资的影响分别是高度显著、较为显著、不显著，而且两个变量的系数均是东部高于中部，中部高于西部。因此从整体上看，技术服务、技术市场对东部地区创新投资的影响最大，中部地区次之，西部地区最小。这与中国区域经济发展差异的格局一致。由于经济发展的区域差距，创新资源主要流向东部发达地区，形成创新的集聚效应，技术服务、技术市场的发展步伐较快，配置资源的功能得以充分发挥，进一步产生累积效应，因此对创新投资的影响较大。其次，知识产权保护对东部、中部、西部地区创新投资的影响差异不大。在东部、中部、西部地区回归结果中，知识产权保护的系数都显著，且显著程度相同，系数大体接近，说明知识产权保护对三大地区创新投资的影响基本相同。因为，在高度统一的国家中，不同地区基本上面临着相同的制度环境。

（四）结论与启示

遵循创新收益成本分析的思路，研究了技术环境影响企业创新投资的机理：技术环境直接影响着创新的收益和成本，进而影响企业创新投资。利用规上企业创新投资和技术环境相关数据进行实证检验，结果表明：技术环境显著影响创新投资；不同技术环境变量因影响创新不同阶段的成本和收益而产生差异，技术服务、技术市场、知识产权保护分别主要影响不同创新阶段的成本和收益，对创新投资的影响的显著性不同，技术服务的影响最为显著，技术市场次之，知识产权保护最小，这说明，越是影响创新前期的因素，其对创新投资的影响作用越大；进一步对东部、中部、西部地区的实证检验显示，技术环境对创新投资的影响呈现出明显的差异，即对东部的影响最大，中部次之，西部最小。

研究结论具有深刻的政策含义，自主创新是一项长期性的基础工作，不能一蹴而就，不可急功近利。自主创新不仅需要增加创新投资，也需要完善的技术环境。完善技术环境，是推动企业创新、实现高质量发展的有效途径。首先，建立健全技术创新服务体系。促进技术创新的合作与分工，提供社会化的专业性技术网络平台建设。利用现代网络等技术，迅速整合创新资源，促进科技信息交流与共享，构建综合网络服务体系，实现创新过程的产业链条服务，降低创新初期的成本，降低创新风险，增加创新净收益。其次，加强技术市场建设。技术市场影响着创新成果的转化，也拉动了企业的创新需求，通过市场可以了解客户对新技术的需求并进行反馈，利用市场机制配置创新资源，增强企业创新能力。最后，推动知识产权保护制度建设。由于知识产权制度建设较为滞后，其激励创新的效应不能充分发挥，而发达国家常常借用知识产权的名义对中国企业的生产和贸易进行限制和打压，因此知识产权保护制度建设是当前亟须完善的工作，要完善相关制度，对内加强保护，对外防止"过度保护"，提高中国知识产权实际保护水平，促进自主创新。

第六章　区域技术环境对技术溢出的调节作用

第一节　区域技术环境对技术引进溢出效应的调节作用

一、技术引进溢出效应文献述评

随着经济全球化和科技快速发展，国际创新资源流动加快，可能带来技术溢出，推动自主创新。技术引进是技术溢出的渠道之一，可以在短时间内快速获取国外先进的技术，降低创新风险，对国内技术创新产生溢出效应，对于加快国内企业创新进程产生重要的影响。技术引进的溢出效应得到了很多研究的支持，有的国家如日本、韩国通过技术引进，较快地实现了自主创新。但还有一些国家则并未取得预期效果，而是与发达国家的技术差距更大（千慧雄，2011）。为什么会产生不同效果？如何发挥技术引进的溢出效应？值得进一步研究。

学术界就技术引进对自主创新的影响做了大量的研究，但观点并不统一。一些研究认为，技术引进具有互补作用，对企业自主创新产生有利影响（Lin 和 Yum，2016）。但另外一些研究认为，技术引进具有替代作用（Lee，1996），对自主创新会产生挤出作用，甚至会产生技术依赖，不利于国内研发（Watkins 和

Paff，2009）和自主创新（汤萱，2016）。

上述研究从不同角度，揭示了技术引进可能产生的积极的或者消极的影响，但忽略了自主创新的内生性。从本质上看，自主创新是一个利用内外部资源生产知识的过程，决定因素是进口国企业自身的知识生产能力。对此不少研究从吸收能力的角度进行探究，多数研究结果表明，技术引进溢出效应能否发挥的关键在于吸收能力。只有企业具有较高的吸收能力时，才能将外部技术和知识有效转化，与企业内部创新资源有机结合，从而提高自主创新能力（王莉静和王庆玲，2019）。该观点能较好地解释现实，但没有进一步探究是什么影响了吸收能力？对于发展中国家而言，吸收能力是在实现自主创新过程中面临的普遍问题。从本质上讲，企业自主创新是一个经济行为，企业创新决策会遵循收益最大化原则进行，企业吸收能力是一种主动行为，当企业处于有利的技术环境中时，创新能获取较高的收益，付出较低的成本，企业会调整创新决策和行为，主动适应环境，努力加强对外部技术知识的学习，提高吸收能力。可见，技术环境影响着技术引进溢出效应的发挥。

现有文献为本书奠定了一定的基础，但还存在一些不足：首先，从企业创新决策方面研究技术引进溢出效应的文献不足。"互补论"揭示和验证了技术引进的溢出效应，"替代论"强调了技术引进的"挤出效应"，但没有考虑自主创新的内生性，在开放条件下，发展中国家实现技术创新既要自主研发，又要合理利用外部资源，提高创新能力，往往需要维持自主研发与技术引进的某种平衡，以实现最大化效应。因此应关注企业创新决策。其次，区域技术环境对技术引进溢出效应影响的文献缺乏。尽管不少文献从消化吸收能力角度做了一些研究，但并未进一步研究吸收能力的影响因素。企业创新离不开技术环境，技术环境直接影响自主创新的收益和成本，理性的企业会在考虑周围的技术环境，权衡创新的成本和收益，进而做出决策，选择技术引进还是自主创新。基于上述理由，本书试图以企业创新决策为框架，研究区域技术环境对技术引进溢出效应的影响，通过建立计量经济模型，运用技术引进和技术环境相关数据进行实证。

二、区域技术环境对技术引进溢出效应调节作用的理论分析

（一）技术引进对企业自主创新的影响机理

技术引进的主要原因是存在技术差距。通过技术引进，企业可以较早使用先进技术进行生产，在短期内获取较高的收益，但同时需要付出技术引进费用等相关成本，而且也会受到发达国家的技术限制等。如果自主创新可以获得独立的知识产权，独享创新收益，但要付出较大的创新成本和创新风险，因此，企业面临自主创新与技术引进选择的问题，最优的决策是两者之间的边际收益率相等。当技术引进获取的净收益大于自主创新净收益时，企业会增加技术引进；反之，则会增加自主创新投入。另外，通过技术引进，企业能尽早运用新技术，获取更多收益，也可以进一步模仿创新，以提高创新效率。因此，从逻辑上看，技术引进从投入和产出两个方面影响自主创新。

从自主创新投入看，技术引进需要花费相应的费用，在企业资源条件不变的情况下，增加技术引进可能会挤占自主研发资金。企业拥有的资源总是有限的，所以企业创新决策总会受到资金约束的限制，无论是技术引进还是自主研发投入的改变，都受到预算约束和边际收益递减规律的支配，技术引进的替代效应也可能边际递减，用式（6-1）表示如下：

$$K_{inno} = A_{in} \times TI^{\gamma_1} Con_1^{\alpha_2} \qquad 式（6-1）$$

其中，K_{inno} 表示自主创新投入，TI 表示技术引进，Con 表示其他影响，γ_1 表示技术引进对自主创新投入的影响。

从产出看，创新是投入产出过程，其生产函数用式（6-2）表示如下：

$$Y = A_{out} K^{\beta_2} L^{\beta_3} \qquad 式（6-2）$$

式中，Y 表示自主创新产出，K、L 分别表示自主创新的资本、劳动投入，A_{out} 表示了创新的产出效率。技术引进的溢出效应表现为"干中学"、二次开发，为企业技术研发提供了参照，降低了不确定性和风险，提高创新产出。技术引进可以看作是一种投资，最终转化为创新资本，所以将技术引进存量（K_{TI}）引入式（6-2），构建扩展的创新生产函数：

$$Y = A_{out} K_{TI}^{\gamma_2} K^{\beta_2} L^{\beta_3} Con_2^{\beta_4} \qquad 式（6-3）$$

式（6-3）中，γ_2 表示技术引进存量对创新产出的影响。Con_2 表示影响自

主创新产出的其他因素。

（二）技术环境的调节作用

对于发展中国家的企业而言，一方面需要充分利用国外先进技术提高生产效率，获取更多利润，另一方面又要加快自主创新，因为发达国家常常对先进技术输出设置诸多限制，所以，从一定程度上讲，企业创新决策是一个在自主创新和技术引进之间选择的问题。发达国家往往通过技术控制进而获取更多的利益，出口的技术一般是已经成熟的，能够商业化生产的技术，对于进口国企业而言，技术引进可以快速批量生产，收益相对稳定。对于自主创新来说，企业资源禀赋条件、科研基础和外部环境条件等都会对创新成本产生重要影响，企业面临着较高的不确定性，这表明，自主创新的成本和收益的不确定性更大，影响着企业的创新选择。

自主创新需要开拓性、前瞻性的研究，需要对创新方向做出准确的预判，也意味着自主创新的预期收益具有较高的不确定性。技术市场的核心功能是促进创新资源优化配置，降低技术交易成本，促进创新信息的交流和扩散，有助于企业把握未来的科研方向，同时也有助于技术供需双方完成技术交易，实现创新价值；知识产权保护是创新者实现创新价值和收益的制度保障，为原创者独享创新收益，防止他人盗用、仿制等提供了法律保护和赋予相关权益，能够稳定创新者的收益预期，降低创新维权成本；技术服务通过提供创新信息和知识，促进创新信息和知识传播与扩散，推动企业与外部各种组织或机构进行技术合作、生产合作、市场推广合作等，有利于降低自主创新成本，较快地实现创新收益。总之，技术环境影响企业自主创新的收益和成本，由此决定了企业的吸收能力，进而影响技术引进的溢出效应。技术环境越好，引进技术的溢出效应越大，对企业自主创新的促进作用更大。

从上述分析可知，技术环境影响着企业自主创新的收益和成本。如前文所述，企业创新决策是通过成本和收益比较进行的。由此可以推断，技术环境影响着技术引进溢出效应，在技术环境条件好的情况下，企业自主创新净收益增加，企业会加大自主创新投入。换句话说，技术环境改善，企业更有动力对引进技术进行消化吸收、改造和利用。具体而言，技术环境对自主创新的影响表现为自主创新投入和产出两个方面，具体如下：

$$\gamma_1 = \alpha_0 + \alpha_1 \ln Env \qquad\qquad \text{式（6-4）}$$

$$\gamma_2 = \beta_0 + \beta_1 \ln Env \qquad\qquad \text{式（6-5）}$$

式（6-4）表示技术环境对自主创新投入的调节作用，γ_1 的含义与式（6-1）中的相同，Env 代表技术环境，α_1 为技术环境对自主创新投入的调节作用。式（6-5）反映了技术环境对自主创新产出的调节作用，γ_2 代表技术引进对创新产出的影响，β_1 表示技术环境对自主创新产出的调节效应。

将式（6-4）代入式（6-1），式（6-5）代入式（6-3），并通过取对数，添加随机项，得到模型（6-1）和模型（6-2）：

$$\ln K_{inno} = \ln A_{in} + \alpha_0 \ln TI + \alpha_1 \ln Env \times \ln TI + \alpha_2 \ln Con_1 + \mu_1 \qquad \text{模型（6-1）}$$

$$\ln Y = \ln A_{out} + \beta_0 \ln K_{TI} + \beta_1 \ln Env \times \ln K_{TI} + \beta_2 \ln K + \beta_3 \ln L + \beta_4 \ln Con_2 + \mu_2 \qquad \text{模型（6-2）}$$

模型（6-1）和模型（6-2）为本书实证模型，分别用来分析技术环境通过自主创新投入和产出对企业自主创新的影响，即检验技术环境对技术引进溢出效应的调节作用。

三、区域技术环境对技术引进溢出效应的实证

（一）变量设置

根据以上分析框架，以模型（6-1）、模型（6-2）为基础，选取规上企业的技术引进和技术环境相关数据，检验技术环境对技术引进溢出效应的调节作用。

模型（6-1）的被解释变量是自主创新投入 K_{inno}，模型（6-2）的被解释变量是自主创新产出。

解释变量有，技术引进 TI，需要说明的是，模型（6-2）中，解释变量是技术引进转化为创新资本，所以用存量反映，称为技术引进存量 K_{TI}。技术环境指标的选择与第五章第一节相同。

控制变量的选择中，根据自主创新投入和产出情况分别选择。自主创新投入模型中的控制变量包括企业规模、经济发展水平。企业规模大，创新投入能力可能更强；经济发展水平的提高，创新意识可能会增强。自主创新产出模型中的控制变量有创新劳动 L、自主创新资本和信息化水平 INF。创新劳动和创新资本是自主创新的基础要素，信息化水平增加了企业获取资源的便利性。

（二）数据说明

根据现有资料特征，文章选取 2008～2019 年分地区的规上企业技术引进、自主创新和技术环境相关数据建立模型。在模型估计之前以 2008 年为基准，对相关数据进行了削价处理（见表 5-1）。创新资本和技术引进存量采取永续盘存法计算，具体计算如下：

$$K_t = K_{t-1}(1-\delta) + I_t \qquad \text{式（6-6）}$$

式（6-6）中，K_t、K_{t-1} 分别表示第 t 年、第 t-1 年的创新资本（技术引进）存量，I_t 表示第 t 年的 R&D 经费（技术引进）支出，δ 表示折旧率，参照多数文献采用的高技术产业资本折旧率为 15% 的思路（吕海萍和池仁勇，2015）。至于初始年份创新资本（技术引进）存量的计算，按式（6-7）测算：

$$K_{2008} = \frac{I_{2008}}{r+\delta} \qquad \text{式（6-7）}$$

其中，r 表示样本期间 R&D 经费（技术引进）的平均增长率，其余符号含义与式（6-6）相同。

（三）实证结果分析

1. 总体情形

为验证技术环境对技术引进溢出效应的调节作用，分别对模型（6-1）和模型（6-2）进行回归，以检验技术环境通过创新投入和产出两条路径对自主创新的影响。鉴于模型中同时包含技术引进、技术引进和技术环境的交互项，可能引起内生性问题和多重共线性问题，我们采取以下方式处理，一是采用货物进出口总额作为技术引进的工具变量，二是单独引入技术环境变量与技术引进的交互项，分别得到估计结果（1）～（3）。另外，面板数据模型估计时还要考虑未观测效应，由于样本年间所有的横截面都相同，所以应选用固定效应模型。为保证得到稳健的估计结果，通过标准差聚类对模型进行估计。

估计结果整理于表 6-1 中，由此表明，模型整体显著，拟合优度及其他统计量都比较好，回归结果大部分通过了显著性检验，符合基本预期，表明模型设定和变量设置较好，可以有效检验技术环境通过自主创新投入和产出两条路径对自主创新产生的影响。

表6-1 总体估计结果

模型与变量	模型（6-1）（自主创新投入模型）			模型（6-2）（自主创新产出模型）		
回归结果	（1）	（2）	（3）	（1）	（2）	（3）
TI	-0.2108***	-0.2813***	-0.1289***	0.2594	-0.2973*	-0.2075
	（0.0557）	（0.0523）	（0.0436）	（0.1681）	（0.1482）	（0.1392）
Mar×TI	0.0181***			0.0119***		
	（0.0051）			（0.0037）		
Pro×TI		0.0429***			0.0185**	
		（0.0068）			（0.0077）	
Ser×TI			0.0360***			0.0161***
			（0.0125）			（0.0047）
Rdl	0.793***	0.9126***	0.4926**	0.4218***	0.5217***	0.4269***
	（0.1257）	（0.0634）	（0.2014）	（0.0762）	（0.0865）	（0.0915）
GDP	0.1357**	0.0721	0.1986***			
	（0.0528）	（0.0459）	（0.0411）			
K				0.2878**	0.2516**	0.2064***
				（0.1356）	（0.1107）	（0.0713）
Inf				0.1762**	0.1149	0.2352*
				（0.0708）	（0.0754）	（0.1248）
常数项	-4.2583	-5.2086	-7.1549	4.5427	3.8619	4.7569
	（0.0383）	（1.1567）	（1.3461）	（3.3972）	（1.0343）	（2.8016）
R²	0.9371	0.9418	0.9435	0.6871	0.7369	0.5961
Sigma_u	0.2825	0.2597	0.1896	1.1513	1.1237	1.2812
Sigma_e	0.2742	0.2464	0.2887	0.2883	0.2821	0.2892

注：*、**、***分别表示在10%、5%、1%水平上显著，括号中为估计参数的标准差。

实证结果表明：第一，技术引进对自主创新投入的影响为负，对自主创新产出的影响不确定。从模型（6-1）估计结果看，技术引进的系数分别为-0.2108、-0.2813、-0.1289，而且高度显著，说明技术引进挤占了创新资源，不利于自主创新。从模型（6-2）的结果看，技术引进的系数分别为0.2594、-0.2973、-0.2075，互有正负，只有第二个结果在低水平上显著，说明技术引进可能增加创新产出，也可能减少创新产出，这种影响比较弱，可能还受到其他因素的影响。

第二，技术环境对技术引进溢出效应具有正向调节作用。模型（6-1）中，交互项系数分别为 0.0181、0.0429、0.0360，都高度显著。说明技术环境有利于创新投入增加，也说明通过创新投入路径，技术环境正向调节技术引进溢出效应。从模型（6-2）看，交互项系数分别是 0.0119、0.0185、0.0161，显著水平分别达到 1%、5%、1%。这表明，技术环境促进了创新产出，正向调节技术引进对创新产出的影响。回归结果说明，技术环境正向调节技术引进溢出效应，一是投入路径，二是产出路径。当技术环境条件好时，企业自主创新净收益高，创新活动活跃，企业主动适应环境，增强吸收能力，研发活动强度增加，也减小了技术引进可能产生的对创新投入的替代效应，同时，使技术引进的溢出效应更好地发挥，最终对自主创新产生正向影响。

2. 分地区情形

不同地区的资源禀赋条件和技术环境存在差异，技术环境对技术引进溢出效应的影响是否存在差异，为进一步检验，文章在模型（6-2）的基础上，分别对东部、中部、西部三大地区的创新产出模型进行估计（见表6-2）。

表6-2　分地区估计结果

变量	东部地区			中部地区			西部地区		
回归结果	（1）	（2）	（3）	（1）	（2）	（3）	（1）	（2）	（3）
TI	0.2615* (0.1403)	-0.3171* (0.1669)	0.2285 (0.1687)	0.2084* (0.1145)	-0.3782 (0.2557)	0.3469 (0.2401)	-0.1748* (0.0951)	0.2091 (0.1316)	-0.1872 (0.1247)
Mar×TI	0.0139*** (0.0031)			0.0064** (0.0029)			0.0012* (0.0007)		
Pro×TI		0.0124** (0.0056)			0.0181*** (0.0053)			0.0132** (0.0061)	
Ser×TI			0.0037** (0.0017)			0.0018** (0.0008)			0.0053*** (0.0017)
Rdl	0.4819 (0.2710)	0.5217** (0.2301)	0.5135** (0.2456)	0.6083** (0.2790)	0.6865** (0.3316)	0.5416* (0.2835)	0.3065** (0.1438)	0.2817 (0.1802)	0.2611* (0.1396)
K	0.3218* (0.1737)	0.4365*** (0.1172)	0.1879** (0.0903)	0.3642 (0.2217)	0.2837** (0.1266)	0.1863 (0.1491)	0.4287** (0.1931)	0.4682** (0.2250)	0.4307 (0.2576)
Inf	0.1614* (0.0901)	0.1327 (0.0852)	0.1753* (0.0942)	0.2527 (0.2019)	0.2379 (0.1714)	0.3379* (0.1887)	0.2873 (0.1765)	0.2712** (0.1241)	0.2765 (0.1724)

续表

变量	东部地区			中部地区			西部地区		
回归结果	（1）	（2）	（3）	（1）	（2）	（3）	（1）	（2）	（3）
常数项	3.5254	4.8671	3.5349	-0.7812	-2.2175	-0.6591	5.0816	2.3257	6.1293
	(3.1276)	(3.1470)	(3.4802)	(1.3703)	(4.9168)	(1.7249)	(4.7926)	(1.3085)	(5.7034)
R^2	0.8912	0.7310	0.8218	0.7315	0.7469	0.7295	0.8015	0.7936	0.7416
Sigma_u	0.7142	0.9658	0.8613	0.6528	0.5714	0.6047	1.7036	1.7581	1.8021
Sigma_e	0.1917	0.1892	0.1914	0.2603	0.2587	0.2503	0.3614	0.3603	0.3712

注：＊、＊＊、＊＊＊分别表示在 10%、5%、1%水平上显著，括号中为估计参数的标准差。

回归结果显示，技术引进的系数在三大地区的所有回归结果中，有正有负，有 5 个结果不显著，4 个结果虽显著但仅为 10%。与技术引进系数不同，交互项系数在 9 个结果中都显著为正，除西部结果（1）外，另外 8 个结果的显著性较高。总体来看，技术引进对东部、中部、西部地区企业创新产出的影响较弱，方向不确定，技术环境具有显著的调节作用。这说明了该调节作用具有普遍性，也反映出模型估计结果较为稳健。

进一步比较不同地区的估计结果发现，技术环境对不同地区的调节作用不同。Mar×TI 的系数在东部、中部、西部地区的回归结果表现出一些特征：0.0139>0.0064>0.0012，而且显著性依次递减，说明在东部地区，技术市场对技术引进溢出效应的调节作用更大。究其原因，经济差异导致技术环境差异，东部地区经济发达，创新人才和资本相对丰裕，技术市场发展快，技术市场功能可以较好发挥。Ser×TI 的系数则不同，表现为西部>东部>中部的特征，说明技术服务对西部地区的调节作用最大，对企业创新更为重要，因为西部地区创新资源更为紧缺，迫切需要技术服务，推动企业创新。因此，推动技术服务发展，优化资源配置，是提高西部企业创新能力的突破口。Pro×TI 的系数在不同地区的回归结果中相差不大，显著程度接近，说明知识产权保护对技术引进溢出效应的调节作用在不同地区间大体相当，这是因为，知识产权保护属于制度层面的问题，而中国是一个高度统一的国家，各地区面临的制度环境基本相同，知识产权保护水平相差较小，因而对技术引进溢出效应的调节作用接近。

（四）结论与启示

自主创新是企业经营中的经济行为，依据自主创新成本和收益决策是企业的理性选择。技术环境优劣决定了自主创新收益和成本的差异，技术环境能够正向调节技术引进的溢出效应。鉴于此，文章基于成本收益分析的视角，研究了技术引进对企业自主创新的影响机理，进而研究了技术环境对技术引进溢出效应的调节作用。运用技术引进和技术环境相关数据，建立实证模型进行检验，通过分地区回归考察了技术环境在不同地区对技术引进溢出效应的调节作用及其差异。

实证结果表明：技术引进与企业自主创新投入之间存在替代关系，技术引进与自主创新产出的关系不确定；技术环境通过自主创新投入和产出两条途径，正向调节技术引进的溢出效应。技术环境对技术引进溢出效应的调节作用存在地区差异，技术市场对东部技术引进溢出效应的调节作用最大，技术服务对西部技术引进溢出效应的调节作用最大，知识产权保护对技术引进溢出效应的调节作用在三大地区间差异不大。

通过研究可以给予如下启示：在开放条件下，企业创新应坚持自主创新与开放创新相结合的原则。对外，应充分利用国际创新资源，适度技术引进，加强消化吸收，通过二次创新，发挥技术引进的溢出效应，增强企业创新能力。对内，应该加强技术环境建设，通过合理的制度设计和政策激励，促进技术市场发展，有效配置创新资源，提高知识产权保护水平，激励企业增强独立知识产权生产能力；鼓励多种形式的创新服务机构发展，促进企业技术交流和技术信息、知识流动，增加创新收益，降低创新成本，并增强企业吸收能力，进而发挥技术引进的溢出效应，促进企业自主创新。

第二节　区域技术环境对 FDI 技术溢出的调节作用

一、FDI 技术溢出文献述评

企业是技术创新的有生力量，以企业为主导的自主创新是实现高质量发展的关键着力点。开放条件下，发展中国家希望"以市场换技术"，通过引入 FDI 来促进企业创新。1995~2019 年，中国实际利用外资由 375 亿美元增加到 1381 亿美元，是发展中国家吸引外资最多的国家。在外资快速增长的同时，中国企业的创新投入和产出也得到了快速的增长，但在某些领域的核心技术和知识产权还比较缺乏（张宏元和李晓晨，2016）。作为外资流入大国，FDI 是否带来技术溢出，促进企业创新，受到学术界的普遍关注。

对于 FDI 技术溢出的研究，目前还存在争论。一种观点认为，FDI 带来技术溢出，有利于企业技术创新。FDI 的技术溢出表现为示范效应、竞争效应、产业关联效应、人员流动效应等（Murugesan 等，2017）。FDI 在流入过程中带来了知识溢出（Wang 和 Wu，2016），增强了企业创新的积极性，有助于企业增加研发投入，提高创新绩效（原毅军和黄菁菁，2019）。罗军（2016）对中国的一些经验研究证实了 FDI 能够显著促进企业创新。但也有研究表明，FDI 可能对企业创新产生不利的影响，其原因是发达国家对先进技术管理比较严格，跨国公司将核心技术研发均设置在母国，只是把生产和销售放在海外，对东道国企业技术创新难以产生作用，甚至还会促使内资企业引进国外技术，降低自主创新意愿（Vahter，2011），抑制企业创新（黄传荣和邵雨韵，2017）。石大千和杨咏文（2018）认为，FDI 对企业创新同时存在挤出效应和溢出效应，最终效应取决于两者相互作用的净效益，其实证结果表明，FDI 的挤出效应占主导地位，对企业创新影响的净效应为负。

更多研究表明，FDI 技术溢出受吸收能力等因素影响。如果企业吸收能力比较低，FDI 的技术溢出不能发挥（李政等，2017）。有学者以人力资本、经济水平、基础设施表征吸收能力，研究其对 FDI 技术溢出的影响（叶娇和王佳林，2014），进一步的研究表明，FDI 的溢出效应存在门槛效应（张涵和李晓澜，2020），吸收能力是发挥技术溢出效应的关键（赵莉和胡逸群，2018）。当吸收能力高时，FDI 趋向于向高溢出路径演化（杨朝均等，2019）。另外，曾国安和马宇佳（2020）揭示了 FDI 对企业创新影响的异质性，引进外资有效地促进了民营企业创新，来自发达国家的外资对企业创新的作用更大，合资方式比独资方式对企业创新的促进作用更大。

以上研究为本书提供了很好的基础和视野，但还存在一些不足，表现为：一是缺乏企业创新决策的研究。"促进论"揭示了 FDI 的技术溢出效应，为合理利用外资促进内资企业创新提供了理论基础，但忽视了 FDI 可能对东道国产生的负面影响，不能解释在日益开放的条件下，不同国家间技术差距拉大的事实；"抑制论"揭示了 FDI 可能使东道国会产生技术依赖，为发展中国家坚持走自主创新道路提供了理论基础，但忽视了 FDI 的溢出效应。究其原因，这两种观点都把发展中国家的技术创新看作是国际创新资源流动的结果，忽略了自主创新的内生性。发展中国家的创新常常需要对国外先进技术进行合理引进，并进行二次创新以实现较快的技术进步（Basu 和 Weil，1998）。所以，发展中国家企业创新面临着选择问题，应该基于成本收益的思路分析创新决策。二是技术环境对 FDI 技术的研究较为少见。"不确定论"虽然较好地解释了现实，揭示了 FDI 对企业创新影响的两面性，但吸收能力低是发展中国家的一种普遍现象，需要进一步探究其根源。企业是经济人，其创新决策遵循收益最大化原则，技术环境影响着创新收益和成本，因而必然影响着企业创新决策和行为，当技术环境有利时，企业创新能获得更高的收益，企业必然会调整自己的行为适应外部环境，从而增强吸收能力，增加创新活动。FDI 具有两面性，既增加企业接触、学习国外先进技术和知识的机会，带来溢出效应，也可以更多地了解国外技术，增加技术引进，对自主创新产生挤出效应，这取决于两者净收益的比较。技术环境影响企业创新的净收益，必然对 FDI 技术溢出产生影响。因此，本章拟遵从成本收益分析框架，研究企业创新决策，进而分析技术环境对 FDI 溢出效应的调节作用，选取规上企业 1995~2019 年的省级面板数据，进行实证检验。

二、区域技术环境对 FDI 技术溢出调节作用的理论分析

（一）FDI 对企业创新决策的影响

企业创新决策是对拥有的既定资源再分配的过程，是在技术创新和商品生产之间合理配置资源的过程。由于与发达国家存在技术差距，发展中国家希望通过技术引进实现创新，但核心技术又难以引进，需要走自主创新之路，这表明，发展中国家需要坚持自主研发与技术引进相结合的方式实现技术进步，也就是说，发展中国家企业创新决策面临着在自主研发与技术引进之间选择的问题，无论怎样决策，但均衡的结果是资源在不同方式中的边际收益或者边际生产率相等。

假定企业拥有一种资源 W，其价格 p，不考虑固定成本，生产普通商品和新产品，所消耗的资源分别为 Y 和 Z。普通产品运用已有技术即可生产，但新产品需要运用新技术来生产，新技术可以通过自主研发获得，也可以通过技术引进获取。设定其生产函数分别如式（6-8）、式（6-9）、式（6-10）所示[①]：

$$Q = CY^{\gamma} \qquad\qquad 式（6-8）$$

$$N_D = A_D Z_D^{\beta} \qquad\qquad 式（6-9）$$

$$N_F = A_F Z_F^{\beta} \qquad\qquad 式（6-10）$$

式中，Q 表示普通产品产量，N 表示新产品产量，Z_D、Z_F 分别表示用于自主研发的资源和技术引进的资源（$Z_D + Z_F = Z$），A_D、F_D 分别表示两种方式的生产效率。企业创新决策问题可以表示为：

$$\max U = (A_D Z_D^{\beta} + A_F Z_F^{\beta}) + CY^{\gamma} - (Z_D + Z_F + Y)p$$

$$s.\,t.\ Z_D + Z_F + Y = W \qquad\qquad 式（6-11）$$

式中，U、$\lambda(0 < \gamma < 1)$ 分别表示企业净收益，对式（6-11）求一阶条件可解得企业最优投入，分别如下：

$$Z_D^* = \left(\frac{\beta A_D}{p}\right)^{\frac{1}{1-\beta}}, \ \ Z_F^* = \left(\frac{\beta A_F}{p}\right)^{\frac{1}{1-\beta}}, \ \ Y^* = \left(\frac{\gamma C}{p}\right)^{\frac{1}{1-\gamma}} \qquad 式（6-12）$$

式（6-12）显示了企业在不同环节中的资源投入机制，在既定情况下，均衡的结果是资源在各个环节中的边际收益相等。

考虑 FDI 流入的情况下，FDI 具有一定技术溢出，也可能带来创新资源，增加了企业与国外先进技术接触和交流的机会，企业可以利用这些机会进行学习和模仿，通过改造和再创新，从而促进创新。企业自主研发需要及时把握科技发展前沿，具有较大的不确定性，引入 FDI 后，可以通过示范效应、学习效应为企业确定科研方向提供启示，减少了创新的风险，通过后向关联提高创新效率（王然等，2010），同时本土企业可以从外资企业中学到先进的管理经验和方法，通过与其合作交流和产业关联等途径吸取新的技术信息和知识，并将之用到技术开发和新产品生产实践中，提高生产能力，所以用式（6-13）刻画这种影响：

[①] 事实上，从研发活动到新产品生产还需要经过其他转换过程，但企业研发投入的最终结果可以反映到新产品生产上来，这样处理主要是为了分析的简便。

$$A_D = nFDI^{\beta_1}CON^{\beta_2}(n>0,\ 0<\beta_1<1) \qquad\qquad 式(6-13)$$

式中，β_1 表示 FDI 对新产品生产效率的影响，CON、β_2 分别表示其他因素及对新产品生产效率的影响。

同时，FDI 流入丰富了企业获取国外技术的渠道，如技术合作、特许经营、合资或者参股、技术购买等途径，获取先进技术，如果能获取更高的收益，企业会增加国外技术的引进，并通过消化吸收增加新产品开发和生产。即是说，FDI 为企业技术引进提供了便利，企业可通过引进先进技术，开发新产品，快速获取收益，我们用式(6-14)表示这种影响：

$$A_F = n_F FDI^{\beta_F}CON^{\theta}(n_F>0,\ 0<\beta_F<1) \qquad\qquad 式(6-14)$$

式中，β_F 反映了 FDI 对通过技术引进渠道生产新产品生产能力的影响，CON、θ 分别表示其他因素及对新产品生产能力的影响。

将式(6-13)、式(6-14)代入式(6-11)，可以得到 FDI 流入后企业资源分配条件：

$$maxU = (nFDI^{\beta_1}CON^{\beta_2}Z_D^{\beta}+n_F FDI^{\beta_F}CON^{\theta}Z_F^{\beta})+CY^{\gamma}-(Z_D+Z_F+Y)p$$
$$s.\,t.:\ Z_D+Z_F+Y=W \qquad\qquad 式(6-15)$$

通过一阶条件求得企业在不同环节中的均衡投入：

$$Z_{D_1}^* = \left[\frac{\beta nFDI^{\beta_1}CON^{\beta_2}}{p}\right]^{\frac{1}{1-\beta}},\quad Z_{F_1}^* = \left[\frac{\beta n_F FDI^{\beta_F}CON^{\theta}}{p}\right]^{\frac{1}{1-\beta}},\quad Y_1^* = \left(\frac{\gamma C}{p}\right)^{\frac{1}{1-\gamma}} \quad 式(6-16)$$

因为 β_1、$\beta_F>0$，所以 $Z_{D_1}^*$、$Z_{F_1}^*$ 是 FDI 的增函数，如果 FDI 流入增加，$Z_{D_1}^*>Z_D^*$、$Z_{F_1}^*>Z_F^*$，企业在创新领域的资源投入将会增加，表现为自主研发投入的增加和技术引进的增加，我们用式(6-17)描述这种影响：

$$Z_D = sFDI^{\alpha_1}CON^{\alpha_2} \qquad\qquad 式(6-17)$$

式中，α_1、α_2 分别表示 FDI、其他因素对自主研发投入的影响。

上述分析表明，FDI 对企业创新决策产生两种效应：一是增加自主研发投入；二是增加技术引进。最终的选择取决于哪种方式的净收益最大。

(二) 技术环境的调节作用

与自主研发相比，引进的技术一般都是经过熟化的技术，能够快速获取收益，当然要付出相应的购买费用甚至改造等费用，也就是说，技术引进的收益和成本的确定性较高，其决定因素主要取决于市场条件。而自主研发的收益和成本的不确定性更高，由于企业资源禀赋和创新能力存在差别，对于同一技术开发，付出的成本和获取的收益也有很大差别，说明自主研发的成本和收益是内生的，因此，企业创新决策受到自主研发的收益和成本的影响更大。

技术环境对企业研发成本和收益有着直接的影响，因而将会影响企业创新决策。技术环境主要涉及技术市场、知识产权保护和技术服务等。第一，技术市场的直接功能是有效配置创新资源，提高创新资源利用效率，从而影响企业技术研发的收益和成本。技术市场活跃时，企业可以更方便地了解技术信息和相关知识，了解技术研发潜在的风险，提高研发成功率。同时，技术信息传播和扩散速度更快，降低了企业自主研发的信息搜寻成本、技术学习成本，促进技术达成技术交易，实现创新价值。第二，知识产权保护赋予原创者独享创新收益的权利，防止他人盗窃、模仿等侵害创新者的行为发生，稳定了创新预期，降低了创新者的维权成本和创新风险，对企业自主研发产生激励作用。第三，技术服务能够促进技术市场快速发展，促进技术信息和知识传播与扩散，降低技术交易成本，为创新者提供专业化、系统化的服务，使得技术供需双方深入了解，有助于实现技术交易，促进创新成果快速推向市场，实现创新价值。

技术环境的调节作用进一步理解为：技术环境越好，企业创新净收益越高，企业会增加研发活动，注重提升创新能力和吸收能力，以获取更多的创新收益，此时 FDI 技术溢出可以充分发挥。我们借用式（6-18）、式（6-19）描述这种影响：

$$\alpha_1 = \alpha_0 + \eta \ln \text{TEN} \qquad\qquad 式（6-18）$$

$$\beta_1 = \beta_0 + \lambda \ln \text{TEN} \qquad\qquad 式（6-19）$$

式中，α_1、β_1 分别与式（6-14）、式（6-11）中的含义相同，从实质上看，α_1、β_1 表示了 FDI 的技术溢出。TEN 表示技术环境，η、λ 表示技术环境对 FDI 技术溢出影响的两条路径，分别是自主研发投入和技术效率。α_0、β_0 分别反映 FDI 单独对企业自主研发投入、新产品生产效率产生的影响。将式（6-15）代入式（6-14），两边取对数，添加随机误差项，得到模型（6-3）：

$$\ln Z_D = \ln s + \alpha_0 \ln \text{FDI} + \eta \ln \text{TEN} \times \ln \text{FDI} + \alpha_2 \ln \text{CON} + \mu_1 \qquad 模型（6-3）$$

模型（6-3）刻画了技术环境通过自主研发路径对 FDI 技术溢出的调节作用，交互项系数 η 为调节作用的程度（投入角度）。自主研发需要不断试错，涉及核心技术、关键工艺的变革，失败的可能性较大（张望，2014），所以自主研发投入受技术环境的影响较大，技术环境好时，企业创新的风险和成本相对低一些，创新收益相应较高，企业会加大自主研发投入。

研发劳动和资本是基本的创新投入要素，以以上分析为基础，构建企业自主研发生产函数：

$$N_D = A_D L_D^{\beta_3} K_D^{\beta_4} \qquad\qquad\qquad 式（6-20）$$

式中，L_D、K_D 分别表示企业自主研发的劳动和资本，β_1、β_2 分别表示劳动和资本的研发产出弹性。将式（6-19）代入式（6-14），再代入式（6-20），并取自然对数，添加随机项，便得到模型（6-4）：

$$\ln N_D = \ln n + \beta_0 \ln FDI + \lambda \ln TEN \times \ln FDI + \beta_2 \ln CON + \beta_3 \ln L_D + \beta_4 \ln K_D + \mu_2 \qquad 模型（6-4）$$

模型（6-4）表达了技术环境通过自主研发产出路径对 FDI 技术溢出的调节作用，交互项系数 λ 表示调节程度。

三、区域技术环境对 FDI 技术溢出调节作用的实证

基于上述分析，选取大中型工业企业的相关数据，以模型（6-3）、模型（6-4）为基础，从自主研发投入和产出角度，分析技术环境对 FDI 溢出效应的调节作用。

（一）变量设置

模型（6-3）、模型（6-4）的被解释变量分别为自主研发投入 Z_D 和产出 N_D。按照多数文献的做法，选取 R&D 经费支出代表自主研发投入，用专利申请数表示自主研发产出。

解释变量有外商直接投资 FDI、技术环境与 FDI 的交互项。FDI 用每年实际利用外商直接投资数据。技术环境用技术市场 MAR、知识产权保护 PRO、技术服务 SER 三个指标反映，衡量指标选择同第五章第一节。

创新劳动和资本是自主研发投入的要素，将其纳入自主研发产出模型中，创新劳动（RDL）用大中型工业企业每年的 R&D 人员全时当量表示，创新资本（K_{RD}）利用 R&D 经费支出数据，通过永续盘存法计算得出存量。同时，考虑到研发规模对研发投入的影响，所以在自主研发投入模型中加入创新劳动作为控制变量。另外，信息化水平 INF 能够有效促进科技信息和知识的传播扩散，有利于

推动自主创新；创新投入能力可能与经济水平相关，所以将这两个变量作为控制变量纳入模型（6-3）中。信息化水平的衡量指标较多，考虑到数据的可获得性，选用反映通信和电信方面的基础性指标——长途光缆，用长途光缆线路长度指标反映。同时考虑到经济发展水平提高，人们的创新意识会增强，所以将其纳入模型，用国内生产总值 GDP 表示。

（二）数据说明

选取 2008~2019 年的省级规上企业数据进行实证。实证时对相关变量进行削价处理，具体思路与第五章第一节相同。

（三）实证结果分析

1. 总体情形

从估计结果可以看出（见表6-3），模型整体显著，参数估计的符号与预期基本相同，模型的拟合优度等统计指标良好，说明模型设定较为妥当，变量选取较为合理，可以有效检验技术环境通过自主研发投入和产出对 FDI 溢出效应的调节作用。

表6-3 总体估计结果

模型与变量	自主研发投入模型			自主研发产出模型		
回归结果	（1）	（2）	（3）	（1）	（2）	（3）
FDI	0.0558*** (0.0169)	−0.0132 (0.0323)	0.0077 (0.0162)	0.0751* (0.0431)	0.0711 (0.0445)	0.1165** (0.0546)
MAR×FDI	0.0039*** (0.0014)			0.0074** (0.0031)		
PRO×FDI		0.0628*** (0.0192)			0.0349** (0.0137)	
SER×FDI			0.0169*** (0.0025)			0.0119*** (0.0032)
K_{RD}				0.4087*** (0.1197)	0.4131*** (0.1157)	0.5114*** (0.1454)
RDL	0.7663*** (0.0279)	0.7736*** (0.0258)	0.7482*** (0.0276)	0.4560*** (0.0849)	0.2345*** (0.0582)	0.2165*** (0.0619)
INF	0.1313*** (0.0477)	0.1084** (0.0455)	0.1782*** (0.0429)			

续表

模型与变量	自主研发投入模型			自主研发产出模型		
回归结果	（1）	（2）	（3）	（1）	（2）	（3）
GDP	0.3289 ***	0.3161 ***	0.2963 ***	0.1053 ***	0.0903 ***	0.0687 ***
	（0.0666）	（0.0634）	（0.0643）	（0.0347）	（0.0221）	（0.0219）
AR（1）	-0.0968	-0.1082	-0.1707	0.6358	0.6354	0.6308
	（0.0621）	（0.0602）	（0.0618）	（0.0361）	（0.0360）	（0.0356）
常数项	-5.9047	-5.9812	-5.2513	2.7655	2.6594	2.6610
	（2.9223）	（0.1936）	（0.2226）	（1.1894）	（1.1565）	（1.1434）
标准误	0.1921	0.1918	0.1822	0.1381	0.1382	0.1371
调整后的 R^2	0.9835	0.9839	0.9857	0.9937	0.9936	0.9936
DW 统计量	2.0373	2.0599	1.9888	1.5235	1.5270	1.5211

注：*、**、***分别表示在10%、5%、1%水平上显著，括号中为估计参数的标准差。

实证结果显示：首先，FDI 对企业自主研发投入的影响有正有负，只有结果（1）显著，结果（2）的系数为负但不显著，说明 FDI 对自主研发投入的影响是双向的。从自主研发产出模型看，FDI 的系数全部为正，但结果（2）不显著，结果（1）的显著水平仅为10%，说明 FDI 对企业自主研发产出具有一定的正向影响。

其次，技术环境能够正向调节 FDI 技术溢出。在所有回归结果中，技术环境与 FDI 交互项的系数均显著而且符号为正，说明技术环境能够正向调节 FDI 溢出效应，技术环境是 FDI 影响企业自主研发的重要传递变量，在两者关系中发挥着关键作用。实证结果可以验证前文的理论分析，对"不确定论"的观点可以进一步阐释：FDI 技术溢出的发挥取决于技术环境。技术环境好，则技术市场和技术服务活跃，知识产权保护比较完善，自主创新净收益增加，激励企业自主研发，并积极学习和利用外部技术知识，消化吸收能力得以增强，FDI 的溢出效应可以有效发挥，最终促进自主研发。

从控制变量的影响看，创新资本的系数通过了显著性检验，说明创新投入有助于提高创新产出。信息化水平的系数全部为正且都显著，说明信息化水平显著影响自主研发。其原因可能是，信息化建设有利于信息流动，促进资源有效配置，增加自主研发收益，降低自主研发成本。经济发展水平也能促进自主研发。

其原因是，经济水平发展有助于增强创新意识，促使企业增加研发投入。研发劳动的系数均显著，说明创新人员是影响企业自主研发的重要因素。

2. 分地区情形

利用分地区的数据，分别对模型（6-4）进行回归，结果如表6-4所示。由此可以看出，第一，FDI对不同地区自主研发的影响存在差异。在东部结果中，FDI的系数全部为正且均显著，中部的系数全部为负且都不显著，西部的系数有正有负且都不显著，说明在东部地区中，FDI的溢出效应得到有效发挥，有利于自主研发，而在中部、西部地区，FDI对自主研发存在潜在的抑制作用。其原因是，东部地区创新资源丰富，FDI的溢出效应能够有效发挥。第二，技术环境对FDI的溢出效应产生显著的正向调节作用。在三大地区的回归结果中，技术环境与FDI交互项的系数均为正且显著，说明技术环境有利于发挥FDI的溢出效应，促进企业自主研发。从不同技术环境变量看，技术市场对东部地区FDI技术溢出的正向调节作用最大，技术服务对西部地区FDI技术溢出的正向调节作用最大，知识产权保护对中部地区FDI技术溢出的正向调节作用最大。

表6-4　分地区估计结果

变量	东部地区			中部地区			西部地区		
回归结果	（1）	（2）	（3）	（1）	（2）	（3）	（1）	（2）	（3）
FDI	0.2061**	0.2209***	0.2743***	−0.0840	−0.0192	−0.1735	0.0225	0.0204	−0.0268
	（0.0826）	（0.0821）	（0.0887）	（0.0801）	（0.0723）	（0.1414）	（0.0593）	（0.0644）	（0.0929）
MAR×FDI	0.0041***			0.0156**			0.0019**		
	（0.0013）			（0.0072）			（0.0008）		
PRO×FDI		0.0032**			0.0107**			0.0037**	
		（0.0016）			（0.0052）			（0.0018）	
SER×FDI			0.0083**			0.0272**			0.0801***
			（0.0042）			（0.0132）			（0.0271）
Rdl	0.4223***	0.3915***	0.3573***	0.6133***	0.6106***	0.6163***	0.1349	0.1371	0.1455
	（0.1051）	（0.1041）	（0.1111）	（0.1346）	（0.1403）	（0.1393）	（0.0973）	（0.0969）	（0.1396）
K_{RD}	0.3586*	0.3860**	0.5372**	0.4795***	0.4279**	0.5972***	0.6225***	0.6151***	0.5877***
	（0.1962）	（0.1939）	（0.2451）	（0.1035）	（0.1173）	（0.1508）	（0.1913）	（0.1919）	（0.2134）
GDP	0.2589	0.2018	0.2698	0.3586*	0.3830	0.2322	0.1349***	0.1178**	0.1008**
	（0.2829）	（0.2800）	（0.2875）	（0.1962）	（0.3485）	（0.3881）	（0.0352）	（0.0572）	（0.0483）

续表

变量	东部地区			中部地区			西部地区		
回归结果	（1）	（2）	（3）	（1）	（2）	（3）	（1）	（2）	（3）
AR（1）	0.5221 （0.0615）	0.5225 （0.0617）	0.5186 （0.0587）	0.3596 （0.1862）	0.4176 （0.1076）	0.3856 （0.1247）	0.6548 （0.0703）	0.6569 （0.0700）	0.6542 （0.0692）
常数项	3.4540 （2.1783）	3.0879 （2.0582）	3.0533 （2.0482）	3.2463 （1.1812）	4.0281 （1.703）	2.1244 （0.6349）	2.3074 （1.8478）	2.4830 （1.7974）	2.7218 （1.7875）
标准误	0.1157	0.1167	0.1161	0.1420	0.1466	0.1457	0.1394	0.1395	0.1380
调整后的 R^2	0.9929	0.9927	0.9928	0.9884	0.9890	0.9894	0.9861	0.9860	0.9856
DW 统计量	1.6369	1.6089	1.6070	1.3202	1.3817	1.3568	1.7658	1.7697	1.7574

注：＊、＊＊、＊＊＊分别表示在10%、5%、1%水平上显著，括号中为估计参数的标准差。

（四）结论与启示

企业创新是一项知识生产的经济活动，企业创新决策必然追求收益最大化原则。研究 FDI 溢出效应按考虑技术环境的影响。技术环境优劣决定了研发成本和收益，对 FDI 技术溢出产生影响。文章通过构建企业研发决策的均衡条件，分析技术环境通过自主研发投入和产出对 FDI 溢出效应的调节作用，通过经济计量模型，检验了技术环境对 FDI 溢出效应的调节作用。结果显示，FDI 对企业自主研发的影响较弱，技术环境能够正向调节 FDI 技术溢出。通过分地区的比较发现，不同技术环境变量对 FDI 技术溢出的调节作用存在地区差异。

研究结论的政策启示在于：实行"引进来"策略的过程中，必须加强技术环境建设。发展中国家的技术环境建设较为滞后，是企业消化吸收能力低的深层次原因。如果不注重技术环境建设，FDI 溢出效应难以发挥，甚至对自主研发投入产生挤出效应，抑制内资企业创新能力，产生对国外发达国家的技术依赖，而发达国家常常通过设置重重技术壁垒以获取长期的垄断利润，致使发展中国家在国际产业分工中长期处于不利地位，造成与发达国家的技术差距进一步拉大。因此，加强技术环境建设，合理和有效利用国外创新资源，是落实创新驱动发展战略的有效途径。技术环境建设需要充分发挥政府的引导作用和政策激励作用。通过深化科技管理体制改革，推进技术市场发展；拓展知识产权保护的范围和内容，健全知识产权保护制度，不断提升知识产权保护水平；规范、引导、鼓励多种形式的技术服务机构多元化发展。通过财政政策优惠和完善的金融政策，扶持和推动技术环境建设，促进创新资源有效配置，搭建资源共享平台等，推动企业创新。

第三节 区域技术环境对 OFDI 逆向技术溢出的调节作用

一、OFDI 逆向技术溢出文献述评

作为国际技术转移的一种渠道，对外直接投资（Outward Foreign Direct Investment，OFDI）是发展中国家主动获取技术溢出的重要途径。相对于"引进来"的战略，"走出去"的发展战略更具有针对性和主动性。虽然中国的 OFDI 起步较晚，但得到了较快的发展，2019 年 OFDI 流量达到 1369 亿美元，居世界第二位。OFDI 是否能获得逆向技术溢出，引起了学界的关注，虽然结论不一，但越来越多的观点认为，OFDI 存在逆向技术效应，最终效果取决于吸收能力。然而，吸收能力低是发展中国家创新中普遍存在的问题，仅从企业吸收能力的角度并不能根本性地解释企业创新行为，因为理性企业会适应所处的区域技术环境并调整自己的行为。技术环境影响了企业创新的收益和成本，进而促进企业提高吸收能力，从而更好地发挥 OFDI 的逆向溢出效应。因此，研究区域技术环境对 OFDI 逆向溢出效应，更能揭示开放条件下自主创新的机理，为合理利用国际创新资源，提升企业创新能力提供理论依据。

现有研究包括：一是 OFDI 是否存在逆向技术溢出。早期的研究认为，对发达国家的对外投资属于技术寻求型，从而可以获得先进技术。Kogut 和 Chang（1991）的研究表明，日本企业多数投资于技术密集型行业，从而证明了技术寻求型 OFDI 的存在。对发达国家投资可以为本国企业带来逆向技术溢出，推动本土企业创新，得到了一些经验支持（Lichtenberg 和 Potterie，2001）。随后，学者们逐渐关注对发展中国家的 OFDI 和其他类型 OFDI 的逆向技术溢出效应，如

Pradham 和 Singh（2009）对印度，赵甜和方慧（2019）对中国的实证显示，OF-DI 均获得了逆向技术溢出。概括而言，发展中国家企业对外投资过程中，也学到了国外先进技术和管理经验，以实现技术创新、产业结构优化和升级、价值链攀升（韩先锋，2019），从而产生逆向溢出效应（周径和黄凯，2020）。但也有研究认为，OFDI 并未产生逆向技术溢出，甚至抑制了本土企业技术创新。Bitzer 和 Kerekes（2008）对 OECD 国家的研究表明，对非 G7 国家的 OFDI 抑制了母国的技术进步。李思慧和于津平（2016）的研究发现，OFDI 会占用企业创新投入，对企业创新具有抑制作用。二是 OFDI 逆向溢出效应的实现机制。与传统的海外扩张理论不同，新兴市场国家跨国公司不是深挖其所有权优势，而是通过 OFDI 寻求技术和品牌资产以获得竞争优势以及获取战略性资源从而带来潜在的"跳板效应"以克服"后发者弱势"（Buckly 等，2007）。OFDI 逆向技术溢出机制包括海外研发溢出、经营成果反馈、研发成本分摊和内部整合机制，并利用研发、制造和营运机构等渠道实现逆向技术溢出（董有德和孟醒，2014）。三是 OFDI 逆向技术溢出效应的影响因素。发展中国家技术创新的轨迹往往是模仿、改造、再创新的过程。在这个过程中，吸收能力扮演着重要的角色，吸收能力对技术溢出、吸收效果会产生调节作用。多数学者以经济水平、人力资本、研发投入、金融发展等变量表征吸收能力，实证分析了吸收能力对 OFDI 逆向技术溢出的重要影响（李杏和钟亮，2016）。进一步的研究认为，OFDI 逆向溢出存在二重或者三重门槛，只有超过某个门槛时，OFDI 逆向技术溢出效应才能凸显出来（赵恒园和刘宏，2020）。

以上研究侧重从创新产出角度，解释 OFDI 通过逆向技术溢出影响自主创新的机理，为本书奠定了基础，但仍有一些不足。第一，OFDI 对自主创新投入影响的研究不足。资源约束是企业经营决策中面临的主要问题，OFDI 对企业国内投资特别是研发投资产生怎样的影响，需要厘清，因为自主创新能力的提高需要长期持续的投入。第二，技术环境对 OFDI 逆向技术溢出影响的研究不多，主要散见于一些制度因素方面的研究，Gersbach 和 Schmutzler（2003）、韩沈超（2016）的研究表明，技术溢出的产生往往受市场条件、竞争形式和知识产权保护等因素的影响。自主创新离不开区域技术环境，它们直接影响着创新的收益和成本。尽管 OFDI 可能获得逆向技术溢出，但企业最终会根据所处的区域技术环境条件进行决策。因而，本书拟从成本—收益视角，研究区域技术环境对 OFDI 逆向技术溢出的调节作用，并利用 OFDI 和企业创新相关数据实证检验。

二、区域技术环境对 OFDI 逆向技术溢出调节作用的理论分析

（一）OFDI 对企业自主创新的影响机制

开放条件下，企业需要将既定资源在国内和国外之间进行分配。资本流向是企业资源分配的主要体现，对外表现为 OFDI，对内包括生产经营投入和创新投入。当生产经营环节和创新环节的边际收益率相等时，便达到了均衡。如果 OF-DI 改变了资源的边际收益率，如获取更多市场空间，均衡条件被打破，企业会调整资源分配，直至均衡。同时，通过 OFDI 企业可以率先接触国际先进技术或者分摊外围研发费用等从而提高自主创新能力。因此，从逻辑上讲，OFDI 对自主创新投入和产出都可能产生影响。

从投入看，OFDI 可能会对母国创新投入产生部分的替代作用。由于资本边际收益递减，OFDI 对创新投入的替代效应也会递减，我们可以用式（6-21）表示这种影响：

$$K_{RD} = \theta OFDI^{\gamma_1} CON^{\alpha_2} \qquad 式（6-21）$$

式中，K_{RD}、OFDI、CON 分别表示创新投入、对外直接投资流量和其他影响创新投入的因素。γ_1 表示 OFDI 对创新投入的影响，由于两者之间可能存在一定替代关系，所以我们预期 α_1 为负值。

从产出看，OFDI 主要通过逆向技术溢出影响企业自主创新，其影响结果表现为自主创新能力的提高。考虑到 OFDI 最终形成资本，因此将 OFDI 存量引入知识生产函数，如式（6-22）所示：

$$INV = K_{OFDI}^{\gamma_2} K^{\beta_2} L^{\beta_3} \qquad 式（6-22）$$

其中，INV、K_{OFDI}、K、L 分别表示创新产出、OFDI 逆向技术溢出、创新资本和创新劳动。γ_2 表示 OFDI 通过逆向技术溢出对创新产出的影响，实质上是对创新产出"剩余"的影响，即对创新能力的影响。与传统的用创新绩效衡量创新能力相比，这样处理使模型的系数含义更加明确（董有德和孟醒，2014）。

（二）区域技术环境的调节作用

自主创新往往需要进行开拓性的研究，对创新方向的判断和预测非常重要，

其预期收益存在很大的不确定性。区域技术环境提高自主创新净收益，因此可以预期，区域技术环境完善时，企业更加重视自主研发和提高吸收能力，增加创新投入，OFDI 的逆向溢出效应可以显现。

如前文所述，OFDI 增加，企业可能会减少国内投入，即对国内资本投入重新分配。当技术环境较好时，自主创新收益增加，企业更多偏向创新投入，直至新的均衡，也就是说，技术环境有利于企业增加创新投入，表示如下：

$$\gamma_1 = \alpha_0 + \alpha_1 \ln TEN \qquad\qquad 式（6-23）$$

式中，γ_1 的含义与式（6-21）中的相同，为 OFDI 对创新投入的影响。TEN 表示技术环境，α_1 表示区域技术环境通过 OFDI 对自主创新投入的影响，即区域技术环境的调节作用。

OFDI 逆向溢出效应与企业吸收能力有着密切的关联。只有当企业吸收能力较强时，OFDI 对企业创新才能产生激励效应。企业吸收能力是企业适应技术环境的结果。区域技术环境越好，企业学习和吸收外部技术的成本越低，预期收益将增加，理性的厂商会根据区域技术环境调节自身行为，努力提高吸收能力，进而促进自主创新。由此可见，区域技术环境可以正向调节 OFDI 逆向技术溢出。我们用式（6-24）来描述这种效应：

$$\gamma_2 = \beta_0 + \beta_1 \ln TEN \qquad\qquad 式（6-24）$$

式中，γ_2 与式（6-19）中的相同，表示 OFDI 对创新产出的影响。β_1 为技术环境对 OFDI 逆向技术溢出的调节效应（产出角度）。

将式（6-23）代入式（6-21），式（6-24）代入式（6-22），并分别取对数，添加随机项和常数项，得到模型（6-5）和模型（6-6）：

$$\ln K_{RD} = \ln\theta + \alpha_0 \ln OFDI + \alpha_1 \ln TEN \times \ln OFDI + \alpha_2 \ln CON + \mu_1 \qquad 模型（6-5）$$

$$\ln INV = C + \beta_0 \ln K_{OFDI} + \beta_1 \ln TEN \times \ln K_{OFDI} + \beta_2 \ln K + \beta_3 \ln L + \mu_2 \qquad 模型（6-6）$$

模型（6-5）和模型（6-6）构成本章实证分析模型，分别从自主创新投入和产出两个方面检验技术环境对 OFDI 逆向技术溢出的调节作用。

三、区域技术环境对 OFDI 逆向技术溢出调节作用的实证

（一）变量设置

基于上述理论分析，以模型（6-5）、模型（6-6）为基础建立实证模型，分

别从创新投入角度和产出角度，研究技术环境对 OFDI 逆向技术溢出的调节作用。

模型（6-5）中的被解释变量是自主创新投入 K_{RD}，模型（6-6）中的被解释变量是创新产出 INV，主要解释变量中，OFDI 用对外直接投资公报中的流量数据表示，OFDI 逆向技术溢出 K_{OFDI} 一般用经由 OFDI 路径溢出的国外研发资本存量表示。

考虑到其他因素对自主创新投入和产出的影响，模型还引入了控制变量。模型（6-5）的控制变量包括创新劳动 L、经济发展水平 GDP；模型（6-6）中有：创新资本 K、创新劳动和信息化水平 Inf。

（二）数据说明

实证分析选用 2008～2019 年的全国分省的 OFDI、规上企业创新等相关数据，构成面板数据模型。

实证分析还需要测算 R&D 经费存量、国外研发资本存量，前者采用永续盘存法，后者采用现有文献普遍采用的 L-P 方法，计算公式为：

$$K_{OFDI} = \sum \left(\frac{OFDI_{jt}}{GDP_{jt}} \right) S_{jt}^{d} \qquad 式（6-25）$$

其中，$OFDI_{jt}$ 表示时期 t 中国对 j 国的 OFDI 流量，GDP_{jt} 表示 j 国第 t 时期的国内生产总值，S_{jt}^{d} 表示 j 国 t 时期的研发资本存量，具体为，先利用 R&D 数据测定出存量，然后根据式（6-25）进行计算，最后根据式（6-26）计算出各省获得的国外研发资本存量。

$$K_{OFDI}^{it} = \sum \left(\frac{OFD_{it}}{OFD_{t}} \right) K_{OFDI} \qquad 式（6-26）$$

式中，$\left(\dfrac{OFD_{it}}{OFD_{t}} \right)$ 表示第 i 省 OFDI 存量占全国的比例。

（三）实证结果分析

1. 全样本情形

为检验技术环境通过创新投入和产出两条路径对 OFDI 逆向技术溢出的调节作用，文章分别对模型（6-5）、模型（6-6）进行回归。鉴于实证数据的特点，为得到模型的有效估计，检验和处理方法参照第五章第一节的思路，通过检验，然后运用迭代法进行估计。

表6-5 给出了全样本条件下技术环境对 OFDI 逆向技术溢出调节作用的估计结果，经过迭代估计，模型已经不存在自相关，调整后的 R^2 和其他统计量比较理想，模型中主要解释变量的回归系数大部分显著且与理论预期符合，反映出模型选择较为妥当，能够有效检验技术环境对 OFDI 逆向技术溢出的调节作用。

由实证结果可知：首先，从投入角度看，OFDI 的影响为负，从产出看，OFDI 的影响为正。模型（6-5）的 3 个结果中，OFDI 系数都为负值，只有结果（2）在 10%水平上显著，说明 OFDI 对企业自主创新投入有微弱的抑制作用。模型（6-6）的 3 个结果中，OFDI 系数都为正且通过了显著性检验，说明 OFDI 对自主创新产出具有逆向技术溢出，同时也反映出 OFDI 对自主创新影响的两面性，既可能对自主创新投入产生挤出效应，也可能对自主创新产出产生正向溢出。

其次，技术环境正向调节 OFDI 逆向技术溢出。模型（6-5）中，3 个交互项的系数均为正且高度显著，说明技术环境能够通过创新投入路径正向调节 OFDI 逆向技术溢出。模型（6-6）中，3 个交互项的系数均为正且显著水平高于 OFDI 系数的显著性，说明技术环境通过自主创新产出路径调节 OFDI 逆向技术溢出。回归结果可以进一步揭示 OFDI 对自主创新投入的影响机理，技术环境在 OFDI 与企业自主创新关系中发挥着重要的作用，是 OFDI 影响自主创新的重要传递变量：当技术环境好时，提高了企业自主创新的净收益，理性的企业会主动适应外部环境，增强自主创新投入，并积极提高吸收能力，进而提高创新能力和产出，以获取更多创新收益，对企业创新活动形成激励，研发活动较为积极，使得 OFDI 对自主创新投入的替代作用减小，并使 OFDI 逆向技术溢出能够有效发挥，最终对自主创新产生有利影响。

表6-5 全样本估计结果

模型与变量	模型（6-5）（自主创新投入）			模型（6-6）（自主创新产出）		
回归结果	（1）	（2）	（3）	（1）	（2）	（3）
OFDI	−0.0141 (0.0102)	−0.0411* (0.0215)	−0.0113 (0.0114)	0.1712** (0.0748)	0.1912* (0.1068)	0.2425*** (0.0397)
OFDI×Mar	0.0026*** (0.0007)			0.0053*** (0.0020)		

续表

模型与变量	模型（6-5）（自主创新投入）			模型（6-6）（自主创新产出）		
回归结果	（1）	（2）	（3）	（1）	（2）	（3）
OFDI×Pro		0.0071*** （0.0002）			0.0403*** （0.0038）	
OFDI×Ser			0.0066*** （0.0015）			0.0102*** （0.0038）
L	0.8945*** （0.0126）	0.8955*** （0.0379）	0.8519*** （0.0181）	0.5913*** （0.1061）	0.5766*** （0.0863）	0.6001*** （0.1093）
GDP	0.1613*** （0.0312）	0.1681*** （0.0281）	0.1816*** （0.0315）			
Inf				0.1254* （0.0750）	0.0116 （0.0596）	0.1091 （0.0762）
K				0.2879*** （01085）	0.3721*** （0.0899）	0.4299*** （0.1252）
AR（1）	−0.3789 （0.0661）	−0.3457 （0.0636）	−0.3469 （0.0713）	−0.3532 （0.0749）	−0.3474 （0.0651）	−0.3764 （0.0709）
常数项	−6.7172 （0.3341）	−7.0114 （0.2605）	−6.6011 （0.3312）	−4.3955 （0.9983）	−2.5129 （0.7792）	−5.2907 （0.9355）
标准误	0.2837	0.2838	0.2737	0.4992	0.4239	0.4925
调整后的 R^2	0.9879	0.9896	0.9868	0.9237	0.9475	0.9247
DW 统计量	2.4484	2.2187	2.2325	1.9345	2.0506	2.0328

注：模型（6-5）的 OFDI 及交互项中的 OFDI 为流量，模型（6-6）中的为存量。*、**、***分别表示在 10%、5%、1%水平上显著，括号中为估计参数的标准差。

2. 分地区情形

以模型（6-6）为基础，利用分地区的数据进行估计（见表6-6）。由此可以看出，各 OFDI、技术环境与 ODI 交互项系数的显著性与全样本下大体相似，OFDI 对自主创新产出均产生正向影响，除了西部回归结果（2）中 OFDI 的系数不显著，其余结果均显著。从总体上看，OFDI 对东部、中部、西部具有较为显著的逆向技术效应。技术环境与 OFDI 交互项的系数全部显著，反映出技术环境对三大区域 OFDI 逆向技术溢出都具有正向调节作用。也说明 OFDI、技术环境对自主创新的影响具有一般性，本章关于技术环境对 OFDI 逆向溢出效应的调节作用的估计结果比较稳健。

表6-6　分地区估计结果

变量	东部地区			中部地区			西部地区		
回归结果	（1）	（2）	（3）	（1）	（2）	（3）	（1）	（2）	（3）
OFDI	0.2119*** (0.0709)	0.2361** (0.1069)	0.3986** (0.1851)	0.1923** (0.0875)	0.2474** (0.0862)	0.2397*** (0.0663)	0.1629** (0.0624)	0.1120 (0.0798)	0.1694** (0.0465)
OFDI×Mar	0.0087** (0.0043)			0.0078* (0.0045)			0.0044** (0.0024)		
OFDI×Pro		0.0368*** (0.0070)			0.0474*** (0.0069)			0.0414*** (0.0059)	
OFDI×Ser			0.0049** (0.0024)			0.0050** (0.0025)			0.0282*** (0.0060)
L	0.5668*** (0.1458)	0.5589*** (0.1238)	0.6102*** (0.1571)	0.2052 (0.1715)	0.4993*** (0.1641)	0.4899** (0.2109)	0.6454** (0.2716)	0.4741** (0.2079)	0.3838 (0.2731)
K	0.2381* (0.1383)	0.3018** (0.1194)	0.3475** (0.1699)	0.4718*** (0.1661)	0.3707** (0.1615)	0.3577 (0.2419)	0.4977 (0.3105)	0.5854* (0.2332)	0.9117*** (0.3269)
Inf	0.0599 (0.1165)	0.0589 (0.1046)	0.1013 (0.1254)	0.1274 (0.1016)	0.0428 (0.0382)	0.2386 (0.1197)	0.2781 (0.1981)	0.0197 (0.1464)	0.0287 (0.0293)
AR（1）	−0.3926 (0.1249)	−0.3334 (0.1124)	−0.3798 (0.1181)	−0.3658 (0.1531)	−0.3973 (0.1399)	−0.3171 (0.1574)	−0.4281 (0.1201)	−0.4135 (0.1085)	−0.4559 (0.1287)
常数项	−3.2500 (1.4343)	−1.7709 (1.2202)	−4.9606 (1.3037)	−1.1231 (1.6634)	−2.3307 (1.321)	−4.6960 (1.6899)	−8.9043 (2.5355)	−2.5746 (1.8017)	−5.5465 (2.3439)
标准误	0.5065	0.4215	0.5009	0.4569	0.4321	0.5181	0.4448	0.4006	0.4338
调整后的 R^2	0.9198	0.9285	0.9164	0.9540	0.9511	0.9279	0.9396	0.9577	0.9382
DW 统计量	1.8654	1.9705	1.9673	2.3199	2.2455	2.1684	2.0566	2.0386	2.1148

注：*、**、***分别表示在10%、5%、1%水平上显著，括号中为估计参数的标准差。

　　通过比较不同地区的回归结果可以看出，技术环境对 OFDI 逆向技术溢出的调节作用在三大地区中表现出一定的差异。首先，OFDI 对东部地区的影响更大更显著。在东部的三个估计结果中，OFDI 的系数及显著性均大于西部的系数，尽管东部结果（2）的系数小于中部的系数，但两者较为接近，而且东部结果（1）和结果（3）的系数均大于中部的系数，所以总体来看，东部的系数大于中部，说明 OFDI 逆向技术溢出效应存在地区差异，这与尹东东和张建清（2016）的研究结论基本一致。其次，技术环境对 OFDI 逆向技术溢出的调节效应存在地区差异。技术市场与 OFDI 的交互项系数值和显著性表现为东部>中部>西部的特征，说明技术市场对东部和中部 OFDI 逆向技术溢出的调节作用更大。这与中国目前的经济发展格局具有密切的关联，东部地区基础设施和经济条件优越，有助于技术环境建设，技术环境的效应得以显现。技术服务与 OFDI 的交互项系数则表现出西部>中部>东部的特征，说明技术服务对西部地区的调节作用更大。整体而言，西部地区属于创新资源外流区域，创新能力薄弱，因此更加需要技术服务，充分利用各种资源，促进创新资源优化配置。技术制度和 OFDI 交互项系数在中部估计结果中最大，西部次之，东部最小，但都是高度显著。说明知识产权保护对 OFDI 逆向技术溢出具有显著的调节作用。

（四）结论与启示

本章研究了技术环境通过投入和产出对 OFDI 逆向技术溢出的影响，并运用相关数据进行实证，结果表明：OFDI 对企业自主创新投入产生微弱的负向影响，对自主创新产出正向影响；技术环境从自主创新投入和产出两方面对 OFDI 逆向技术溢出均产生正向调节作用。技术环境对 OFDI 逆向技术溢出的调节作用存在地区差异，技术市场对东部的调节作用最大，技术服务对西部地区的调节作用最大。

研究的政策含义是：技术环境能够正向调节 OFDI 逆向技术溢出，因此，完善技术环境，是创新型国家建设的关键。自主创新应统筹内外创新资源，也应加强技术环境建设，推进技术市场建设，完善知识产权保护等制度，促进技术服务发展。从地区差异看，技术环境能正向调节 OFDI 逆向技术溢出，但仍存在地区差异，特别是西部地区，技术市场是限制逆向技术溢出的主要因素，因此应加大对西部的支持，利用政策工具实施优惠措施，促进技术市场发展，加大科研补贴等，为企业营造有利的创新环境，支持企业的创新活动。

第四节　区域技术环境对进口技术溢出的调节作用

创新驱动和扩大对外开放是党的十九大报告中特别强调的中国经济发展构想。在高质量发展中，充分利用国际创新资源，融入世界经济，实现创新驱动和互利共赢的开放战略，尤为重要。

随着中国经济高速发展，中国已经成为世界贸易大国，由于持续积累的巨额贸易顺差和国际局势的影响，导致国际贸易摩擦加剧。为此，中国也不断调整对外贸易政策，在 2018 年 4 月召开的博鳌亚洲论坛上，中国明确表示将采取扩大开放的一系列新举措，包括降低关税，主动扩大进口，并且于 2018 年 11 月 5 日举办世界进口商品博览会。从一定程度上看，进口可以带来技术溢出，促进创新资源优化配置，但也同时给国内企业带来压力，甚至产生替代作用，降低国内企业的自主创新能力。因此，进口对企业自主创新到底会产生怎样的影响，是一个需要关注的现实问题。

学术界就进口的技术溢出问题做了很多研究。最初的研究强调了进口的技术溢出效应（Grossman 和 Helpman，1991），但不能解释自由贸易并未缩小发展中国家与发达国家之间的技术差距。也有研究表明，进口加剧了竞争，加之国外对高新技术有着严格的控制，可能不利于技术创新（Liu 和 Rosell，2013），在一定程度上揭示了发展中国家可能会对发达国家产生技术依赖的局面。但上述两种观点都把本国的技术进步归结于国际技术溢出，忽略了发展中国家的知识生产过程。事实上，能否有效获取国际技术溢出，东道国的消化吸收能力至关重要。庆幸的是越来越多的研究表明，吸收能力是进口技术溢出效应发挥的关键（Benhabib 和 Spiegel，2003；仲伟周和陈晨，2018）。但是，吸收能力是由企业内外部条件决定的，是企业根据创净收益做出理性选择的结果。技术环境影响企业创新成本和收益，追求利润最大化的企业会根据所处的技术环境进行创新决策。

随着一国经济科技水平的发展，其在国际贸易分工中的格局也会发生变化。数据显示，中国的初级产品、工业制成品进口比例分别由 1987 年的 16%、84%

变化到 2019 年的 35.11%、64.89%①，由此可以看出中国进口结构呈现出工业制成品进口比例逐步下降、初级产品进口比例逐步上升的变化趋势。由此引出一个问题：如果说工业制成品进口能够通过技术溢出影响自主创新，那么初级产品进口仅仅是国际贸易分工的需要，还是能够影响自主创新？

一、进口技术溢出文献述评

早期的研究是基于国际技术溢出的思想，认为通过进口贸易可以获得国外先进技术的溢出效应。Grossman 和 Helpman（1991）认为，通过进口增加了中间产品的种类，进而产生了技术溢出，从而有利于提高技术水平。Coe 和 Helpman（1995）提出了著名的 CH 贸易模型，验证了进口技术溢出的存在性。Coe 等（1997）进一步实证分析了工业化国家的 R&D 和资本对发展中国家全要素生产率的提升作用。Lichtenbeg 和 Pottelsberghe（1998）改进了 CH 模型，创建了 LP 模型，也验证了进口贸易是技术溢出的重要途径。进口之所以促进技术创新，是因为降低了国内企业的研发机会成本，从而促进企业加大自主研发投资（Bloom 等，2013）。但也有研究表明，进口的技术创新效应不明显，甚至使企业缩小产品的范围，导致基础研究的不确定性增加，因而不利于创新。Lu 和 Ng（2012）则认为，由于进口竞争会促使企业提高其产品质量，传统制造业中，与国际先进水平差距不大的企业为了应对进口竞争而进行创新，但对于高技术行业以及与国际先进水平差距较大的企业而言，却不会有这种反应。

随后的研究发现，进口的溢出效应与贸易结构密切相关。一些研究显示，与中间品和消费品相比，资本品进口更能促进技术创新。如 Worz（2004）的研究结果表明，高技术产品的进口的技术溢出效应更为显著。康志勇（2015）认为，资本品进口能够提高企业的研发投入强度，并且来自高收入国家的进口影响更大，而中间品进口抑制了企业研发投入。但邢孝兵等（2018）对中国的实证研究显示，高技术水平产品进口通过竞争效应抑制技术创新，而低技术水平产品的进口则促进了技术创新。中间品对创新影响的研究结果也不统一，一些研究表明，中间品进口促进了创新，资本品进口抑制了创新，提高了企业研发投入强度，并

---

① 根据《中国统计年鉴》进口数据计算。

且来自发达国家的进口影响更大（Chen 等，2017）；中间品进口在合理技术差距内有利于企业创新，而且存在显著的行业差异（刘庆林和黄震鳞，2020）。另一些研究表明，中间产品进口可能会替代企业技术创新（Liu 和 Qiu，2016），进口贸易自由化促进了企业创新，但中间产品进口却不利于企业创新（陈维涛等，2018）。

进口对创新的影响为何迥异？越来越多的研究认为，进口的溢出效应能否体现，取决于进口国的吸收能力。人力资本水平被认为是决定技术吸收能力的重要因素，对进口技术溢出产生重要影响。钟子建（2010）以内生模仿微观机制为分析框架，构建了进口贸易内生模仿的技术创新提升机制，提出充足的人力资本是获取进口贸易技术溢出促进技术创新的先决条件。仲伟周和陈晨（2018）建立了门限回归模型，结果表明，进口的技术溢出存在人力资本门槛，当人力资本水平低于门限值时，进口对创新产出有显著的负面影响，当人力资本水平高于门限值时，进口对创新的溢出效应才能发挥。李平和史亚茹（2020）的研究认为，进口对企业创新的影响取决于企业生产率。

从吸收能力视角研究进口的溢出效应，在一定程度上解释了进口对创新的影响，但不能从本质上揭示进口对企业创新影响的机理。企业吸收能力是适应竞争环境和创新条件的结果，即与区域技术环境有关，因为理性的企业会根据所处环境情况调整自身行为，以获得最大化收益。所以，厘清进口与企业创新的关系，更应充分考虑企业创新成本和收益，应考虑技术环境的影响，因为区域技术环境影响了企业创新的净收益。一些研究从创新环境方面进行了有益探索，如 Coe 等（2009）强调了制度环境的作用，制度为创新提供了稳定的预期，制度环境越好，贸易对创新的溢出效应越大。知识产权保护制度对出口溢出效应的影响也引起了一些学者的关注，如郑玉（2017）实证结果表明，进口的技术溢出具有知识产权保护双重门槛效应。王爱民和李子联（2018）的研究表明技术环境对国际技术溢出具有显著的正向调节作用。

以上研究为本章奠定了良好的基础，但还有进一步完善的空间。一是企业创新成本—收益视角的研究不多。发展中国家需要合理利用外部技术溢出，加强技术改造和转化，这就需要关注企业创新行为。而创新成本高是决定企业创新的关键因素，研究企业创新决策应该从创新的成本和收入分析入手。二是技术环境对进口技术溢出调节作用的研究不足。"吸收能力论"较好地揭示了进口贸易的两面性，但没有研究吸收能力背后的因素。企业创新需要考虑成本和收益，离不开技术环境。进口可能带来技术溢出，也可能不利于企业创新，关键取决于创新净收益。由于创新净收益直接受到技术环境的影响，技术环境建设滞后是制约发展中国家企业吸收能力的深层次原因。从技术环境视角研究进口的技术溢出，有助于揭示自主创新机理，为合理利用国外资源，增强企业创新能力提供理论依据。本章尝试从技术环境的角度，分析其对进口技术溢出的调节作用，并进一步分析初级产品进口、工业制成品进口的技术溢出及技术环境的调节作用。并通过经济计量模型进行实证检验。

二、技术环境对进口技术溢出调节作用的理论分析

企业经营首先应该考虑资源约束条件，决定了企业需要对拥有的资源在技术研发和商品生产两个环节之间合理分配。在市场完备条件下，资源会从边际收益率低的环节流向边际收益率高的环节，由此也决定了企业的研发投入强度。同时，发展中国家常常通过获取国外技术溢出来提高生产效率，这表明，发展中国家企业创新需要在国内、国外之间合理分配资源。均衡条件是两个领域的边际产出相等。

（一）进口对企业自主创新的影响

进口贸易带来了技术溢出，改变了企业的创新收益和成本，原有的均衡条件被打破，企业将会调整经营结构，重新配置资源，调整研发结构。

进口贸易带来技术溢出的同时也加剧了国内市场竞争，对企业创新产生正向和负向的"自我选择效应"（Acharya 和 Keller，2008）。正向影响主要为：一是竞争激励效应。进口贸易丰富了商品种类，消费者和用户有了更多的选择，加大了企业的竞争压力，压缩了市场份额和利润空间，为了生存和产生利润，企业必须创新，通过竞争可以淘汰生产率低的企业，也可以培育一批优质的企业，如20 世纪 80 年代中，中国家电行业经历了"进口—创新—出口"的发展路径。二是示范学习效应。通过进口获得的学习效应很早就引起了学者的兴趣，Findlay（1978）认为，进口产品是技术的载体，从进口贸易中可以学到更多的先进技术，通过"干中学"，逐渐熟悉、了解和学习、模仿，进口增加了企业学习国外先进

技术的机会，单个生产者进口中间产品能够不断促使自身技术水平提高，具有显著的"干中学"效应。Broda 等（2006）对印度的研究表明，进口通过"进口中学"等途径显著提高了企业的生产率。三是研发关联效应。进口可以产生后向关联和前向关联效应，如通过购买先进设备提高生产能力，从设备进口商中得到技术培训和交流机会，提高技术管理水平。企业利用学习交流机会，获取技术外溢，并进行模仿与技术创新，降低自主研发成本，提高自主研发能力，形成研发激励效应（李平和苏文哲，2014）。魏浩和李晓庆（2015）的实证结果表明，高技术商品进口在一定程度上促进了中国技术水平进步。

进口对自主创新负向影响主要有：一是研发挤出效应。进口贸易在某种程度上会抑制技术创新。由于模仿成本较低，所以模仿创新成为发展中国家获取技术溢出的重要途径。如果不注重消化吸收中间品中所蕴含的技术，进行二次创新，本国中间品将可能被挤出市场（李平和姜丽，2015），结果是不断增加新产品进口，实质上是隐性的技术引进。二是增加技术引进预期。进口在提供新产品的同时，也使企业对附着在进口产品上新技术的感知有了更多的认识和了解，学习新技术也更为便利。相当于降低了技术引进成本，增加了技术引进的预期，追求利润最大化的企业希望通过技术引进获取较多的当前利益，减少了自主创新的风险。

由此可以看出，进口可能对企业创新产生有利影响和不利影响，其最终结果取决于两种影响的综合效应。

（二）区域技术环境的调节作用

研发结构调整实质上是企业研发资源在国内外重新分配的过程。高昂的沉没成本和预期收入的不确定性在很大程度上制约着自主研发，而技术引进的成本和收益是既定的。企业会依据面临的技术环境，考虑创新的净收益做出决策。即是说自主研发的成本和收益变动决定了企业的研发选择。

既定条件下，企业自主研发的成本和收益与技术环境具有密切的关联。首先，技术市场促进了创新资源有效配置，提高研发效率。科技信息传播和获取越便利，企业付出的学习成本和交易成本越低，对新技术的了解越充分，越有助于提高创新成功的概率，并且创新成果的价值实现都可以借助完善的技术市场实现。其次，知识产权保护为自主研发提供了激励。有效的知识产权保护制度能够有效防止被模仿和侵权，降低自主研发的风险成本，为原创者提供稳定的预期收益。最后，技术服务提供了丰富的科技信息，降低交易成本，为实现创新收益提供便利。与普通商品不同，信息不对称是限制科研成果转化的重要因素。通过专业化分工与合作，建立技术服务体系，提高技术服务水平如通过技术服务中介机构，提供各种技术服务，降低技术交易成本，推动创新成果转化，实现创新收益。

可见，技术环境影响着企业自主研发的收益和成本，当技术环境好时，企业便会增加自主研发投入，说明技术环境对出口的技术溢出具有正向调节作用。

进一步讲，不同类别产品的进口对自主创新的影响效应可能存在差异。工业制成品附着的技术含量较高，进口企业可以从中获取技术溢出，如增加知识存量，降低研发成本。当然也可能因为商品种类增加，减少市场份额和利润空间，降低创新激励。工业制成品是促进企业创新还是抑制企业创新，取决于哪种效应更大。当技术环境完善时，企业获取技术信息更为便利，二次开发技术的净收益增加，对企业吸收能力产生激励，进口的溢出效应更能充分体现，最终表现为创新能力或效率的提高，从而有利于自主创新。由此可以推测，工业制成品影响创新效率，并且技术环境对其具有正向调节作用。

对于初级产品进口，可能没有直接的溢出效应，但可能影响着企业的资源配置，间接促进自主创新，如促使资源从低生产部门流向高生产部门。至于释放出来的资源在高技术产品的生产部门和研发部门分配的问题，关键在于资源在高技术产品的生产部门和研发部门中的哪个边际产出更高。如前文所述，技术环境有利于增加自主研发净收益，在良好的环境条件下，该部分资源会更多地投入到研发部门。这意味着，初级产品进口可能会影响自主研发投入，进而影响自主创新，技术环境同样具有正向调节作用。

三、技术环境对进口技术溢出调节作用的实证

（一）模型设定

为检验技术环境对进口技术溢出的调节作用，构建如下模型：

$$Inv = \beta_{10} + \beta_{11}lm + \beta_{12}lm \times Ten + \beta_{13}Rdl + \beta_{14}Rdk + \beta_{15}Inf + \mu_2 \qquad 模型（6-7）$$

$$Eff = \beta_{20} + \beta_{21}lm_1 + \beta_{22}lm_1 \times Ten + \beta_{23}Fdi + \beta_{24}Ind + \mu_2 \qquad 模型（6-8）$$

$$Rd = \beta_{30} + \beta_{31}lm_2 + \beta_{32}lm_2 \times Ten + \beta_{33}Rdl + \beta_{34}Gdp + \mu_3 \qquad 模型（6-9）$$

模型（6-7）用于检验技术环境对进口技术溢出的总体影响。Inv 为自主创

新，考虑到数据质量和可获得性，本章用专利申请数反映自主创新。解释变量为进口（lm）、技术环境与进口的交互项（lm×Ten）。根据前文分析，选取技术市场（Mar）、知识产权保护（Pro）、技术服务（Ser）3个变量反映技术环境。创新劳动（Rdl）、创新资本（Rdk）是自主创新的基本要素，作为控制变量引入模型中，同时为考察信息化水平（Inf）对自主创新的影响，也将其引入模型（6-7）。

模型（6-8）检验技术环境、工业制成品进口对自主创新效率的影响。解释变量为自主创新效率（Eff），借助数据包络分析法（DEA）计算获得。解释变量为工业制成品进口（lm_1）及其与技术环境的交互项（$lm_1×Ten$）。除贸易外，外商直接投资（FDI）对自主创新也有复杂的影响，有可能产生技术溢出进而影响创新效率，故选作控制变量。另外，产业结构（Ind）与企业创新也有相互促进的密切关系，因此纳入模型，具体测算为：产业结构＝工业和服务业增加值/GDP。

模型（6-9）检验技术环境、初级产品进口对企业自主创新投入的影响。Rd为自主创新投入，用R&D内部活动经费支出表示。解释变量为初级产品进口（lm_2）及其与技术环境的交互项（$lm_2×Ten$）。企业规模不同，研发投入可能会有较大差异，模型中控制了创新劳动（Rdl）。同时，随着经济发展水平的提高，自主创新意识增强，加大研发投入，模型也控制了经济发展水平GDP。

（二）数据描述

选取1995~2019年大中型工业企业的时间序列数据，建立实证模型，进行检验。对数据削价以及创新资本和技术引进的测算，参照第六章的方法处理。

创新效率的计算为：选取创新劳动、创新资本、技术引进存量作为投入变量，用专利申请数、新产品销售收入反映创新产出，运用DEA方法计算出样本年份间相对的创新总效率。为便于分析和缓解共线性问题，除相对指标创新效率、产业结构、知识产权保护外，其余数据取其自然对数。

四、估计结果分析

1. 总体情形

针对样本数据特点，将技术环境变量逐个引入模型，并选用滞后一期的进口作为自身工具变量，运用迭代法估计，以克服共线性、内生解释变量和自相关问题。

表6-7 总体估计结果

模型与变量	模型（6-7）（总体）		
回归结果	（1）	（2）	（3）
lm	0.3948 *	−0.5067 **	0.3533 *
	(0.2096)	(0.2049)	(0.1645)
lm×Mar	0.0291 **		
	(0.0101)		
lm×Pro		0.1053 ***	
		(0.0053)	
lm×Ser			0.0203 **
			(0.0077)
Rdk	0.5887 ***	0.7446 *	0.6926 ***
	(0.1712)	(0.3910)	(0.1604)
Rdl	0.3110 *	0.1952 **	0.2438 **
	(0.1639)	(0.0807)	(0.1093)
Inf	0.0186	0.0249	0.0154
	(0.0226)	(0.0178)	(0.0192)
AR（1）	0.1717	0.3075	0.3648
	(0.1006)	(0.2861)	(0.1895)
常数项	−4.0122	2.0212	−1.4351
	(0.7184)	(0.8175)	(0.8403)
标准误	0.0572	0.0314	0.0603
调整后的 R^2	0.9979	0.9995	0.9983
DW 统计量	1.8028	1.8953	1.7538

注：*、**、***分别表示在10%、5%、1%水平上显著，括号中为估计参数的标准差。

从模型（6-7）的估计结果来看，模型中整体效果良好，各主要统计指标和参数比较理想，能够有效检验进口对企业创新的影响及技术环境的调节作用。

实证结果表明，进口对企业自主创新的影响不确定。在结果（1）和结果（3）中，进口对自主创新产生正向影响，但显著水平较低，而在结果（2）中，进口的系数显著为负。这与前面理论分析的基本一致，进口既有技术溢出带来的积极影响，也有研发挤出、技术依赖带来的负面影响，最终结果看哪个效应更大。如前文所述，进口对企业自主创新的综合影响结果还取决于企业面临的技术环境。进口对自主创新的影响符号之所以在不同回归结果中不同，可能是因为三个技术环境变量作用的差异。相对而言，随着社会主义市场经济发展和科技强国战略的实施，技术市场和技术服务事业发展较快，能有效促进企业汲取进口带来的技术知识，进口的技术溢出效应占主导地位；而知识产权保护等技术制度起步较晚，保护水平较低，其作用还未能完全体现。在知识产权保护水平较低时，原始创新激励不足，模仿、技术依赖甚至技术侵权等行为容易发生，此时进口的对自主创新的消极影响占主要地位。

技术环境能够正向调节进口的技术溢出，验证了前面的理论分析。技术环境与进口交互项的 3 个结果中，系数全部在 5% 的水平上显著为正，知识产权交互项的系数通过了 1% 的显著水平，进一步反映出知识产权保护对进口技术溢出的正向调节作用更强。回归结果可以进一步解释"吸收能力论"的观点，进口对企业技术创新影响具有两面性，其关键在于是否具有良好的技术环境。技术环境较越好，研发净收益增加，对外部技术和知识的吸收能力逐步增强，企业研发活动较为积极，进口带来的技术溢出效应才能有效发挥，最终促进企业自主创新。

从控制变量回归结果看，创新资本、创新劳动都显著地影响自主创新。这也反映出创新资本和创新劳动投入是企业自主创新的基础和关键，与普通经济行为不同，自主创新的前期研发需要长期持续的人力、财力投入。信息化水平对自主创新的影响虽然为正，但在 3 个结果中均未通过显著性检验。原因是，信息化建设能够促进信息传递，但与技术服务等因素相比，其作用更为间接，而且信息化建设是社会经济发展中更为基础的工作，其作用发挥存在较长的滞后效应。

2. 不同产品的情形

不同类别产品附着的知识存量和技术含量不同，由此进口带来的效用也可能存在差异。工业品内含了更多的技术、工艺水平，一国科技水平决定了其进口格局。而初级产品进口格局更多的是由国家自然禀赋决定的。由此，两类产品进口带来的效应也会不同。如前文所述，工业制成品具有技术溢出，最终能否提高进口国的创新效率？初级产品是否通过资源配置影响进口国自主创新投入？我们分别对模型（6-8）和模型（6-9）进行估计，以检验该效应是否存在，并且引入了技术环境变量，考察技术环境是否会产生正向调节作用。估计结果如表6-8所示。

表6-8　不同类别产品进口的估计结果

模型与变量	模型（6-8）（工业制成品进口）			模型（6-9）（初级产品进口）		
回归结果	（1）	（2）	（3）	（1）	（2）	（3）
lm_1	0.0236 （0.0285）	-0.1104* （0.0531）	0.0925* （0.0476）			
lm_2				0.0468 （0.0605）	0.0209 （0.0512）	0.1076 （0.0957）
lm×Mar	0.0045* （0.0024）			0.0199* （0.0094）		
lm×Pro		0.0186*** （0.0042）			0.0206*** （0.0061）	
lm×Ser			0.0092** （0.0034）			0.0340*** （0.0069）
Fdi	-0.3546** （0.1249）	-0.4150*** （0.0996）	-0.2928** （0.1187）			
Ind	0.0219** （0.0097）	0.0136* （0.0066）	0.0098** （0.0039）			
Rdl				0.3521** （0.1186）	0.4436*** （0.1033）	0.1927* （0.987）
Gdp				0.2330 （0.1632）	0.2185** （0.0951）	0.4419*** （0.1029）
AR（1）	-0.3196 （0.2754）	-0.2461 （0.2591）	-0.2607 （0.2806）	0.4328 （0.1751）	0.4802 （0.1036）	0.3004 （0.2156）
常数项	1.9837 （0.9181）	4.5653 （0.9008）	2.8814 （1.0988）	2.0173 （5.0276）	7.3479 （6.0503）	-10.7711 （2.2108）
标准误	0.0337	0.0226	0.0319	0.0300	0.0399	0.0623
调整后的 R^2	0.7581	0.8828	0.7673	0.9984	0.9985	0.9972
DW 统计量	2.1526	2.2458	2.0336	2.0457	2.2337	2.0694

注：交叉项在模型（6-8）中为工业制成品进口与技术环境，在模型（6-9）中为初级产品进口与技术环境；*、**、***分别表示在10%、5%、1%水平上显著，括号中为估计参数的标准差。

回归结果表明，工业制成品的系数在结果（1）和结果（3）中为正，在结果（2）中为负，与总体回归结果具有一定的相似性，说明工业制成品对自主创新效率的影响不确定，工业制成品的技术溢出效应只有真正消化吸收后才能提高创新效率。与创新产出相比，创新效率还受到企业管理、组织能力等更多因素的制约，工业制成品对创新效率的影响较为间接和弱一些，所以模型（6-8）中的3个估计结果显著性较低，结果（1）中进口的系数不显著，结果（2）和结果（3）中进口的系数也仅通过了10%的显著水平。从技术环境的影响看，技术环境与工业制成品交互项系数在3个结果中都显著为正，说明技术环境在工业制成品进口与企业自主创新效率的关系中发挥着重要的作用。技术环境影响着创新成本和收益，对企业自主创新产生正向激励，企业会进一步调整组织管理方式等，提高创新效率。

由模型（6-9）的回归结果可以看出，初级产品进口对自主创新投入的影响在3个结果中都为正，但均不显著，说明初级产品进口对自主创新投入具有微弱的或者说潜在的正向影响。自主创新投入是企业研发决策的范畴，企业需要考虑创新资源的合理分配，尤其是自主创新的净收益，因而，技术环境发挥了关键作用，是初级产品进口与自主创新投入关系中重要的传递变量，技术环境越好，对企业自主创新激励越大，企业更有动力增加投入。模型（6-9）的3个技术环境变量的交互项系数均显著为正，说明技术环境能够正向调节初级产品进口对自主创新投入的影响，也就是说，初级产品进口产生的资源配置效应能否有效，取决于技术环境的优劣。

模型（6-8）中的两个控制变量外商直接投资、产业结构对创新效率分别产生显著的负向和正向影响。这与中国二十多年来的发展轨迹基本吻合。自20世纪90年代以来，中国曾实施"引进来"的发展战略，虽然取得了显著的经济绩效，获取了一定的技术资源，但也抑制了自主创新的内在动力，因为核心技术引不进来，创新效率的提高更不是依靠外部力量和技术溢出就能够提高的，因此从长期看，外资流入对创新效率产生不利影响。随着中国经济发展转型，经济结构调整成为创新效率提高的另一个重要因素，因为当粗放型增长的方式改变后，资源的边际报酬发生变化，资源配置将会流向效率高的生产和研发部门，进而影响创新效率。

五、结论与启示

本章尝试按照创新收益与成本分析的逻辑，分析进口对企业自主创新产生的影响。理论分析表明，进口对企业自主创新的影响具有两面性，既可能产生技术溢出促进自主创新，也可能挤压国内市场甚至产生技术依赖抑制自主创新。创新净收益是企业创新决策的决定因素，技术环境优劣决定了创新成本和收益的差异，进而影响进口与自主创新的关系，即对进口技术溢出产生正向调节作用。

本章利用中国大中型工业企业 1995～2019 年的时间序列数据进行了实证，验证了理论分析的结论。实证结果表明，进口对企业自主创新的影响不确定，技术环境能够正向调节进口的技术溢出。进一步就技术环境对不同类别商品进口技术溢出的调节作用做了检验，结果表明，工业制成品进口对创新效率的影响有正有负，可能提高创新效率，也可能降低创新效率，而技术环境在其中发挥着正向调节；初级产品对于自主创新投入具有潜在的正向影响，最终影响效果取决于技术环境是否完善。

研究结果可以给予我们深刻的启示，进口是否能够发挥技术溢出效应，关键在于技术环境的完善。在中国扩大进口的贸易再平衡政策实施中应该注重技术环境建设和优化，一方面促进工业制成品进口的溢出效应发挥，另一方面增强初级产品进口的资源配置效应显现。完善技术环境既要加快技术市场体系建设步伐，又要引导各类技术服务组织发展，促进创新资源的合理流动和配置，如构建合作创新、协同创新平台，提升创新效率，节约创新成本，更应注重知识产权保护制度建设和提高保护水平。由于国内知识产权制度建设滞后，对自主创新的激励效应还未充分发挥，而在当今世界贸易格局下，发达国家常常借用知识产权的名义对中国的贸易进行限制和打压，使我们在贸易谈判中处于不利地位，因此知识产权保护制度建设是当前亟须完善的工作，要完善相关制度，对内加强保护，对外防止"过度保护"，提高中国知识产权实际保护水平，促进自主创新。

第七章 区域技术环境对企业创新能力的影响

第一节 区域技术环境对企业创新效率的影响

一、企业创新效率文献述评

在知识经济快速发展的今天，有效利用创新资源，提高创新效率，成为企业创新中的关键问题。

企业创新效率不仅受到资源要素禀赋的约束，还在很大程度上与企业所处的环境密切相关，营造良好的创新环境比一味地增加要素投入能更有效地激励创新（Todtling，1992）。影响企业创新效率的因素有：政策环境、市场环境、经济环境等。政策环境有利于降低创新活动的外部不经济和不确定性，减少环境中各主体之间的摩擦，保证创新主体效率的提高（Vittoria 和 Lavadera，2014）。良好的制度和体制也可以降低创新过程的不确定性，减少交易成本，从而提升创新绩效。除通过税收优惠等政策外，政府还可以通过研发补贴等方式提高企业新产品收益，进而影响创新效率（Szczygielski 等，2017；李政和杨思莹，2018）。然而，也有研究认为，政府支持并未提高创新效率，原因在于政府补贴可能对企业研发投入产生挤出效应（余泳泽，2011）、寻租活动对创新资源配置的扭曲（肖文和林高榜，2014）等。市场配置资源被认为是有效的方式，因此，市场化程度越高，企业配置则更为合理，进而提高创新效率。主要原因有：一是良好的市场环境可以快速灵敏地显示价格信号，新产品信息传递更有效；二是要素市场发育更好，创新资源转移更便利；三是非国有经济发展，市场竞争程度提高（樊纲等，2011）。经济环境对创新效率的影响主要包括经济基础、产业发展和金融发展。经济基础好的地区，可以吸引创新要素流入，从而提高创新效率。但谢丽娟等（2009）的研究表明，经济发展水平并不必然带来创新效率提高，主要原因是对区域创新环境利用不足。产业影响创新效率主要表现为产业集聚和生产性服务业两个方面，产业集聚能力增强知识技术溢出效应，提高创新产出；生产性服务业推动了知识密集型企业发展，知识外溢作用更大，对创新效率产生正向影响（曾庆军等，2019）。在经济全球化背景下，信贷市场与股票等金融市场健全的国家，由于其对国内金融体系融资的依赖，显著提高了技术创新效率。刘金全等（2017）认为，银行信贷是促进技术创新效率提高的主要渠道。金融发展促进技术创新效率的机理可以总结为：促进资本集聚、优化资源配置、降低融资成本、价格信号引导等（吕承超和王媛媛，2019）。近年来，科技金融的研究不断增多，如科技金融显著影响创新效率（曹文芳，2018），存在区域差异（陈珊，2019）。

　　以上研究从政策环境、市场环境、经济环境等方面研究了创新效率，为本章的研究奠定了良好的基础。但忽略了自主创新的内生性。现有文献尽管从区域创新环境的诸多方面进行了研究，但没有从根本上揭示其影响创新效率的机理。因为自主创新效率是企业自组织形式在创新领域的直接体现，所有的环境因素是企业的外部因素，外部因素必须通过内部因素才能发挥作用，这也是为什么处在同一创新环境下的企业，创新效率表现出显著差异的原因。企业是追求利润最大化的理性人，必然会根据所处的环境进行决策，以实现收益最大化。如果企业增加创新产出能获取更大的收益，必然会选择最优的形式安排创新活动。影响创新收益和成本的因素很多，但从力量来源看主要有技术市场、知识产权保护和技术服务，由此构成了技术环境。企业会根据所处的技术环境，调整创新决策，因为技术环境直接影响着创新收益和成本。自主创新效率是创新活动的产出与投入相比较的显性衡量，其背后蕴含着创新活动领域收益与成本的比较，这意味着研究技术环境对自主创新效率的影响更具价值。

自主创新是一个从新技术研发再到转化应用即新产品上市的过程，周期长、投入大、风险高，在不同阶段，创新成本与收益的变化趋势也大有不同，所以技术环境对创新效率的影响可能不同。基于这种考虑，本章试图将自主创新划分为技术研发和技术应用两个阶段，分别研究这两个阶段中技术环境对创新效率的影响机理，并利用企业创新效率相关数据进行实证检验。

二、区域技术环境对企业创新效率的影响效应

（一）区域技术环境对技术研发效率的影响效应

区域技术环境越完善，技术研发面临的成本将会降低，收益则会增加，企业更有动力增加创新资源投入，主要表现为创新资源的配置效应、集聚效应和创新活动的激励效应，其影响效应可以用图 7-1 表示。

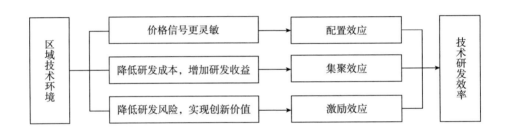

图 7-1　区域技术环境对技术研发效率的影响效应

1. 配置效应

技术市场通过价格机制调节资源分配。技术市场活跃使价格信号更为敏感，增加了技术知识的可得性，市场的交易成本也会降低；技术服务为科研交流和合作提供便利，使技术信息传递更为便捷，也可以降低技术信息的搜寻、谈判、学习等交易成本等。技术研发往往是前瞻性的研究，具有很大的不确定性和较高的风险，这意味着企业对未来方向的判断和把握尤其重要，这就要求企业具有尽可能充分的技术信息。完善的技术市场和健全的技术服务可以促使科技信息快速有效传递，促进创新资源有效配置。市场化水平的提升可以减少寻租行为的发生，在一定程度上缓解行政性强制措施导致创新资源配置扭曲，促进企业创新（张治

栋和廖常文，2019）。

2. 集聚效应

技术市场和技术服务促进了科技信息的传递和创新价值的实现，知识产权保护为原创者独享创新收益和防止侵权提供了保障，因此，区域技术环境越完善，创新收益更高，创新的机会成本更小，因此会吸引创新要素流入，形成集聚效应，进而降低知识信息成本，促进知识，促进交流，推动知识传播，产生知识溢出，提高研发效率。同时，促进资本进入收益率高的创新领域，为创新活动提供资金保障，特别是研发初期，需要大量的前期投入。资本集聚推动金融服务水平提升，为企业研发活动提供融筹资服务，满足企业创新活动的多元化融资需求。资本集聚还能产生竞争效应，资本具有趋利性，促使企业提高创新效率，否则资本将会流到其他领域。

3. 激励效应

技术研发兼具收益高、风险高的特点。在既定条件下，创新收益主要取决于市场决定，而创新风险不仅受到市场的影响，还受到创新环境的影响，是内生的，因此，创新风险是决定技术研发的关键因素。知识产权保护通过法律的形式，保障创新者的合法权益，打击侵权行为，提高了违法成本，降低了创新风险。同时，在技术市场上存在信息不对称，加剧了技术交易的风险，而技术市场和技术服务的主要功能是优化配置创新资源配置和促进信息传递，从而降低了技术交易风险。同时，技术市场有利于创新价值实现，技术服务促进创新成果转化应用，知识产权保护为创新者独享创新收益提供了法律保障，可见，技术环境完善可以为稳定技术研发的预期。因此，区域技术环境可以降低技术研发成本，实现技术研发收益，激励企业加强技术研发，提高技术研发效率。

（二）区域技术环境对技术应用效率的影响效应

区域技术环境传递科技信息，通过专业化的技术服务促进创新成果转化应用，对技术应用阶段的影响效应主要包括反馈效应、保障效应和竞合效应（见图7-2）。

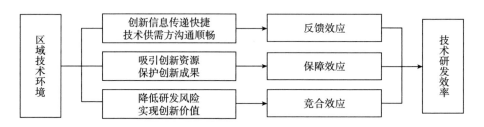

图 7-2 区域技术环境对技术应用效率的影响效应

1. 反馈效应

技术应用是从技术研发到创新成果商业化应用的过程。在该过程中，涉及创新资源配置、信息流动、新产品试验、商业化生产等诸多环节，这就需要有效的信息传递。从技术供方看，创新者掌握了更全面的新技术信息，但对新产品市场信息掌握得较少，容易导致技术供需错位，使创新成果难以转化应用，甚至沉淀在研究领域。技术市场发展促进了创新信息流动，并利用市场机制，降低技术交易成本，促进技术供需双方更全面地了解新技术和新产品市场等情况。技术服务推动信息交流与传播，推动创新链中的分工与合作，为技术供需双方交流合作提供专业化服务，使创新者全面了解市场的实际需求，增强新产品开发的针对性，满足市场实际需要，促进创新成果推广转化。

2. 保障效应

创新人才和资本是技术创新的核心要素。技术市场推动创新资源配置和实现创新价值，技术服务通过专业化的服务促进交流、合作与交易，推动创新成果转化应用，提高创新收益，因而更能吸引创新人才和创新资本流入，形成集聚效应，为技术转化应用提供保障。同时，知识产权保护通过法定形式，维护创新者权益，严厉打击侵犯创新者知识产权的非法行为，保障创新者能够获取创新收益，保障和激励企业加强新技术开发和转化应用。

3. 竞合效应

技术市场和技术服务有利于创新信息的流动和传递，降低创新成本，减少创新风险，推动技术开发和应用，实现创新价值。知识产权保护为创新者获取创新收益和防止知识产权被侵犯提供保障，降低了创新风险。因而，技术环境建设有利于创新资源集聚，进而产生竞合效应。一方面，促进竞争。资源具有逐利性，创新资源也不例外。创新资源集聚增加了其流动机会，给企业技术应用带来了便利的同时，也带来了竞争压力，如果不提高创新效率，创新资源便会流出，因此，企业必须提高效率以吸引更多创新资源。另一方面，促进合作。创新资源集聚会产生一定的溢出效应，增加了合作、学习交流的机会，进而提高创新团队的创造力，提升技术应用效率。

三、区域技术环境对企业创新效率影响的实证

（一）模型设定

为验证技术环境对技术研发效率和技术应用效率的影响，我们分别构建了模型（7-1）、模型（7-2），具体如下：

$$Dea_1 = \alpha_0 + \alpha_1 Env + \alpha_2 Sca + \alpha_3 Inf + \alpha_4 Gdp + \mu_1 \qquad 模型（7-1）$$

$$Dea_2 = \beta_0 + \beta_1 Env + \beta_2 Sca + \beta_3 Inf + \beta_4 Gdp + \mu_2 \qquad 模型（7-2）$$

其中，Dea_1、Dea_2 分别表示技术研发效率、技术应用效率，通过 DEA 方法计算得出。Env 表示技术环境，根据前文对技术环境的界定，选用技术市场、知识产权保护和技术服务三个指标。企业规模不同，面临的创新成本与收益也不尽相同，对创新效率也可能产生一定影响，故引入控制变量企业规模 Sca，用企业固定资产原价合计表示。信息化水平有利于科技信息的交流与传播，降低了创新的交易成本，所以将信息化水平 Inf 纳入模型中，选择反映信息化水平的基础性指标"互联网接入端口数"反映，为控制人口规模，用人均互联网接入端口数表示。创新意识与经济发展水平往往相互影响，为捕捉这种影响，模型中引入经济水平 Gdp 作为控制变量，用地区生产总值表示。

（二）数据描述

本章选用 2008~2019 年的省级面板数据。为缓解共线性的影响，模型中除创新效率、知识产权保护水平外，其余数据均取其自然对数。

实证分析中涉及知识产权保护水平、创新效率的测算。知识产权保护水平采取考虑执法水平计算的修正的知识产权水平（详见第五章第一节）。创新效率反映了在一定条件下创新投入和产出之间的相对关系。投入—产出指标的选择对应创新效率评价至关重要。在不同阶段，投入—产出以及面临的资源约束条件也不尽相同，基于这一考虑，分别测算技术研发阶段、技术应用阶段的效率。测算技术研发阶段

效率时，投入指标选取 R&D 人员、R&D 经费支出以及 R&D 项目数，产出指标选用专利申请数。测算技术应用阶段效率时，投入指标选择有效发明专利数、新产品开发经费、新产品项目数；产出指标用新产品销售收入。选择不需要先验设定函数形式的数据包络分析（DEA）方法的可变规模报酬的 BCC 模型，具体为：

$$\text{Min}\theta$$

$$\text{s. t.} \sum_{j=1}^{n} \lambda_j x_{ij} + s_i^- = \theta x_{i0}, \ i = 1, \ \cdots, \ m$$

$$\sum_{j=1}^{n} \lambda_j y_{rj} - s_r^+ = y_{i0}, \ r = 1, \ \cdots, \ s$$

$$\sum_{j=1}^{n} \lambda_j = 1, \ j = 1, \ \cdots, \ n$$

$$s_i^-, \ s_r^+ \geqslant 0, \ \forall i, \ r \qquad\qquad\qquad 式（7-1）$$

式中，θ 表示相对效率指数，其值在 0 到 1，θ 值越大，则创新资源配置效率越高，当 $\theta = 1$ 表示创新资源配置效率最优，x_{ij} 表示第 j 个决策单元的第 i 种投入变量，y_{rj} 表示第 j 个决策单元的第 r 种产出变量，s_i^- 和 s_r^+ 分别表示松弛变量和剩余变量，λ 表示非负权重变量。

（三）实证结果分析

1. 区域技术环境对技术研发效率影响检验

（1）全样本情形。由于创新效率的取值均在 0~1，具有截断特征，为避免最小二乘估计所产生的偏误，实证时选择面板 Tobit 模型对模型（7-1）、模型（7-2）进行回归，以检验技术环境对创新效率的影响。经过 F 检验，结果表明应该选用变截距模型，由于样本年份间每年的截面都相同，所以选用固定效应模型。为避免多重共线性，将技术环境的三个代理变量逐个引入模型，分别得到估计结果（1）、结果（2）、结果（3）（见表 7-1）。

表 7-1　技术环境对技术研发效率影响的估计结果（全样本）

变量与回归结果	（1）	（2）	（3）
Mar	0.0248 *** (0.0074)		
Pro		0.0595 ** (0.0241)	

续表

变量与回归结果	（1）	（2）	（3）
Ser			0.0519*** （0.0141）
Sca	0.1029*** （0.0313）	0.0955*** （0.0313）	0.0537* （0.0320）
Inf	0.1745*** （0.0201）	0.1587*** （0.0217）	0.2006*** （0.0209）
Gdp	0.0765** （0.0328）	0.0457 （0.0334）	0.0517 （0.0325）
常数项	0.9055*** （0.1449）	0.5430*** （0.1449）	0.3429** （0.1607）
似然函数的对数	107.19	104.72	108.39
LR 卡方统计量	95.89	90.96	98.31
Prob（Chi^2）	0.0000	0.0000	0.0000

　　从回归结果看，LR 卡方统计量通过显著性检验，回归系数符号与理论预期一致且大多数显著，说明模型设置和变量选取较为妥当，能够有效检验技术环境对技术研发效率的影响。

　　由回归结果可知：首先，技术环境对技术研发效率产生正向影响。模型（7-1）的 3 个结果中，技术环境 3 个代理变量的系数均为正且显著。说明技术环境有利于研发效率的提高，即技术环境越好，企业技术研发效率越高。这也能够有效揭示技术环境影响研发效率的机理，当技术环境利好时，技术市场更加活跃，技术服务业专业化发展，知识产权保护水平较高，推动了科技信息交流。降低了技术信息搜寻成本和技术交易成本，有利于有效配置创新资源。其次，不同技术环境变量对创新效率的影响不同。技术服务、技术市场对创新效率的影响高度显著。说明技术服务、技术市场对创新效率的影响更显著。其原因可能是，技术市场主要功能是创新资源配置，技术服务主要功能体系在提供技术信息、技术交流与合作方面，有效降低了创新的交易成本，为创新资源合理配置提供便利，知识产权保护更多的是对创新成果权益方面的因素。技术研发阶段需要大量的前期投入，甚至不能获取收益，此时需解决的主要问题是节省创新成本和减少风险，所以技术市场、技术服务对技术研发的影响更显著。

从控制变量看，信息化水平的系数在 3 个结果中均高度显著，说明信息化水平是影响技术研发效率的主要因素之一，其可能的解释是，技术研发更多地涉及原始创新，面临着更大的不确定性和风险，对科技信息的要求更高。信息化水平减少了信息交流的成本，有利于优化配置创新资源，降低创新风险。企业规模的系数在 3 个结果中都显著，说明企业规模对技术研发效率也产生正向影响，其原因是，企业规模大有更多的能力投入技术研发。经济水平的系数在结果（1）中显著，但在结果（2）和结果（3）中都不显著，说明经济发展对研发效率的作用仍需进一步挖掘。在经济由高速发展转向高质量发展的时期，创新驱动几乎成为社会共识，随着经济水平的提高，创新投入不断增加，但创新管理能力培养和技术环境建设滞后于创新投入的速度，使创新质量不高，创新效率偏低。也说明，如何利用经济发展提升研发效率，仍是创新驱动发展中需要解决的主要课题。

（2）分地区情形。为检验以上影响的地区差异，以模型（7-1）为基础，分别对东部、中部、西部地区的研发效率进行估计（见表 7-2）。

表 7-2　技术环境对技术研发效率影响的估计结果（分地区）

变量	东部地区			中部地区			西部地区		
回归结果	（1）	（2）	（3）	（1）	（2）	（3）	（1）	（2）	（3）
Mar	0.0327***			0.0503**			0.0113		
	(0.0090)			(0.0231)			(0.0096)		
Pro		0.0685**			0.0128			0.0259	
		(0.0318)			(0.0531)			(0.0358)	
Ser			0.0621***			0.0790**			0.0737***
			(0.0201)			(0.0339)			(0.0178)
Sca	0.4438***	0.4406***	0.3194***	0.1412*	0.1589**	0.1345*	0.0379	0.01413	0.0844*
	(0.0641)	(0.0665)	(0.0736)	(0.0774)	(0.0795)	(0.0775)	(0.0532)	(0.0519)	(0.0499)
Inf	0.0510*	0.0209	0.0747**	0.1322***	0.1759***	0.1026*	0.2455***	0.2358***	0.2701***
	(0.0289)	(0.0316)	(0.0310)	(0.0479)	(0.0471)	(0.0534)	(0.0354)	(0.0385)	(0.0335)
Gdp	0.4579***	0.5165***	0.4097***	0.119	0.1389*	0.1089	0.2527***	0.2415***	0.2417***
	(0.0881)	(0.0916)	(0.0928)	(0.0756)	(0.0766)	(0.0754)	(0.0395)	(0.0433)	(0.0751)
常数项	-0.2430	-0.7363***	-0.7070***	-0.3891	-0.5296	-0.3527	0.9229***	0.9653***	0.4534
	(0.2471)	(0.2649)	(0.2474)	(0.5778)	(0.5915)	(0.5775)	(0.3149)	(0.3189)	(0.3105)

续表

变量	东部地区			中部地区			西部地区		
回归结果	（1）	（2）	（3）	（1）	（2）	（3）	（1）	（2）	（3）
对数似然函数	60.18	56.31	58.59	28.73	26.44	29.05	61.46	61.04	68.68
LR 卡方统计量	53.39	45.63	50.20	42.9	38.33	43.55	71.39	70.54	85.84
Prob（Chi^2）	0.0000	0.0000	0.0000	0.0000	0.0000	0.0000	0.0000	0.0000	0.0000

注：＊、＊＊、＊＊＊分别表示在10%、5%、1%水平上显著，括号中为估计参数的标准差。

由回归结果可知，技术环境各变量对技术研发效率均产生正向影响。技术环境各变量的显著性存在差异，三大地区的回归结果中，技术服务的系数全部显著，技术市场的系数在东部和中部的回归结果中显著，知识产权保护的系数只在东部的回归结果中显著，说明技术服务是影响技术研发效率的最重要因素，知识产权保护影响的显著性最低。这与全样本情形下基本相似，说明估计结果较为稳健。

比较三大地区的回归结果不难发现，不同环境变量回归系数的显著性存在明显的地区差异：东部的3个回归结果与全样本的基本一致，技术市场和技术服务系数均通过了1%的显著性检验，知识产权保护的影响也通过了5%显著性检验。从中部回归结果看，知识产权保护的系数不显著，技术市场和技术服务的显著水平均为5%，低于东部的显著水平，西部的回归结果中只有技术服务的系数高度显著，而技术市场和知识产权保护的系数均不显著，反映出技术环境对三大区域的影响呈现出明显的梯度特征，即影响的显著性由东、中、西依次递减。究其原因，可能是受经济发展区域差距等因素的影响，创新资源主要集中在东部，并推动技术环境较完善，技术环境作用得以彰显。

从控制变量的回归系数看，信息化水平、企业规模、经济水平在不同地区的回归结果中的显著性存在差异。信息化水平在西部的3个结果中均高度显著，中部虽然都显著，但结果（3）的显著水平只有10%，而东部的结果（2）不显著，结果（1）和结果（3）的显著性也较低，说明信息化水平对研发效率影响的显著性由东到西依次递增。这一看似奇怪的结果也有其原因：由于区域发展差异等

·173·

原因，信息化水平东部最高，中部次之，西部最低，东部已经度过了信息化发展的起步阶段，处于"边际效用"递减阶段，而西部则正处于"边际效用"递增阶段。与信息化水平不同的是，企业规模对研发效率影响的显著性在东中西部之间依次递减。这一结果与现实比较吻合，因为东部地区发达，集聚了更多的经济资源包括创新资源，企业规模大，已经形成了显著的规模效应。经济发展水平影响的显著性在不同地区间的差异好像出乎意料，在东部和西部的结果中都高度显著，而在中部的结果中，只有结果（2）在10%的水平上显著，可能的解释是，中部人口较多，人均资源相对较少，影响了创新效率。

2. 技术环境对技术应用效率影响检验

（1）全样本情形

模型（7-2）的回归结果反映了技术环境对技术应用效率的影响，如表7-3所示。由此表明，技术环境的系数显著为正，说明技术环境对技术应用阶段创新效率产生正向影响。从总体上看，技术环境对技术应用效率的影响和对技术研发效率的影响具有很大的相似性，但与之不同的是，表7-3中知识产权保护水平的显著性更高，说明知识产权保护更显著地影响技术应用效率，因为知识产权保护水平越高，创新收益实现越有保障。

表7-3 技术环境对技术应用效率影响的估计结果（全样本）

变量与回归结果	（1）	（2）	（3）
Mar	0.0199*** （0.0069）		
Pro		0.0849*** （0.0222）	
Ser			0.0367*** （0.0132）
Sca	0.1073*** （0.0293）	0.1068*** （0.0289）	0.0710** （0.0302）
Inf	0.1856*** （0.0189）	0.1609*** （0.0199）	0.2044*** （0.0197）
Gdp	0.0972*** （0.0308）	0.0625** （0.0308）	0.0782** （0.0306）

续表

变量与回归结果	（1）	（2）	（3）
常数项	1.0626*** (0.1359)	0.6773*** (0.1335)	0.6447*** (0.1516)
对数似然函数	129.83	132.91	129.57
LR 卡方统计量	100.41	106.56	99.89
Prob（Chi^2）	0.0000	0.0000	0.0000

注：＊、＊＊、＊＊＊分别表示在10%、5%、1%水平上显著，括号中为估计参数的标准差。

从控制变量看，信息化水平的影响均高度显著，说明信息化水平能显著提高创新效率，因为随着信息化水平的提高，技术信息交流和技术成果转化更为便利和快捷。企业规模的影响系数均为正且显著性较高，说明企业规模也影响是技术应用效率的因素，其可能的原因是，企业规模与市场拓展能力具有较强的正相关关系，从而促进新产品应用转化。与表7-1中的结果明显不同的是，经济水平对技术应用效率的影响均通过了显著性检验，反映出经济水平与技术应用效率密切相关，因为经济水平高的地区市场化程度往往较高，商业气氛更加浓厚，有利于创新成果的商业化运营。

（2）分地区情形

运用模型（7-2），对东部、中部、西部三大地区的技术应用效率做了估计（见表7-4）。

表7-4 技术环境对技术应用效率影响的估计结果（分地区）

变量	东部地区			中部地区			西部地区		
回归结果	（1）	（2）	（3）	（1）	（2）	（3）	（1）	（2）	（3）
Mar	0.0194** (0.0087)			0.0129 (0.0161)			0.0058 (0.0084)		
Pro		0.1275*** (0.0276)			0.1439*** (0.0329)			0.0395 (0.0311)	
Ser			0.0703*** (0.0183)			0.0669*** (0.0227)			0.0075 (0.0161)

续表

变量	东部地区			中部地区			西部地区		
回归结果	（1）	（2）	（3）	（1）	（2）	（3）	（1）	（2）	（3）
Sca	0.0503*	0.0341	0.0603	0.0402	0.0071	0.0578	0.0271	0.0273	0.0356
	(0.0616)	(0.0576)	(0.0668)	(0.0539)	(0.0493)	(0.0519)	(0.0466)	(0.0449)	(0.0471)
Inf	0.2663***	0.2202***	0.2259***	0.2182***	0.1943***	0.1690***	0.2790***	0.2627***	0.2784***
	(0.0278)	(0.0274)	(0.0282)	(0.0334)	(0.0292)	(0.0358)	(0.0311)	(0.0334)	(0.0316)
Gdp	0.3264***	0.2578***	0.2166**	0.1686***	0.1433***	0.1879***	0.3132***	0.2935***	0.3127***
	(0.0847)	(0.0796)	(0.0843)	(0.0527)	(0.0475)	(0.0506)	(0.0346)	(0.0375)	(0.0348)
常数项	1.3458***	0.7705***	1.4059***	0.2949	0.0833	0.4177	1.3737***	1.2853***	1.3149
	(0.2374)	(0.2298)	(0.2246)	(0.4030)	(0.3667)	(0.3873)	(0.2757)	(0.2763)	(0.2933)
对数似然函数	67.04	74.38	71.54	66.65	74.97	70.48	76.96	77.52	76.72
LR 卡方统计量	73.02	87.72	82.04	83.36	99.99	91.01	98.42	99.55	97.95
Prob(Chi^2)	0.0000	0.0000	0.0000	0.0000	0.0000	0.0000	0.0000	0.0000	0.0000

注：*、**、***分别表示在10%、5%、1%水平上显著，括号中为估计参数的标准差。

比较回归结果可以看出：技术环境对东部、中部、西部地区技术应用效率的影响不同。从东部回归结果看，技术市场、知识产权保护、技术服务对东部技术应用效率均产生显著的正向影响，但技术市场影响的显著性为5%，低于技术服务和知识产权保护的显著性，说明技术服务和知识产权保护对东部技术应用效率的影响更为显著。其原因是，技术服务和知识产权保护与新技术推广及转化应用的关系更为紧密。中部的回归结果中，知识产权保护和技术服务的系数均显著，但技术市场不显著，一方面说明技术服务、知识产权对技术应用效率的影响更大，另一方面说明中部的技术市场还没有发挥应有的作用。与东、中部回归结果显著不同的是，西部的回归结果中，技术环境的系数全不显著，说明在西部地区，技术环境还未发挥作用。其原因可能是，西部地区技术环境发展滞后，作用不能体现出来。同时也说明，技术环境对技术应用效率的影响也具有典型的地区梯度差异。

（四）结论与启示

1. 主要结论

遵循理性人的假定，从技术创新成本和收益的角度，分析了技术环境对技研发效率和技术应用效率的影响效应，选用面板 DEA-Tobit 模型，实证检验了技术环境对创新效率的影响，进一步检验了技术环境对技术研发效率和技术应用效率的影响及其差异，主要研究结论如下：

第一，整体来看，完善技术环境，能够提升技术研发效率和技术应用效率。从理论上讲，技术创新具有外部性强、风险高等特征，使企业创新面临着较高的机会成本和风险等。由于技术环境具有降低技术创新成本，实现创新收益的功能，因而能吸引创新资源流入，发挥配置效应、集聚效应和激励效应，提升技术研发效率，还可促进科技信息快速流动，实现创新价值等，发挥反馈效应、保障效应和竞合效应，促进技术成果转化，提高技术应用效率。

第二，不同技术环境变量对不同阶段技术创新效率影响的显著性不同。总体而言，技术市场、技术服务对技术研发、技术应用效率的影响均高度显著，但知识产权保护对技术应用效率影响的显著性高于技术研发的显著性。该差异的主要原因是技术环境不同变量在技术创新不同阶段中的功能不同，也说明了知识产权保护在技术成果转化中的重要性，由于中国与知识产权保护相关的制度起步较晚，知识产权保护水平还不高，影响了技术成果的转化，技术应用效率较低。

第三，不同技术环境变量对技术创新效率的影响存在着地区差别。具体而言，技术环境对东部、中部、西部地区技术研发效率、技术应用效率影响的显著性依次递减，呈现出梯度差异，之所以产生不同的影响，可能是地区技术环境的差异。整体而言，东部技术环境更为完善，在技术创新中能更好地发挥作用，而西部地区属于创新资源流出地，技术环境建设滞后，影响了其功能的发挥。进一步比较还可以发现，技术环境对技术应用效率影响的地区差异更大，这是因为，西部地区市场化程度较低，技术环境难以发挥效应，技术成果转化率更低。

2. 实践启示

上述研究结果表明，提高技术创新效率的关键在于完善技术环境。

首先，加强技术市场建设。确立企业在技术市场中的主体地位，培育技术市场主体，加强企业与科研机构等其他技术市场主体的协作，充分发挥技术市场的信息传递和资源配置功能，提升技术研发效率和技术应用效率。

其次，健全自主创新服务体系。构建专业化的技术服务平台，建立社会化的技术创新服务体系，引导和鼓励技术服务机构专业化、规模化、规范化发展，促进科技信息的流动与传播，推动技术创新合作与分工，利用现代信息技术，整合创新资源，促进科技信息交流与共享。

最后，完善知识产权保护制度。加强知识产权立法，加大知识产权执法力度，为技术交易创造更好的环境。利用知识产权保护制度，保障创新者获得预期收入，降低技术创新风险，激励企业提高创新效率。

第二节　区域技术环境对企业吸收能力的影响

一、企业吸收能力文献述评

创新是一个知识生产和转化过程，获取新知识并将其与现有知识相结合是企业创新活动的主要环节之一。由于技术创新的复杂性和不确定性，自主创新更应注重外部知识的利用。寻求外部知识已经成为越来越多企业的选择（Lsaksson等，2016）。随着经济全球化和信息化的快速发展，企业获得外部知识变得更为容易，如何有效利用外部知识提高企业自主创新能力，是企业创新过程中面临的一个问题。但要发挥外部知识效应，还取决于吸收能力（Flor等，2018）。

吸收能力是评价、消化外部知识并将其商业化的能力。吸收能力的概念提出后，很多学者对此做了进一步的深化和拓展。从创新角度看，吸收能力是企业对外部知识的感知、消化和应用能力，是对外部隐性知识修正处理的一组广泛的技能（Mowery 和 Oxley，2015）；从过程角度看，吸收能力是一种组织能力，是对外部知识的获取—消化—转化—应用的动态过程，也是获取消化并应用新知识的能力，还是通过探索、转化、开发式利用外部知识的能力（Lichtentha，2009）。

随后，学者们更加关注吸收能力对技术溢出的影响，主流的观点认为，吸收能力是决定技术溢出效果的关键因素，对创新产生积极影响（Suyanto 等，2012；何爱和钟景雯，2018）及对企业创新的影响存在门槛效应（朱俊杰和徐承红，2017）。从吸收能力的角度，较好地解释了在开放条件下，国际技术扩散并没有缩小发展中国家和发达国家之间的技术差距，越来越多的研究开始关注吸收能力的影响因素和在企业创新中的调节作用（Nieto 和 Quevedo，2005；陈宇和肖璐，2017）。

　　吸收能力的影响因素也引起了学者们的兴趣。从企业层面看，企业内部知识特征、学习关系是影响吸收能力的因素。企业与外部加强联系，能够增强持续的学习能力，也有助于克服知识的本地化（Xia 和 Roper，2016），如通过研发合作能够增加企业的先前知识基础，与政府的合作能够获得制度上的支持、稀缺资源和重要的信息（Ebers 和 Maurer，2016）。企业内部知识特征包括先前积累的知识、知识的宽度和深度以及组织学习能力。先前累积的知识有助于企业感知外来知识，增强了企业消化吸收能力，也促进了企业对外部获取知识的整合能力（Zhao 和 Anand，2013）。宽范围的知识能够增强企业的适应性，以获取外部多样化的知识（L. M. De Luca 和 K. Atuahene-Gima，2007）。知识深度有助于企业整合外部知识，提高知识吸收的效率（Zhou 和 Li，2012）。有效的技术学习能力促进知识转化和创造（Abiodun，2014）。从企业外部环境看，制度环境、人力资本、科研基础等影响吸收能力。制度的欠发达对吸收能力的形成造成了障碍。个体发挥作用需要有组织作为平台，所在区域的人力资本水平、科研基础、技术差距均会影响企业吸收能力（Sascha O. Becker 等，2013；查颖冬和梅强，2019）。

　　以上研究为本章的研究奠定了良好的基础，但还缺乏技术环境对企业吸收能力影响的研究。企业吸收能力虽然由企业内部组织决定，但外部环境的影响不可忽视。一方面，企业需要适应环境，以获取最大收益；另一方面，外部环境决定了企业学习利用外部知识的成本和难易程度，从而影响吸收能力。从影响力量来源看，技术环境直接影响知识搜寻、学习、吸收的成本和收益，从而影响吸收能力。关于技术环境对企业吸收能力影响的研究不多。吸收能力反映了企业利用外部知识的能力，从更深层次上看，也反映了企业利用外部知识的成本与收益，如果从外部知识中能获取更大的收益而付出较小的成本，必然激励企业提升吸收能力，所以研究技术环境对企业吸收能力的影响更具现实意义。

　　基于此，本章从吸收能力的成本收益框架入手，分析技术环境影响企业吸收能力的机理，利用 2008～2019 年规上企业的省级面板数据，建立计量模型实证检验。

二、区域技术环境对企业吸收能力的影响机理

吸收能力是企业利用外部知识促进自主创新的能力，是对外部知识的、搜寻、获取、消化、转化再到应用的过程。企业利用外部知识有多种渠道，可以直接购买知识如新技术、专利等，也可以通过学习、消化、转化等对外部知识吸收，进而自主创新，这取决于哪个净收益更高。技术环境为知识信息的搜寻和获取提供了便利，为实现创新成果提供了保障，有利于增加知识技术吸收的净收益，因而促进企业提高吸收能力，具体如图7-3所示。

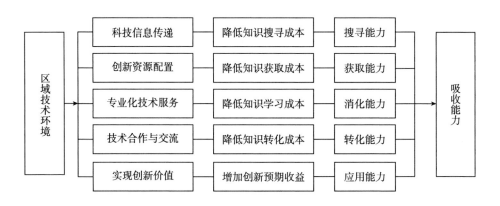

图7-3 区域技术环境对吸收能力的影响

第一，降低知识搜寻成本，提升知识搜寻能力。知识搜寻能力反映了企业对市场变化的感知和对知识未来价值判断的能力，这就要求企业具备准确的识别和评价新知识的能力。对新知识的预期和判断必须具备充分的科技信息，这些信息的来源主要有两条途径：一是根据自身发展中的经验积累进行预测，二是利用外部相关信息做出判断。随着知识更新的加快和产品生命周期变短，主要依靠自身经验积累很难对新技术做出准确预判，难以获得竞争优势。利用外部信息为企业自主创新决策提供参考成为企业必须关注的重要课题。技术市场在促进技术交易的同时也传递了新知识信息，技术服务在提供技术咨询、谈判合作的同时也传递了新知识信息，降低了企业对知识的搜寻成本，企业活动知识信息更为便利，也为企业识别知识提供参考和依据，提升高了企业知识搜寻能力。

第二，降低知识获取成本，提升知识获取能力。知识获取能力反映了企业快捷准确地从外部获得知识的能力。即使企业能对知识做出准确评价和判断，但不能获取该知识，也就无法为企业所用。如果企业能够较快的以较低成本从外部获取知识，为企业学习消化知识进行自主创新奠定基础。出于产权保护的需要，一些核心技术知识往往由原创者独享，很难通过购买获得或者需要付出高昂的成本。技术市场为企业获取外部知识特别是技术知识提供了可行的渠道，如可以通过技术许可、技术委托、技术转让多种形式，使企业获取外部知识成为可能，降低了知识获取成本。技术服务通过提供专业化的技术服务，进一步降低技术交易的成本，促进技术交易，提高了知识的可得性，进而提升企业知识获取能力。

　　第三，降低知识学习成本，提升知识消化能力。知识消化能力反映企业对已经获得知识的理解，并对其整合的能力。企业根据自己的理解，对那些具有价值或有潜在价值的知识进行学习，并将其整合成为关键技术，形成核心竞争力。知识的学习是一个逐步理解、消化并利用的过程，特别是新技术知识，往往是一个不断试错的过程，这需要付出一定的成本。技术服务通过专业化的服务，如提供技术咨询、合作，为企业学习知识特别是新技术知识提供指导，在技术合作中借鉴合作方的经验，并根据自身的条件进一步整合，增强知识的理解和消化能力。通过技术服务，可以方便企业学习知识，也降低了企业知识学习成本，促进企业知识消化能力的提升。

　　第四，降低知识转化成本，提升知识转化能力。知识转化的核心是知识的内部化和转化。内部化要求企业将从外部获得的知识学懂弄通，成为本企业能够理解的方式并能在企业内部传递。转化则需要企业将学会的外部知识进行改造、集成，形成自己的核心知识技术乃至核心竞争力。该能力也是企业利用外部知识进行创新的关键。在知识转化中，往往需要再创新，前瞻性的研究面临着较高的不确定性和风险，这表明企业对未来新技术新产品发展方向的把握尤为重要，需要企业更多的信息，对未来进行预测，也付出较大的成本特别是面临着风险成本。技术市场、技术服务促进科技信息传递，促进企业与科研机构、企业与企业间开展形式多样的技术合作与交流。总之，技术环境为企业提供了知识创新的信息，降低了知识转化的不确定性，降低了知识转化的成本，提升企业知识转化能力。

　　第五，增加创新预期收益，提升知识应用能力。知识应用能力是企业利用外部知识通过转化后，进一步创新产品和服务的能力，是知识技术扩散的过程，也是新产品和服务通过试验、推广、商业化应用的过程。其中最为关键的是满足市场需要，这就决定了企业在新产品开发时充分了解市场需求，选择开发适合的技术，而且与科研单位开展广泛的合作，发挥各自的优势，促进科研成果转化。技术市场和技术服务为技术知识的产业化提供了平台，降低了知识转化的成本。知识产权保护为创新者独享创新收益提供了法律保障。技术环境越完善，企业知识应用的净收益越高，企业越有动力提升知识应用能力。

三、区域技术环境对企业吸收能力影响的实证

（一）模型设定

根据上述理论分析，我们建立计量模型，检验技术环境对企业吸收能力的影响，具体如下：

$$Absort = \beta_0 + \beta_1 Env + \beta_2 Sca + \beta_3 Inf + \beta_4 Gdp + \mu \qquad 模型（7-3）$$

其中，Absort 表示吸收能力。现有文献对吸收能力的测量主要有两种方式：一是直接方式，调查企业获取、理解外部信息等方面的多个指标，用以衡量企业吸收能力（刘富先和毛蕴诗，2019）。二是间接方式，用人力资本（孔晓妮和邓峰，2016）、研发投入（刘凤朝等，2015）、人均 GDP、贸易依存度（王峰等，2019）等指标间接反映企业的吸收能力。但这两种方式都存在一定的局限性，前者受调查设计和调查对象的影响较大，如对研发部门的调查和市场部门的调查、对管理人员和基层人员的调查结果会有较大差异，后者将影响吸收能力的外部因素作为吸收能力的代理变量，忽视了企业的异质性。无论引进国外技术，还是购买境内技术，都是企业获取外部知识的显性方式，在此基础上进行消化和改造，是企业吸收能力最直接的表现，而且数据容易获得，所以技术消化吸收经费、技术改造经费都能在一定程度上反映企业的吸收能力，同时为反映企业利用外部知识的努力程度，采用相对指标来衡量吸收能力，具体计算公式为：吸收能力 =100×（消化吸收经费支出+技术改造经费支出）/（消化吸收经费支出+技术改造经费支出+技术引进经费支出+购买境内技术经费支出）。Env 表示技术环境，用技术市场、知识产权保护和技术服务三个指标反映。

企业规模不同，获取和利用外部知识的成本与收益也不尽相同，对吸收能力

也可能产生一定影响，故引入控制变量企业规模 Sca，用企业固定资产原价合计表示。信息化水平方便了知识信息的传播，增加了知识获取的便利性，所以将信息化水平 Inf 纳入模型中，用人均互联网接入端口数表示。创新意识与经济发展水平往往相互影响，为捕捉这种影响，模型中引入经济水平 Gdp 作为控制变量，用地区生产总值表示。

（二）数据描述

选取 2008～2019 年规上企业相关数据进行回归。为缓解共线性的影响，模型中除消化吸收、知识产权保护水平外，其余数据均取其自然对数。

（三）实证结果分析

1. 全样本情形

经检验，选用变截距模型进行估计，并通过迭代法消除序列相关（见表 7-5）。由此可以看出，模型的主要统计量较好，多数变量显著，符号与理论分析吻合，说明模型设定较为理想，能够有效检验技术环境对企业吸收能力的影响。

由回归结果可知：首先，技术环境对吸收能力产生正向影响。模型（7-3）的 3 个结果中，技术市场、知识产权保护、技术服务的系数显著为正。说明技术环境发展能够增强企业吸收能力。其原因是，技术环境条件好时，企业创新净收益增加，利用外部创新资源的成本较低，对企业提高吸收能力形成激励，企业会调整自身的组织和管理行为，以获取最大收益。其次，控制变量对企业吸收能力的影响表现出差异。信息化水平、经济水平对吸收能力的影响均为显著，说明随着信息化水平和经济水平的提高，企业吸收能力逐步增强，其原因可能是，信息化水平有助于创新信息流动和扩散，有助于创新资源有效利用，为企业利用外部资源提供有利条件。随着经济水平的发展，创新意识逐步增强，创新活动逐渐活跃，为企业有效整合外部资源奠定了一定基础。企业规模的系数都不显著，说明企业规模扩大并不必然提高企业吸收能力。

表 7-5　技术环境对企业吸收能力影响的估计结果（全样本）

变量与回归结果	(1)	(2)	(3)
Mar	0. 2322 *** (0. 0518)		

续表

变量与回归结果	（1）	（2）	（3）
Pro		0.1081*** (0.0258)	
Ser			0.1034** (0.451)
Sca	0.1885 (0.3617)	0.2005 (0.2017)	0.2695 (0.3732)
Inf	0.6263** (0.2340)	0.7851*** (0.2461)	0.7442*** (0.2603)
Gdp	0.3518*** (0.0915)	0.3376*** (0.0997)	0.3414*** (0.0845)
AR（1）	0.4357*** (0.0610)	0.4257*** (0.0626)	0.3726*** (0.0634)
常数项	−1.0904 (3.0597)	1.1265 (3.0117)	1.3782 (2.0923)
标准误	0.6994	0.7699	0.7396
调整后的 R^2	0.8683	0.8615	0.8764
DW 统计量	2.0225	2.0312	1.9765

注：*、**、***分别表示在 10%、5%、1%水平上显著，括号中为估计参数的标准差。

2. 分地区情形

为进一步考察技术环境对吸收能力影响的地区差异，利用模型（7-3），分别对东部、中部、西部地区的企业吸收能力做了估计（见表 7-6）。

结果表明，技术环境对企业吸收能力产生正向影响。技术环境各变量的显著性存在差异，三大地区的回归结果中，技术服务的系数全部显著，技术市场、知识产权保护的系数在东部和中部的回归结果中显著，反映出技术服务对吸收能力的影响最为显著。

对三大区域回归结果比较可知，技术环境对不同区域企业吸收能力的影响存在差异：东部 3 个回归结果都高度显著；中部回归结果虽然都显著，但显著性略低于东部的，仅结果（3）高度显著；西部只有结果（3）高度显著，其他两个结果均不显著。这反映出技术环境对东部企业吸收能力的影响最为显著，中部次之，西部最低。其可能的解释是，中国区域经济发展存在梯度差异，东部地区经济基础好且为创新资源流入地，技术环境发展较快，技术环境对企业吸收能力的作用能够有效发挥，而西部地区经济发展最为薄弱，创新资源流出问题较为突出，技术环境发展相对滞后，其对企业吸收能力的作用难以发挥。但技术服务对西部区域企业吸收能力的影响显著，说明西部地区更应重视发展技术服务机构，有效利用有限的创新资源，增强企业吸收能力，推动自主创新。

表7-6 技术环境对企业吸收能力影响的估计结果（分地区）

变量	东部地区			中部地区			西部地区		
回归结果	（1）	（2）	（3）	（1）	（2）	（3）	（1）	（2）	（3）
Mar	0.2551*** (0.0809)			0.2238** (0.0994)			0.1835 (0.1561)		
Pro		0.1748*** (0.0429)			0.2356** (0.0997)			0.1835 (0.2602)	
Ser			0.1839*** (0.0514)			0.2699*** (0.9114)			0.3143*** (0.1159)
Sca	0.2147 (0.1351)	0.3854 (0.2617)	0.3353 (0.6031)	0.4002 (0.2875)	0.3435 (0.2748)	0.6726 (0.9663)	0.5133 (0.8514)	0.6525 (0.9236)	0.4062 (0.8223)
Inf	0.4487** (0.2048)	0.5892*** (0.1744)	0.7083*** (0.2059)	0.3618*** (0.1247)	0.4731*** (0.1582)	0.6182** (0.2455)	0.4655*** (0.1744)	0.4279*** (0.1159)	0.4068** (0.2017)
Gdp	0.2796*** (0.8779)	0.3029** (0.1448)	0.2896*** (0.0973)	0.4803*** (0.1813)	0.4978** (0.2015)	0.4563** (0.1897)	0.3426** (0.1521)	0.2819** (0.1227)	0.3068** (0.1194)
AR（1）	0.6121*** (0.1754)	0.5839*** (0.1821)	0.5271*** (0.0912)	0.4097*** (0.1143)	0.2918** (0.1232)	0.3007** (0.1265)	0.1967 (0.1312)	0.2179 (0.1311)	0.1055 (0.1398)
常数项	−0.9418 (0.7415)	1.6302 (0.8906)	1.3273 (0.7631)	1.5231 (1.2792)	1.2061 (3.8641)	1.3531 (1.0462)	1.8932 (1.4672)	1.2035 (1.3597)	0.4534 (0.3105)
标准误	0.5425	0.5405	0.5004	0.8156	0.8001	0.8077	0.7949	0.7892	0.7589
调整后的 R^2	0.7781	0.7908	0.7696	0.5617	0.5348	0.5581	0.7385	0.7244	0.7471
DW 统计量	1.9822	1.8224	1.9708	1.8847	1.7246	1.6828	1.7163	2.1786	1.7738

注：*、**、***分别表示在10%、5%、1%水平上显著，括号中为估计参数的标准差。

从控制变量的回归系数看，信息化水平、企业规模、经济水平在不同地区的回归结果与全样本类似。信息化水平、经济水平在三大地区都显著，而企业规模均不显著。说明信息化水平、经济水平对企业吸收能力产生正向影响，也同时说明模型回归结果比较稳健。

（四）结论与启示

1. 主要结论

增强企业吸收能力，有效利用外部技术知识，是提高企业创新能力的重要途径。技术环境降低了企业从外部获取知识的成本，从而提高企业吸收能力。文章从理论上分析了技术环境对企业吸收能力的影响机理，并运用吸收能力和技术环境数据，建立计量模型进行了实证检验，结果表明：

第一，技术环境能够显著提高企业吸收能力。企业学习利用外部技术知识，需要花费相应的搜寻成本、学习成本、转化应用成本，技术环境有利于降低这些成本，从而增强了企业对外部技术知识的学习能力、消化能力和转化能力，促进企业提升吸收能力，进而增强自主创新能力。

第二，技术环境对企业吸收能力的影响在不同地区间则不完全相同。具体而言，东部地区经济发达，技术市场相对完善，技术环境对企业吸收能力的作用能够有效发挥，影响效果最为显著，对于中部地区，技术环境对企业吸收能力的影响也比较显著，但总体上看，显著性介于东部和西部。从西部结果看，技术市场和知识产权保护对企业吸收能力的影响不显著，这与西部地区经济落后和技术环境发展缓慢密切相关，致使技术环境的作用难以发挥，而技术服务对企业吸收能力的影响非常显著，说明在创新资源更为稀缺的西部地区，更加需要技术服务，充分利用外部资源，提高企业吸收能力。

2. 实践启示

研究结果表明，完善技术环境能够提高企业吸收能力，进而增强企业创新能力。在竞争日益激烈和科技快速发展的今天，推动企业创新需要提高企业吸收能力，充分利用外部技术知识以推动自主创新。因此，加强技术环境建设是增强企业吸收能力的有效途径。首先，加强技术市场建设。提供有利的发展环境和优惠的政策，增强企业的技术市场主体地位，充分发挥技术市场在促进技术知识、创新信息流动中的功能，提高创新资源配置效率，降低企业学习和利用外部技术知识和资源的成本，提高企业吸收能力。其次，健全自主创新服务体系。大力发展专业性的技术服务中介机构和组织，构建科技创新服务体系，促进技术交易和科技成果转化，推动各创新主体之间的交流与合作，不断增强企业吸收能力。最后，完善知识产权保护制度。不断完善知识产权保护制度，严格执法力度，为企业创新提供稳定的创新预期，降低创新成本和学习利用外部技术知识的成本，保证技术交易和技术合作的规范化进行，激励企业增强吸收能力，进而提高创新能力。

第八章　区域技术环境促进企业
自主创新的实现

第一节　区域技术环境促进企业自主创新的实现条件

一、企业具有强烈的创新需求

企业是自主创新的主体。从技术交易看，企业既是技术市场中最为主要的购买方，也是最主要的供给方；从创新投入和产出看，企业占比逐年提高；从新成果应用来看，企业具备开始的市场反应能力，是新技术开发并进行商业化推广的先导者。因此，企业在自主创新中的地位越来越重要，当企业具有强烈的创新需求时，技术交易规模扩大，促进技术市场繁荣，与之相关的技术咨询和服务日益活跃，技术环境促进自主创新的规模效应逐渐体现。

企业创新需求是多种因素相互作用的结果，既有内部的原因也有外部的原因。从内部看，获取创新利润是企业创新需求的内在动力；从外部看，市场竞争是企业创新需求的外在动力。

（一）获取创新收益是企业创新需求的内在动力

企业是独立核算、自负盈亏的法人组织，是理性人，其创新动力来自创新能够获取收益的大小。当人们或组织的行动能实现预期目标时，便产生了激励。据期望理论，企业创新获取的收益越大，创新动机越强，是企业创新的核心动力，同时企业也要考虑到创新的风险，即对创新面临的风险进行判断和分析，如果创新成功的概率越大，企业创新动机越高，是企业创新行为的直接推动力。企业创新需求动力可以用式（8-1）表示：

$$M_t = V_t \times P_t \qquad\qquad\qquad 式（8-1）$$

式中，M_t 表示企业对某项技术的创新动机，V_t 表示该技术创新能产生的绩效，P_t 表示该技术应用成功的概率。

由此可知，企业创新动机大小取决于创新所产生的绩效以及创新成功的概率，也即创新的期望收益。也说明能影响创新绩效和创新成功的概率的因素都可以对企业创新动力产生影响。所以，提高企业创新需求的关键路径在于提高创新绩效和创新成功率。对于一个创新项目，企业会根据该项目应付出的成本与预期收益比较，只有净收益大于零时，企业才会有创新动力和需求。预期收益与创新绩效和创新成功率密切相关，技术环境促使技术交易行为活跃和技术信息传递与共享，实现创新价值，促进创新成果商业化生产和走向市场，不仅影响创新成本，也影响创新预期收益和创新成功率，因此，完善技术环境是提高企业创新需求的重要途径。

从企业内部来看，企业创新战略直接影响着企业创新需求。不同的企业拥有的资源禀赋和条件不同，从创新能力看可以分为市场引领型、市场追随型和市场模仿型。市场引领型企业在技术上保持领先和主导地位，拥有较为雄厚的科研实力和基础，自主创新能力较强，为了保持在技术上、市场上的领先地位，如果进行创新能够最早获取创新带来的独享收益，具有较强的创新需求。但同时也面临着率先创新的技术风险和市场风险。因此需要完善的技术环境为其创新提供有效支撑，降低创新风险，提高成功率。同时技术环境完善可以促进此类企业拓展创新空间，如建立创新联盟，开展协同创新，形成有效的创新链，促进创新成果快速转化应用。市场追随型企业虽然具备一定的技术创新能力和基础，但进行自主创新的技术风险更高一些，率先创新的需求较低一些。但可以对新技术成果进行改进和二次开发，进一步降低成本和促进创新成果的市场推广。技术环境能够促进技术信息传递和降低交易成本，有助于此类企业通过技术市场和技术服务等获取新技术乃至开发新产品，获取一定创新收益，因而技术环境完善能够增加此类企业的创新收益，增加创新需求。对于模仿型企业，由于企业规模小、科研实力薄弱，往往是中小型企业，自主创新的基础不足且面临更高的风险，创新需求较低。但该类企业可以通过多种方式获取新的技术，甚至加入创新产业链，发挥生产灵活和成本低、市场适应能力强的特点，生产新产品并推向市场，也可分享创新收益。技术环境完善为这些企业提供了较好的技术信息共享平台，通过合理化的交流与分工，通过进入创新链获取一定创新收益，提高其创新需求。

（二）市场竞争是企业创新需求的外在动力

市场经济条件下，由于市场竞争加大了企业经营的不确定性，为了获取市场竞争优势和经营利润，必然要致力于创新。从产品市场看，市场竞争程度影响着企业决策。激烈的竞争加大了企业经营的压力，为防止被市场淘汰和保持市场占有率，必须不断创新。"资源基础观"认为，竞争优势难以模仿，只有创新才能提高资源的一致性，为增强和巩固竞争优势甚至设置更高的行业壁垒防止潜在竞争者，企业会加强实施创新战略阻止新竞争者进入（Dixit，1980），并可以寻求新的利润增长空间抢占先机。如通过技术创新，开发新产品、降低生产成本，实施多样化和差异化战略。随着市场竞争的加剧，企业往往通过产品创新占据市场地位，迫使企业通过创新提高产品质量，降低边际成本，甚至会出现知识竞争（何玉润等，2015），成为推动企业创新的引擎（Aghion 等，2015）。在一定范围内，市场竞争能自发性地促进企业增加创新投入，因为市场竞争可以有效评估和检验企业自身的实力，市场竞争程度越强，企业拥有的竞争优势就会越小，企业必须通过创新寻求产品和市场上的突破（Blazseka 和 Escribano，2016）。竞争也会加大企业破产或者被兼并的概率，企业管理层将会受到损失，所以管理层也会更倾向于通过创新来提高业绩。同时，由于竞争降低了企业的利润水平，加大了流动性风险，为了避免被市场淘汰，企业必须通过加大创新投入力度，获取新的竞争优势和降低风险（Arrow，2013）。当然，竞争对创新的影响可能呈现出非线性的特点，当竞争在适度范围内，竞争压缩了企业的利润空间，企业为获取更多利益会强化创新，表现为"逃离效应"，但竞争超过某一临界值时，企业创新风险加大，创新预期收益降低，便会减少创新投入，即"熊彼特效应"（Aghion 等，2013）。

从要素市场看，要素市场决定要素配置。创新活动需要基本要素劳动和资本，作为创新主体的企业，会根据要素市场决定的均衡价格调整资源分配，以实现收益最大化，因此要素市场是否完善，对企业的创新决策产生重要影响。但由于历史和制度等原因，如政府对要素的较强管控和制度缺陷等，使要素市场化进程滞后于产品市场（高翔等，2018），导致要素市场扭曲，市场资源配置的功能难以发挥，削弱企业创新动力。第一，导致资源错配。要素市场扭曲导致要素价格不能反映要素稀缺程度，不能实现资源配置的帕累托最优。从劳动力要素看，因户籍限制和医疗、教育、社保等公共服务差异导致的劳动力市场分割，不利于劳动力流动和人才选择，企业并进一步产生"低端锁定效应"和"人才挤出效应"，影响创新效率（郭将和肖慧，2019）。从资本要素看，市场扭曲使资本市场释放出不真实的信号，使金融资源不能按市场要求流入边际报酬更高的领域，政府通过干预金融机构的决策形成金融抑制，引致企业倾向于投资"短平快"的项目，而不是"需要长期持续投入、见效慢的"创新项目（李平和季永宝，2014）。同时，在行政制度的干预下，国企以更低的成本获取资金，在具有垄断地位的条件下，更容易追求规模扩张而不是创新，而非国有、中小型企业获取资本较难，成本更高，引起企业减少人力资本和研发资本投入（李晓龙等，2018）。第二，引致企业寻租行为。在地方政府控制关键要素的定价和支配权的情况下，企业为了获取稀缺要素便会努力和政府搞好关系，以获得寻租收益（张晓晶等，2018）。通过寻租带来的收益会削弱企业创新的动机，抑制企业家将"要素租"转化为"创新租"（Boldrin 和 Levine，2004）。同时，在要素扭曲程度大的地区，知识产权保护水平往往较低，也加大了企业创新的风险，企业会担心创新成果被模仿而带来的损失，从而降低了创新需求（葛立宇，2018）。第三，对企业创新产生挤出效应。在要素市场扭曲的情况下，企业通过寻租等活动带来更大的收益，减少创新劳动和资本等要素投入，以及产生挤出效应（戴魁早和刘友金，2016），企业更倾向于投资于生产领域，减少创新项目类无形资产的投资，以规避创新风险。

市场竞争是企业创新活动的推动力，也是技术环境促进技术创新的基础条件。在完善的市场条件下，技术市场更为活跃，技术信息传递快捷便利，创新资源配置有效，知识产权保护作用得以充分发挥，技术服务专业化程度更高，对企业自主创新的作用更显著。

二、企业拥有较强的研发能力

企业研发能力是指企业通过创造、获取或运用新的技术知识和资源，并根据市场需要，组织安排人力、物力等资源，开发新产品、提供新服务，以满足市场需要的能力。研发能力涉及研发和能力两个方面，前者主要包括基础性的研究和新技术的研究和试验，如创造、获取新的技术知识、消化吸收和孕育新知识，进而改造新技术和二次开发等活动；后者主要是企业在研发活动中表现出来的方式方法，体现了企业研发组织管理活动的效果。

（一）企业研发能力的核心要素构成

企业研发能力渗透在整个创新活动过程中，并且需要在创新各个环节中合理配置创新投入资源，进行有效的组织管理，获取更高的创新产出，并能及时推出新产品和服务，使之走向市场，满足客户多样化的需求。

1. 创新资源投入能力

创新是知识生产的过程，其中最为核心的环节是技术研发，研发能力反映了企业创新活动能力的大小，是企业获取核心技术的主要来源，也是获取竞争优势的基础。作为一种经济活动，技术研发必然需要创新资源的投入。技术研发特别是自主研发，需要长期的大量的投入，而且前期收入的效应不能很快实现，甚至面临着投资失败的风险，因此，企业要有长期持续的投入能力。创新资源投入包括研发投入和非研发投入两个方面。研发投入有研发资金和研发人员。研发资金主要涉及直接从事技术研究和试验所用的资金，国际上一般用研究发展与试验（R&D）经费支出来衡量创新资金投入能力；研发人员主要是在技术研究和试验中所投入的劳动，有代表性的指标是 R&D 人员。R&D 经费和人员投入越大，越有利于新思想、新知识、新技术的产生和转移，也越有利于提高研发能力，促进企业创新，所以 R&D 经费、R&D 人员常常作为衡量企业创新资源投入能力的关键指标。非研发投入主要是在创新活动中除研发活动以外的投入，如新产品和服务的市场开展与推广、培训、对已经引进技术的改造等方面的资金投入和人员投入，也是企业创新能力的重要组成部分，在一定程度上反映了企业技术转移扩散和创新成果应用的能力，特别是对于创新成果的商业价值实现，具有重要意义。

2. 创新组织管理能力

研发活动开展不仅需要投入创新资源，还需要合理配置和管理好创新资源。涉及企业内部、外部组织管理两个方面。从内部来看，首先需要确定创新战略。不同企业拥有的资源禀赋和条件不同，决定了创新战略的差异，是采取率先创新战略，或是跟随战略，还是引进吸收战略，应根据企业发展实际情况制定适合企业发展的创新战略。其次建立内部研发激励机制。建立有效沟通渠道，促进企业内各部门之间和人员之间的交流，促进技术研发和创新知识和信息的共享，迅速获取和处理、开发及利用新的技术知识和信息，有助于提高研发效率。构建有效的科研激励制度，调动研发人员的能动性，发挥其创造力。优化研发管理体制，合理配置人员，组建研发团队，提高技术研发绩效，积极组织新产品开发和市场推广活动，促进研发成果快速转化应用，提高创新速度和效能。

3. 创新成果产出能力

企业研发成果最终需要通过商业化推广实现创新价值，企业研发能力最终体现为创新成果产出能力。首先是知识产权生产能力。申请发明专利不仅反映企业技术研发的直接产出，而且也是企业进行知识产权保护的有效途径。企业拥有的自主知识产权越多，表明企业拥有的创新成果越丰裕，新产品开发的潜力更大。其次是开发新产品和服务的能力。新产品开发是新技术转化应用的中间环节，需要企业具有敏锐的市场开辟意识，有效利用新技术，新思想、新方法、新工艺等合理设计新产品或服务，能够满足市场需要，并具备较强的组织生产能力，与上下游企业建立有效的联盟，建立高效的产业链条，快速高效地生产出高质量的新产品或提供优质的服务。

4. 创新成果转化能力

创新成果最终需要市场来检验。随着经济发展和科技进步，多样化、个性化需求日益强烈，能满足这些需求的产品或服务，一定会受到市场的青睐。这就要求企业具备较强的市场营销能力。首先是市场研究能力。通过对市场详细的调查分析和研究，分析消费者的偏好，把握市场的动向，在新产品开发之前就应该深入研究市场，分析和预测市场的动态变化和发展趋势，制定合理的营销战略，并及时反馈，在技术研发阶段就充分考虑市场需求，促进新产品的推广，避免技术研发的市场风险。其次是具有有效的市场推广措施和手段。通过营业推广和促销手段，让顾客充分了解新产品，刺激其消费需求甚至创造和引导顾客的消费需求。最后是通过丰富的销售渠道销售新产品或服务。组织影响人员投入市场，组建销售网络，选择合理的销售方式，扩大销售，同时也要投入一定的人力、物力，做好售后服务，完善销售链条上的各个环节，并定期及时搜集市场销售信息，特别是购买者的意见反馈，一方面促进销售方式方法等的改进，另一方面为新产品开发和技术研发提供有益的参考，为早期研发和新产品开发决策提供有益的参考。

（二）企业研发能力核心要素的关系

企业研发活动是一项复杂的系统工程，需要各种能力的有效配合。创新要素投入能力是企业研发能力的基础和资源保障，为企业创新活动的开展和相关配套服务、实现创新成果转化等提供物质支撑。创新产出能力是研发成果的体现。创新成果转化能力实现创新收益的手段和途径，通过创新价值的实现，可以为企业未来的研发投入提供基础，并激励企业继续创新，进行持续的新产品开发活动。创新组织管理能力是调动和协调各个环节的纽带，通过合理配置创新资源分配，调动人员的积极性，发挥资金的使用效率。

企业研发核心要素之间的相互联系和配合形成研发能力的有效支撑（见图8-1），创新资源投入既为企业研发能力形成提供必要的要素基础，也是企业研发实力的体现。创新产出投入能力是企业研发能力的重要组成部分，也是承接技术研发和创新成果转化的中心环节，对于生产中的技术问题，通过反馈和技术攻关进行解决，推动企业提高研发能力，同时接收创新成果中的信息反馈，通过产品设计、工艺改造等途径，提高产品性能，以更好地满足市场需要。创新成果转化能力是在市场上对研发能力的检验。附着在产品上的技术含量是产品获取市场竞争优势的关键，优异的性能和质量是产品获取消费者满意的保证。在创新成果转化中的市场信息、消费者偏好以及遇到的问题，通过反馈到技术研发和创新成果生产等环节，使其充分了解市场需要，把握市场动向和发展趋势，为技术研发方向预判和新产品开发方案设计提供参考。创新组织管理是企业研发能力的综合体现，折射出企业创新管理机制的效果。在企业研发各个环节中都需要组织好人财物的分配和管理，做到人尽其才，物尽其用，需要有一套系统科学的管理机制和体系，通过信息反馈，及时有效地处理各环节中的问题，提高工作绩效，也推动企业创新资源管理能力的进一步提升。

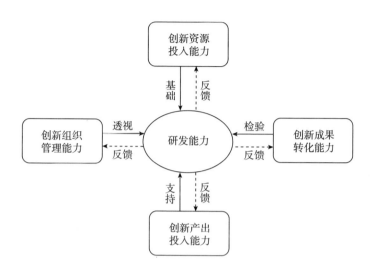

图 8-1　企业研发能力核心要素的关系

三、企业能够获得有效的创新信息

面对日益复杂的环境和激烈的市场竞争，企业需要不断投入人力、财力，以加大创新力度。开展创新活动，还需要有效的信息作为支撑。通过获取与创新相关的各种信息和知识，为企业准确把握技术变化趋势，确定创新方向提供借鉴，减少创新中的不确定性和风险，同时可以从中得到很多有益的启示，有助于形成创新构思和创新方案等，提升创新速度。创新涉及物质流和能量流的演化，背后却渗透着信息流在创新过程中的役使、协调、管理和决策（张彩萍，2011）。因此，创新信息的获取、配置、交流和利用日益成为企业重要的战略资源，成为企业创新的基础和成功保证。

只有快速获取并利用创新信息，才能保证创新活动有效开展（王玉荣等，2014）。从创新的初始阶段到创新实施和创新扩散阶段，都需要创新信息支撑创新活动。从来源看，企业创新信息来源包括企业内部、企业外部和第三方（Dobson Wy A 和 Safarian E，2008）。从企业内部看，企业研发部门、市场营销部门和生产部门等是创新信息的重要来源，充分利用这些信息并保持各部门间信息通畅和有效沟通对创新活动的顺利开展很有必要，有助于全面掌握创新过程中遇到的关键问题，便于探寻合适的解决路径。从外部看，包括客户、同行业竞争者、商业合作方、咨询服务机构、科研机构和政府等，企业可以从中获得大量的各种技术信息和知识。外部创新信息重要的创新资源，通过合理利用，并进行加工，为企业创新奠定坚实的基础。一是技术信息。技术信息是企业技术研发的基础，通过外部渠道获得的技术信息为企业解决创新过程中遇到的各种技术问题可以提供有益的借鉴和启示，并可进一步了解当前该领域内的技术水平状况，为企业技术研发提供良好的思路。二是市场信息。创新活动需要坚持市场导向，所以需要充分了解市场信息，如消费者偏好及其变化趋势、竞争者状况、各种要素供应情况及其变化等，企业需要准确且及时地关注并把握这些变化，以作出积极响应，促进创新顺利开展，一方面有利于创新成果满足市场需要，实现成果转化应用；另一方面市场变化也能给企业带来新的发展空间和机会，准确、及时把握这些机会，可能就是企业创新的机会和方向，为企业可争取更多的利润空间和收益。三是政策信息。为了促进高新技术的发展，政府和相关部门会出台一些激励性的政策，准确地把握和利用这些信息，为企业把握创新发展方向、获取和有效利用创新资源以及获取政策优惠和支持，对于企业创新无疑有很大的推进作用。

创新信息能够有效提高创新资源配置效率。创新信息传递越快，创新资源配置更为有效，有助于企业进行创新，对于技术环境作用的发挥也产生显著的影响。创新信息传递快，技术交易各方了解更为便利和充分，技术交易活跃，技术市场的创新功能得以有效发挥，知识产权保护对创新的激励作用更大，创新信息的交流和传递过程，为企业开展各种技术合作搭建了平台，促进多种形式的技术服务发展，彰显技术服务对创新的推动作用。

第二节　技术环境促进企业自主创新的支撑体系

企业自主创新是通过知识生产并将其转化为创新产品或服务的经济活动。从创新过程看，企业创新行为包括三个交互影响的阶段：创新意愿、创新行为、创新结果。首先，创新活动需要必要的人、物、信息和服务资源作为基础，这些直接决定了创新结果；其次，创新行为是企业根据自身资源条件对外部环境作出的反应，制度、政策等外部环境影响着资源分配和流向，因而影响着企业的创新行为；最后，在开放条件下，企业需要考虑外部环境对其产生的影响，需要对未来环境的变化做出预期，在此基础上进行决策。行业竞争环境、区域文化氛围、企业网络氛围是创新氛围层（朱建新，2011），对企业创新意愿产生着影响。

一、创新资源保障体系

创新资源是创新过程中所需要各种资源，是开展创新活动所必须依赖的环境要素，能否满足企业对资源的需求直接制约着创新活动的实现程度。人、财、物是最基本的要素，是创新活动的基本保障；在知识经济时代，信息资源在创新活动中的作用更加重要，专业化的创新服务和相关的配套资源为提高创新速度和创新成果转化提供了可能。

（一）创新人力资源

自主创新活动需要企业多个部门的共同参与，如企业中高层管理人员、技术研发人员、工程师和技术工人等，都是创新活动中最重要的人力资源。创新人才具有较高的创造性和能动性这决定了其在创新中的核心地位，不仅是知识、信息的重要载体，而且对于知识信息独有的运用能力也是其他要素所无法替代的，因此，企业拥有和掌握创新人才的情况决定了创新活动的成败，从创新构思、创新决策、技术研发、产品开发到市场推广等各个环节中，都需要具备专门知识和技能的创新人才去完成，他们是企业最富价值的资源，也是推动企业创新的根本力量。

不同创新活动所需人才的层次和结构存在差异，因此，企业不能完全保证从内部获得所需的全部人才资源，这就需要从外部获得创新人才，获取渠道有所在区域的人才供给和人才流动性。区域内人才储备数量越多，企业更容易寻求到符合自身需要的人才。同时企业获取人才付出的成本较小；如果区域内人才储备数量较少，企业获取所需的人才更难，付出的成本更高。同时，人才的流动性决定了企业获取人才的难易程度和付出成本的大小。在合理的人才流动性下，创新人才资源配置更为有效。一方面，企业根据创新活动需要配置创新人才，充分发挥创新人才的创造性和能动性，提高人才使用率，既可找到合适的创新人才，避免人才短缺，又可避免人才过剩而加重负担，实现效益最大化。另一方面，合理的流动性也有利于人才找到合适的岗位，实现个人价值最大化。

（二）创新财力资源

除创新人才外，企业自主创新活动还需要各种资金经费的支持，构成创新财力资源，它是创新活动顺利进行所必备的资源。在创新各个阶段都需要大量资金的投入，特别是技术研发初期，需要持续长期的投入，而且存在研发失败的风险，因此资金投入往往是制约企业自主创新的瓶颈之一。从资金来源渠道看，企业自主创新需要的财力资源可以从内部获得，也可以从外部获得。内部财力主要来自利润积累，但企业还要保证正常经营所需的资金投入，所以内部财力不能完全满足企业创新投入的需要，这就需要借助外部力量，获取创新资金。由于自主创新具有高风险的特性，传统的资金获取方式不能满足自主创新的需要。因此，构建多元化的外部筹资渠道非常必要，其主要方式有：一是政策性融资。为鼓励企业创新，政府会专门设立相应的基金支持企业创新，以此引导其他资金流向企业。企业获得政策性融资后，通过自主创新，开发新产品并进行商业化生产，实现价值，获取收益，为企业积累更多的创新资金，激励企业持续创新，形成了创新的良性循环。二是股权性融资。风险投资是最常见的股权性融资方式，能够较好地解决自主创新投资不足的问题。随着高科技企业发展的加快，风险投资得到了较快发展，成为企业创新的需要资金的重要来源，如美国的硅谷在发展过程中，风险投资公司为创新型企业提供了资金保证，是推动硅谷发展的重要力量（蔡秀玲，2004）。通过资本市场进行融资也是企业获取资金的重要渠道，特别是对于主板上市的企业，通过创业板市场进行融资，可以解决企业创新面临的资金短缺问题，也为风险投资的顺利退出提供有效的途径。三是金融机构贷款。从金融机构贷款是企业获取资金的途径之一，但受到创新风险性较大的影响，企业获取金融机构贷款难度较大，但对于发展潜力较大的创新项目，获取贷款的可能性会高一些，所以，这也是企业获取创新资金的有益补充。

不同筹资方式的获取难易程度、成本各不相同，在多元化的筹资环境中，企业可以根据经营条件选择合适的融资筹资渠道，保证创新活动的开展。总之，企业外部财力资源供给量和品种多，资金获取程序简便和渠道顺畅，企业获取外部财力资源的易得性就越高；资金获取成本和风险越小，企业创新面临的压力就越小，则越有利于企业进行自主创新。

（三）创新物力资源

创新活动离不开生产实验需要的必要设备。为保证创新试验产品的性能测试和产品整体性能，就需要有精度优良的设备来完成。与普通生产不同，创新活动中往往需要一些精度高、科技含量高的专用设备。创新活动可能会改变以往的生产方式、要素投入、生产工艺等，这就需要与之配套的高技术标准的零配件和部件等，原来的生产设备可能不能满足需要，因此，设备供应商相关的技术和生产能力非常重要，成为创新活动所需设备能否达到要求的关键。如果供应商的设备达不到要求，那可能需要从进口渠道获得。但进口往往受到技术保护和技术壁垒等很多限制，容易造成进口依赖，除需要付出较高的成本费用外，还需要常年支付相关的维护、检修等各种费用。因此，企业创新不仅需要高水平的设备支撑，还需要高水平的相关产业支持，如配套的零配件和部件等。

创新物力要素是企业创新活动的重要支撑，企业所在区域中物力要素丰富，供应商的技术水平和生产能力高，与之相关的产业发达等，对企业创新活动都能提供必要的推动和支持。同时，探索多样化的创新物力要素使用方式，如灵活的租用方式、共享某些专用设备等，都能有效提高创新物力要素的使用效率，促进企业自主创新。

（四）创新信息资源

从一定程度上讲，创新是一个开放的系统，是在与外部环境不断信息交换的条件下所作出的技术判断和决策，只有准确、及时掌握信息，企业才能作出正确的创新决策，才可规避市场风险和技术风险。所以，信息资源对于企业创新至关重要。企业在创新活动中需要多方面的信息，概括起来主要有以下几方面：一是技术信息。在创新过程中，企业应该密切关注相关技术的最新研究进展和应用情况，新产品相关的配套技术、替代技术或替代产品的研究动态和应用状况，这样才能保证创新的技术先进性，降低技术风险，促使创新产品与配套产品更好地协同，降低创新产品在商业化生产中的市场风险，为获取创新收益提供保障。企业可以通过多种途径了解欲开发技术的先进程度，在借鉴已有的创新成功经验的基础上，形成先进独特的研究思路或方法，获取创新的技术优势，对潜在的创新风险能够迅速做出响应。二是市场信息。创新成果走向市场是创新链的末端，既是实现创新价值的必要途径，也是检验创新成果的手段。市场具有不确定性，这给企业创新带来一定的风险。因此，创新必须准确、及时了解消费者偏好、能接受的价格范围和相关渠道，以及竞争者的市场策略等相关信息。企业可以通过市场调查，对消费者、产品市场、竞争者等进行广泛的了解，收集市场信息，进行整理和分析，为预测和判断市场变化趋势提供参考和依据。

企业所在区域关于创新信息的供给渠道越多，企业从市场中获取创新信息就越便利，企业为搜集这些信息所付出的成本就会减少，就越有利于企业开展创新信息的收集活动，进而促进企业自主创新。

（五）创新服务资源

自主创新活动的顺利进行离不开相关的公共和专业的服务支持。一是公共服务。主要是政府部门通过加强基础设施建设和配套的政策，为企业创新活动提供帮助，解决企业创新中遇到的问题，如为企业提供创新培训和指导、投融资服务、产学研合作协调，提高企业创新的积极性。二是社会科技服务。主要是政府部门之外的专门从事社会科技服务的机构，为企业自主创新提供技术咨询和管理、技术、法律和财务服务等相关活动。这些主体通过专门化的服务，为提供各种信息和知识，像科研机构、科技园区、科技中介服务机构等，既是企业创新所需技术的主要来源渠道，也可以孵化创新型企业，通过提供专业化的技术服务，如产品和工程服务的设计、技术咨询和评估，促进技术交易和扩散。在信息流动加快的今天，专门化的科技服务机构承载着大量的科技信息流动，使企业与市场的联系密切，也方便了技术交易，节省了技术信息搜寻、服务、交易等的成本，有助于创新资源合理配置，促进专业化分工与合作，促进创新资源共享和创新链各个环节上的密切联系，促进协同创新，在促进科技成果转化，实现创新价值等方面发挥着重要的作用。

二、制度与政策支持体系

企业创新活动离不开周围的环境。对企业而言，这些环境要素是外生既定的，企业不能改变自身所处的外部环境条件，但可以适应所处的环境并对其迅做出反应，这样才能保证创新活动的顺利开展。企业自主创新不可能脱离所处的环境而孤身奋战，必须要有外部环境的支持，特别是制度环境和政策环境。制度是由国家机关基于一定社会生产力水平基础上建立的，调整各活动主体间交往和社会关系的规范体系，包括根本制度、基本制度和具体规章制度三个层次。制度环境反映了当前社会的价值取向，决定了企业的行为方式。一方面，企业的产权分配、经营制度、利益分配必须依据国家相关制度规定的标准进行，企业会根据所处的制度环境调整行为，以获得收益最大化。另一方面，制度为企业提供了公平的制度环境，激励企业创新，如知识产权保护制度为企业创新提供保护，为企业独享创新收益和保护创新成果的实现提供制度支持，防止他人和组织侵犯企业创新的收益，降低企业创新风险，通过立法的形式，为企业提供公平、公正的经营环境，维持正常的经济持续，保障企业创新活动顺利进行。

政策是国家机关为在一定时期内实现奋斗目标、完成任务，以权威形式标准化的规定应遵循的原则，采取相关的具体措施和步骤。政策影响着资源分配和流向，决定了企业的具体行为，政策向哪里倾斜，资源就会向哪里聚集。在利益驱使下，企业行为便会向该领域延伸。政策调整着利益分配，如财政政策、金融政策影响着企业生产的收益和成本，产业政策影响着要素在不同产业间的分配，进而影响着产业内的创新能力。正因为政策具有调节资源流向和影响企业行为的作用，政府常常通过多种优惠政策甚至借助法律，激励企业创新。激励措施包括对创新活动实行税收优惠、税收减免、财政补贴、贴息或免息贷款、提供配套资金或专项资金、设立科技园区、支持高新技术企业发展等，旨在发挥政策的导向作用，保护企业创新收益，降低创新成本，促使企业致力于创新。企业是创新的主体，通过各种关于自主创新的优惠政策的实施，激发企业创新活力，形成大众创新、全民创新的社会氛围，进而推动企业自主创新，形成创新的良性循环，对于企业创新乃至创新战略的实施发挥着显著的推动作用。

三、创新氛围导向体系

创新氛围，是指企业外部对企业创新意愿产生影响的环境要素。在开放的条件下，市场竞争给企业带来压力的同时，也刺激了企业创新意愿，以寻求技术上、市场空间上的突破；创新文化也是一种重要的精神财富，能够有效唤起企业创新的热情；随着经济和技术的快速发展，加强创新资源共享和协同创新，对提高创新效率有着重要的意义；创新网络为企业实现多样化的合作和技术战略联盟提供了基础，能有效增加企业创新意愿。

（一）竞争氛围

在竞争的环境中，由于利益的驱动，企业为了生存和获取更多的收益，必然要通过创新以获得更大的市场利润空间，竞争促使企业通过技术研发，开发新产品等手段获取更多的市场和利益。竞争促使企业采取更多的创新措施以赢得市场优势（Damanpour，2006）。事实上，资源总是流向收益率高、竞争力小的领域，企业为了获取资源，必然要通过创新来改变这种格局，获取更丰裕的资源以实现再生产，所以，竞争压力是激发企业创新意愿的一个重要原因。在竞争氛围下，企业主动或被动地产生改善自身竞争态势的意愿，如通过创新或其他的途径改变竞争态势。具体来说主要有：一是暂时维持现状，但随着新竞争者的进入，企业原有的市场份额不断减少和被挤压，利润空间不断减小，在技术更新不断加快的今天，如果不进行创新，企业随时会因技术替代，产品更新换代等因素的影响而濒临被淘汰的状况，企业还必须要做出新的选择。二是进行创新，在竞争活跃的环境氛围中，企业通过技术开发、产品工艺创新等活动，提高产品科技含量，从而赢得更多的市场份额，还可降低生产成本，从而能较早地获取竞争优势和创新收益。但也会引起其他经营者的模仿，企业创新的优势逐渐减弱，企业必须通过新一轮的创新重新获取竞争优势，可见，企业不只是一次性的行为，只有持续创新，才能保持长久竞争优势。三是运用营销手段维持市场。企业通过建立有效的营销渠道，通过促销和推广活动，降低价格等保持一定的市场份额，但很容易引起价格战，导致经营利润空间进一步减小，所以，这种策略不是长久之计。四是退出市场。在竞争压力越来越大，而企业又没有很好的应对策略，则有可能被迫退出市场。因此，在竞争氛围下，企业要想更好地生存和发展，必须坚持不断地创新，才能在竞争中占有一席之地。

（二）创新文化

创新文化的概念是伴随着人们对创新的日益重视而产生和发展的，是在一定条件下，区域内企业间形成的典型创新精神和创新物质形态的综合。从精神层面看，创新文化崇尚创新；从行为层面看，创新文化是关于创新的思考模式和行为方式（Bread 和 Eileen，2007）。尽管现在还未形成统一的定义，但创新文化的内涵越来越丰富，如包括鼓励创新、容忍失败的价值观；与创新相匹配的制度安排；组织普遍认可和崇尚创新的行为导向（Lourenco 等，2013）。事实上，创新文化是一个动态的概念，随着社会发展和创新形式的丰富，创新文化包括多个层次的内容。一是创新精神文化。创新精神文化是根植于企业员工或人们内心的一种信念和价值观，视创新为企业发展成长的核心要素。在这种理念下，提倡创新、敢于创新，重视创新成为企业管理人员和员工的共识，成为他们共同的价值观。二是创新行为文化。创新文化决定了创新行为，在创新理念的引领下，企业通过付诸行动，体现创新文化。创新行为文化会通过领导的表率作用，员工之间的团结协作等各种形式体现出来，通过不断探索新知识，发挥个人的创造性，激发个人创新的积极性，增强团队的创造能力。三是创新制度文化。为实现创新目标，保证创新行为顺利进行，需要有与之相关的组织制度进行规范。创新制度包括人事管理制度、生产经营制度等，是贯彻实施创新活动的根本保证。在富有创新文化的环境中，创新是组织成员的共同目标和愿景，在人才选聘、生产制造、工艺设计等环节以创新为导向，充分考虑个人创造性和能动性的发挥，为那些思维活跃、勇于探索和创新的人员提供更好发挥创新价值的空间和平台。四是创新物质文化。创新物质文化是创新文化的直观体现，表现为工作环境、企业品牌和公众形象、员工仪容仪表等多个方面，通过提供轻松活跃的环境和提高员工工作满意度等，体现企业的创新理念和价值观，塑造创新氛围。

创新文化是一种根植于组织内部的价值观念，为组织提供共同遵守的准则。创新文化提高了企业适应外部环境，整合内部资源的能力（Schein，1985）。在富有创新文化的环境中，创新成为一种信念和追求，协调组织将要素更多地投入创新（Hurley 和 Hult，1998），从而获得竞争优势。另外，具有创新文化的企业更愿意选拔和招聘富有创造力的员工（Kristof，1996）。创新文化能有效推动企业创新，得到不少研究的支持（张玉明等，2016），其主要作用为：一是导向作用。创新文化反映了企业的经营理念和宗旨，赋予企业员工一种价值观，对企业和员工产生引导作用，形成一种无形的规范和群体目标。创新文化鼓励创新、容忍失败，在这种环境下，追求创新成为一种氛围，企业员工乐于创造，富有冒险精神，决定了员工追求创新的价值取向，激发企业意识，形成创新的内生动力。

在创新构思阶段，需要员工勇于试错，大胆设想，积极献计献策，创新文化有助于催生好的创新方案；在技术研发阶段，需要技术人员勇于面对失败，需要一个创新开放的环境氛围，创新文化使得技术人员和相关人员之间相互沟通协调，加强团队协作，有助于破解技术研发中的难题和困境，保证创新活动顺利进行。二是凝聚作用。创新文化是企业员工共同遵守的行为准则和规范，当创新成为企业共同的目标后，便会形成一种崇尚创新的风气和群体意识，使员工在创新活动中有着共同的心理感受和共鸣，通过自我调整和管理，共同实现创新目标，产生强大的向心力和凝聚力，转化为创新动力，可以调动企业内部各种力量，形成科研团队，进行技术攻关、科研等各项创新活动。三是激励作用。塑造创新文化，可以在企业员工心目中树立起创新意识、思想、观念，使创新精神根植于员工内心深处，增强其使命感。在追求创新的文化环境下，从精神层面看，创新是群体共识，创新是追求的目标，是自我价值发挥实现的途径，企业员工投入更大的热情从事各项创新活动，创新文化本身就是对创新的激励。从制度层面看，创新文化环境下，企业不仅从精神层面鼓励创新，还会制定各项促进创新的制度措施，影响着企业员工的努力程度和方向，使创新者得到奖赏，从物质层面对创新进行激励。四是沟通作用。创新是一项涉及企业内外部环境以及企业内部各部门之间的复杂活动，有效的沟通可以提供充分的信息，有助于减少创新活动的不确定性，因此，有效的活动必不可少，但由于各部门的利益追求差异等原因使沟通有时候需要付出较高的成本。在创新文化引领下，企业内部具有以创新为核心的统一的价值观念，各部门之间的最终目标相同，有助于降低沟通成本，方便各部门之间协调沟通。同时，企业通过创新文化建设，使自身在社会上树立了良好的品牌形象，向外界传递了一种信号，降低了沟通成本，有助于企业与外界建立各种形式的合作与交流，获取创新资源等，推动企业开展创新活动。

（三）创新网络

随着新生产方式的出现和信息技术的快速发展，单一企业难以保持所有的技术领先和市场优势，所以企业创新模式也呈现出网络化发展的趋势，企业创新逐渐由以自身为中心开始向以网络为中心转变。网络是某区域内各节点的连接，在网络内企业占据各节点，通过学习和合作交流等关系相互影响，从而产生整体效应，具有协同特征。企业间以多样化形式的合作成为完善企业创新活动的有效方式，创新网络是企业创新所需的技术、知识、信息等获取和流动的重要渠道，突破了以往的链式模式，为企业间合作和资源共享提供了交流平台（Massaini 等，2015）。创新网络最早由 Freeman（1991）提出，是在企业创新过程中的联网行为，是一种制度安排，为企业创新合作构筑了网络架构。随后，Nonaka 和 Takeuchi（1995）将非正式关系也考虑在内，认为创新网络由组织内部和组织外部的正式与非正式关系共同构成。后续研究将其内涵不断丰富，如创新网络是由多个独立的组织，为了共同的创新目标而形成的合作关系；是为克服创新过程中的不确定性而建立的企业和其他组织、机构、个人之间的合作关系的集合；是一种新的灵活的资源组织形式。虽然创新网络的概念没有完全统一，但与研发机构、供应商等合作，企业可以获得新知识（Kang 等，2014），帮助企业找到潜在的技术问题和识别新产品开发机会等（Slowinskia 等，2015），创新网络逐渐成为提升企业创新能力的一种形式，其内涵是为应对创新过程中面临的不确定性问题，由多个主体通过灵活的方式连接起来，以共享知识和资源等来实现创新目标，而建立起来的各种正式或非正式的网络组织形式。

创新网络由不同的组织成员构成，具有异质性和多样性的特征，在促进资金、人才、信息、知识等流动方面发挥着积极作用，对于创新资源优化配置产生积极的影响，从这种意义上讲，创新网络过程实质上是不同利益主体之间知识流动的过程（王慧，2019），对创新的作用主要体现为：一是知识共享。由于创新网络内部成员具有异质性特点，资源具有互补性特点，而且往往是为了应对创新系统的不确定性而连接起来的，具有共同的创新目标，这为知识跨边界传播和共享提供了可能，知识共享推动企业提升创新能力，成为创新网络成员之间的动力，通过知识共享，促进各种合作，产生增值效应。二是知识扩散。知识合作和共享是创新网络创存在的重要原因，在创新网络运行过程中，伴随着知识在不同环节和不同企业间扩散，对组织学习能力和成员之间的互动性都产生积极的影响，特别是隐性知识的扩散，企业很难从其他途径得到，而有时候隐性知识对于企业创新能力的提高至关重要。三是知识创新。知识创新是研究、探索、发现、创造的过程，是新思想、观点和方法形成的过程。在创新网络内，企业间围绕知识创新的连接，相互影响，在知识流动过程中获得启示和方法，为知识创新提高提供必要的基础和思路，有助于开辟研究视野，提高知识创新能力。

第九章 区域技术环境及其促进企业自主创新的对策建议

第一节 区域技术环境发展的对策建议

一、区域技术市场发展的对策建议

（一）优化经营机制，激活技术市场主体

企业的性质决定了其在市场中居于主体地位。如何构建合理机制，提高企业对技术商品和服务的供求水平对活跃技术市场具有很强的现实意义。

首先，优化经营机制，使企业真正成为市场主体。技术市场是配置创新资源和创新成果转化的动力，完善的技术市场有助于形成合理的企业技术经营机制，并进一步促进技术扩散和转移，促进创新成果实现。企业自主创新必须坚持市场导向，在市场机制的调节下，引导创新资源优化配置，实现创新收益最大化，促进企业充分利用内外部创新资源，通过技术研发、开发新产品到新产品的产业化生产。在企业自主创新的各个环节中，技术市场发挥着信息传递和导向作用，所以应遵循市场规律，去行政化，不断完善技术市场体系，使其充分发挥资源配置、价格形成、信号显示、促进创新成果实现等功能。

其次，提高企业对技术商品的有效需求和供给。企业在技术市场中具有双重

主体地位，从需求来看，应该鼓励企业开发新产品，加大产品创新力度，促进产品更新换代，通过税收减免等优惠政策促进企业进行技术和工艺更新；发展债券、创业板市场、技术产权交易市场，完善金融市场，拓宽企业融资渠道；倡导创新发展理念，形成鼓励创新、崇尚创新的风尚，增强企业的创新意识，使其更加关注新技术、新工艺、新产品等信息，增加企业对创新的需求。从供给来看，加大科技投入，优化投入结构，形成基础研究、应用研究协调发展的格局；强化高等院校和科研机构的市场导向，促进企业、高校、科研机构之间的技术合作，从创新项目的立项到研究过程中，正确把握市场发展动向，使创新成果能够满足市场需要，能够快速转化应用，发挥创新资源的最大收益；建立高效的技术商品信息交流平台，为研究机构提供决策参考，为企业创新提供技术支撑，促进产学研合作和协同创新，增加技术商品的有效供给。

最后，激活市场主体。市场主体是否有活力关键在于人。通过营造良好的创新环境和制度环境，才能真正调动创新人员的积极性，释放创新活力。对人影响较大的制度是人事管理制度，拓宽人事制度管理的边界，出台灵活的、有利于创新的人事管理政策，鼓励事业单位的科研人员到企业兼职、挂职或创业，密切科研部门和企业的联系，有利于科研和生产环节上信息的流动，既能调动科研人员的积极性，增强科研选题的实践意义，又能为企业解决生产中遇到的技术难题。但由于人事管理制度特别是薪酬管理制度的制约，科研人员的职务发明收入和在外从事兼职科研活动的收入分配还缺乏明确的规定，限制了科研人员的活力。所以应该出台合理的关于科研报酬分配的办法，让科研人员能够享受到创新收入，激发其创新的热情，提高科研团队的创造性，促进创新成果的生产、扩散以及转化应用，从而激发市场主体活力。

（二）完善技术市场法规，加强技术市场监管

维持公平、公正的技术市场秩序需要完善的技术市场法律法规做保障。建立系统完善的法律法规体系，严厉打击技术市场中的投机行为、违规和违法行为，为技术市场运行提供法律支持，保护创新者收益，打击各种侵害创新者权益的行为，净化技术市场环境，为企业创新提供良好的外部环境。由于信息不对称，存在市场失灵，这就需要政府加强监管，完善监管体系，弥补市场失灵。

首先，推行市场准入制。由于技术产品的特性，需求方很难完全了解技术产

品的质量信息，这便带来了技术产品质量不确定性问题，影响技术产品的交易。因此需要借助行政手段，通过技术产品质量鉴定，达到质量标准后加贴质量标准，作为市场准入的标志，向市场传递产品的质量信息，降低信息不对称产生的影响。进一步推进技术标准化建设，推行技术产品鉴定和质量认证体系，建立信息质量可追溯制度，确保技术市场上交易的产品的质量，规范技术市场行为，推动技术市场有序发展。

其次，加快技术市场信用体系建设。建立信用评级制度，可以减少技术产品交易的信息不对称，保护技术交易各方的利益。利用政府的公信力，推行技术产品信用评级，由政府相关管理部门分类对技术市场中的各类主体进行信用评级，向技术市场传递技术产品质量"信号"，增强购买者对技术产品的了解程度，以利于购买者选择符合需要的技术产品，进而根据信用评级信息对技术市场进行有效的监管和指导，降低监管成本，提高监管效率；企业可以通过信用评级促进技术创新，提高技术产品质量，增强产品竞争力。

再次，构建市场声誉机制。市场交易行为实质上是各参与方的博弈过程，在博弈重复次数足够多时，合作行为便会出现（Kreps 等，1982；Axelod，1984）。通过建立市场声誉机制，预防道德风险和机会主义行为发生，促进各参与方选择有利于其他参与主体利益的行动，以此获得市场信任，赢得更多市场机会，从而对市场各参与方形成一种约束激励。具体而言，可以利用历史交易记录建立声誉档案，方便查询市场交易主体的历史交易记录，形成无形的监督压力，使交易各方更加注重自身的声誉影响，并方便技术市场监管部门定期审查，便于监管市场主体的行为，还可进一步反映同行的评价，规范约束交易主体的行为，形成"公平、诚信、有序"的经营氛围和市场秩序。

最后，完善技术市场法规。制定技术市场相关法规，完善《中华人民共和国科学技术进步法》《中华人民共和国促进科技成果转化法》《技术市场管理条例》等法律法规，对技术交易行为，交易者权益保护、维护正常的市场秩序等方面出台实施细则，促进技术市场规范化发展。构建客观、合理的技术评估体系，出台促进创新成果转化应用的激励政策，通过法律手段为技术市场发展提供必要的环境和条件保障，利用经济手段，推动技术交易，营造有利于技术市场发展的政策环境。通过减税降费、信贷优惠、政府资助和补贴等多种形式，促进技术交易，活跃技术市场，促进创新成果快速转化应用。

（三）加快技术市场服务体系建设

技术产品信息不对称特性导致技术市场存在"柠檬现象"，制约了技术市场发展。技术商品和服务的生产需要通过强信号显示以区别于普通商品，但由于生产经营分散等，单个生产者难以做到强信号显示，这就需要借助一定的服务组织。同时，由于技术市场服务组织与企业和科研机构的联系比较松散，与技术市场的实际需求联系不够紧密，影响了技术市场效率。因此，应当发展专业化的服务组织，促使其与企业、科研机构建立良好的信任关系，促进技术信息有效传递，从而活跃技术市场，最大限度地发挥创新功能。

首先，加快技术市场中介服务组织建设。围绕科技创新成果转化，构建专门化的科技服务链，疏通创新要素供需渠道，引导和扶持科技中介机构、科技成果转移机构、产学研联合组织、行业协会、技术服务评估和咨询等机构专业化、规模化、社会化发展，使其在科技创新成果的吸纳转化、增值、扩散中发挥最大化效应。鼓励形式多样的科技中介机构发展，为技术交易提供信息交流的平台，提供技术咨询、技术评估和交易经纪等代理服务，建设技术服务中介机构示范点，推动企业与其他企业、科研单位、技术服务机构建科技创新联盟，推动技术产权交易市场建设，推动跨区域的技术合作，整合区域内创新资源，促进技术市场网络化发展。

其次，推动技术交易公共服务平台建设。利用现代信息技术，发挥网络传递快和低成本的优势，构建网上交易服务平台，搜集和发布公共科技服务信息，整合管理部门、研发部门和生产部门的科技信息，实施科技信息共享，降低信息不对称对技术市场的影响，提高科技信息传递速度和效率，降低技术交易成本，促进技术产品供需双方有效对接，提高技术交易效率和质量，吸引创新资源集聚，促进创新成果交易、转化和推广应用，实现创新价值。

最后，完善技术评估与咨询体系。技术市场顺利运行离不开完善的技术评估与咨询体系。技术评估与咨询主要包括对技术的先进性、实用性、可靠性评价，为技术交易购买方的决策提供依据和参考；对技术价格的评估，确保技术交易能在合理的范围之内，增加技术交易的成功率；对技术商品的应用前景评估，为其推广转化应用提供参考，促进创新成果快速转化。通过培育和发展各类技术咨询和评估机构，使技术商品及其所附着的信息较为充分显示，可以降低技术交易风险，促进技术交易实现，对于活跃技术市场、促进创新成果商业化推广有着重要的作用。

二、知识产权保护的对策建议

（一）政府层面的对策建议

1. 完善知识产权制度

在知识产权强国战略建设中，中国知识产权保护的法律法规逐步完善，主要由《中华人民共和国专利法》《中华人民共和国商标法》《中华人民共和国著作权法》等组成，但这几部法律之间相对独立，还需要进一步健全和完善，使之相互协调。首先，加大知识产权立法。一是拓宽广度，加大现有知识产权保护法律体系的覆盖面，增加保护内容。二是挖掘深度，制定专门的法律，提高一些法规和规章的法律效力。三是加大力度，按照《国家知识产权战略纲要》要求，出台关于遗传资源、传统知识、高技术领域的专门法律。积极参与国际知识产权保护方面的业务合作与交流，形成符合中国发展特色的知识产权保护制度。其次，对于不同行业实行差异化的知识产权保护制度。借鉴国外的经验，根据行业差异，设计不同的知识产权保护制度，使其发挥激励创新的功能。

2. 强化知识产权执法

中国在知识产权立法方面有了长足的进步，但行政执法力度仍然不足。应进一步提升知识产权纠纷案件处理效率，强化行政执法力度，可以设置专门的处理知识产权纠纷案件的行政机构，坚定公正的执法立场，优化诉讼程序，严厉打击各种侵害原创者权益的行为。创新具有正外部性，必须完善知识产权体系，提高违法成本，同时，也要加快司法改革进程，降低创新者的维权诉讼成本，切实维护创新者的合法权益，使原创者能够真正享受创新带来的收益，提高创新的积极性。

3. 加强知识保护宣传

知识产权保护不仅涉及法律范畴，还涉及文化意识层面。应逐步强化知识产权保护宣传，以丰富多样的方式和手段宣传教育，多渠道、多形式组织知识产权知识方面的应用培训，发展知识产权中介组织，提高公众的知识产权保护意识，营造尊重和爱护知识产权的环境氛围，形成具有中华民族特色的知识产权保护文化，提高创新者对知识产权保护的认识，自觉遵守和维护知识产权法律法规，使知识产权保护深入到经济生活中，促进知识产权保护制度顺利实施和不断发展。

4. 培养知识产权人才

知识产权水平的提升离不开人才，特别需要懂管理、会经营、通晓知识产权知识的复合型人才。应进一步拓展知识产权培训的广度，构建知识产权人才培养体系，多种形式培养知识产权人才，特别是加强对跨学科的复合型人才的培养，使其既能对企业生产经营、自主创新提供指导，也能为通晓和了解国外知识产权政策状况，为合理运用知识产权相关政策，保障企业创新利益提供智力支撑，对内切实保护创新收益，维护创新权益，对外既能防止知识产权不受侵犯，又能有效制止国外过度利用知识产权保护制度限制甚至打压国内企业技术创新，提高中国知识产权保护水平。

（二）企业层面的对策建议

1. 增强知识产权保护意识

核心知识产权是企业竞争优势的来源，企业应提高知识产权保护意识，根据企业创新情况和战略目标制定合适的知识产权战略，与知识产权代理机构合作，对研发人员和管理人员进行培训，使其掌握知识产权保护方面的基础知识，熟悉专利权、商标权、著作权等申报审查事项及检索和侵权等方面的法律法规，提升员工知识产权方面的知识素养。加大创新力度。在核心关键技术上持续创新，融入其他专利技术形成"专利池"，扩大知识产权保护范围，并建立系统的知识产权管理流程，加强与企业外部的交流与合作，特别是与相关的知识产权服务机构建立良好的合作关系，对拥有的专利权、商标权、著作权和其他标志等知识产权进行有效的保护，确保创新收益实现，提高企业竞争优势。

2. 完善知识产权管理制度

在信息时代，信息传递突破了时间和空间的限制，企业更应加强知识产权保护，应该建立起一套完善的知识产权管理制度，配备专业人员进行管理，在创新项目立项、知识产权保护申请、产品商业化推广等环节都进行国内外相关的信息检索和分析，有针对性地获取有效性的专利权、商标权、版权等知识产权保护，也为创新立项和选题方向的把握提供参考。同时，建立有效的激励制度，从精神和物质层面对专利发明者和申请者等知识产权获取者进行奖励，调动其积极性，促进知识产权保护水平提升，提高企业创新能力。

3. 强化创新成果管理

提升企业知识产权保护能力，还需要对创新成果加强管理，通过完善管理，对提高企业知识产权的质量和价值有着重要的意义。首先，合理制定创新策略。根据企业科研条件和市场占有状况，系统安排创新活动，时刻关注国内外市场需求变动趋势，调整完善创新策略，挖掘潜在的有经济价值的科研项目和产品。其次，建立创新管理人才机制。建立有效的鼓励员工开发新技术、新产品的奖励制度，激发员工的创新积极性，并将其纳入绩效考核，对于在创新方面业绩突出的人员给予物质奖励、升职或股权期权奖励等，为其提供优越的工作环境和氛围。吸引高层次人才特别是熟悉知识产权知识的人才加入科研团队，加强与科研机构、高等院校合作，增强创新能力，提升企业知识产权的价值和质量。

三、技术服务发展的对策建议

（一）构建创新服务体系

自主创新涉及多个主体、多个环节。技术服务是连接技术研发、新产品开发和商业化应用的纽带，在自主创新中发挥着重要作用，因此构建一个多层次的相互配套的创新服务体系非常必要。

创新服务体系的核心目标是促进创新，实现创新价值。创新服务体系应该围绕自主创新目标进行活动，主要包括基本活动、辅助活动和支持活动三个部分组成。基本活动主要有技术研发服务、技术咨询评估服务、技术交易服务、创新成果转化服务。基本活动是创新服务体系的核心环节，技术研发服务为创新人员和研发机构提供决策咨询、创新资源共享、技术信息交流等。技术咨询评估服务为技术供需双方提供充分的科技信息，促进技术合作和技术交易。技术交易服务为技术供需双方提供专门技术合同签订、技术鉴定、咨询、评估甚至法律方面的服务，促成技术交易。创新成果转化是推动创新成果走向市场的关键环节，为创新产品的试验、中试、成果鉴定和评估、市场推广和培训等提供专业化服务。辅助活动包括人力资源服务、信息服务、环境服务。辅助活动主要为自主创新提供创新资源和信息源，降低创新交易成本。支持活动包括政策支持和金融支持。为保障创新活动的顺利进行，创新服务还需要政策的支持，促进资源流入创新领域，通过完善的金融支持体系，为创新活动提供必要的资金来源，如专门的创新基金和创新风险资金等，缓解企业创新的资金约束（见图9-1）。

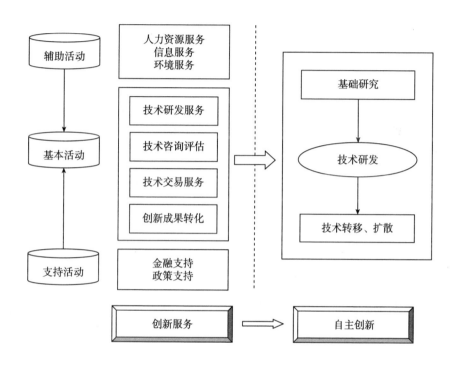

图9-1 创新服务体系基本框架

（二）促进创新服务机构发展

技术服务是自主创新的主要辅助力量，专门化的技术服务连接着技术研发和创新成果转化，可促进技术交易、信息传递，创新成果转化。首先，鼓励、引导各类创新服务机构发展。科技管理部门应积极引导技术交易服务中心、技术咨询和评估中心、技术中介机构等专业化有序发展，鼓励社会资本和民营资本进入创新服务领域，充分利用现代化技术和手段，创办专业化的创新服务机构。通过合资、兼并重组等多种形式，发展股份制、合伙制等独立性的技术转移中介组织、技术交易中心、科技咨询公司等专业的创新服务机构，充分发挥创新服务组织的创新成果吸纳、增值服务、技术转移和创新成果转等功能，促进自主创新发展。

其次，引导创新服务机构规范化发展。创新服务机构发展需要政府的监管和引导，一方面，政府应该对于创新服务机构的行为进行规范，保证公平合理的市场秩序；另一方面，政府也不能干预过多，否则妨碍了创新服务机构功能的发挥。因此，应该出台相应的管理规定，规范创新服务机构的行为，严格技术交易中介组织等创新服务机构的准入，对其进行规范化管理，同时也应按照市场规律，推进创新服务机构企业化发展，使其成为真正的企业法人，明晰产权、自主经营，利用市场机制，促进创新服务机构自我管理、自我监督，促进其健康有序发展。

最后，提升创新服务机构的服务质量和水平。一方面通过完善服务门类，提供多样化、多层次的社会化服务，提高服务质量和水平；另一方面需要创新服务机构集中自身优势资源，提供特色的专业化服务项目，打造专业化的服务品牌，提供精细化的服务。随着市场竞争的加剧和信息传播速度的加快，创新服务机构与科研机构和高校之间的合作、创新服务机构之间的联系与合作也非常必要，通过多种形式的联合与合作，能够实现信息资源共享，为自主创新提供法律、信息、融资等多方面的及时全面的配套服务，从而提高服务水平，优化服务质量。

（三）建设创新服务人才队伍

从业人员的素质决定着行业发展水平和质量。专业化的创新服务人才，特别是专业化的技术经纪人、技术服务人才，在技术交易、创新成果转化中发挥着重要作用。因此，提升创新服务质量和水平的关键在于人才，在于建设一支专业化的高素质的创新服务人才队伍。首先，优化培训机制，加大人才培养力度。通过多种方式，如举办培训班和讲座、经验交流会议、出版培训教材等为创新服务人员提供技术交易、技术咨询和评估、创新成果推广、市场营销等方面的专业知识，提高技术服务人员的综合业务能力，培养创新服务领域的应用和实践人才，可以推行岗位资格认证制度，经过考核符合要求者持证上岗，促使创新服务规范化发展，加速创新成果转化。其次，完善创新服务人才评价考核系统。制定合理的考核体系，通过有效考核可以对创新服务人员进行客观评价，并对其创新服务活动产生激励，也可以对培训课程、培训方式有一个有效的反馈，通过建立创新服务岗位的任职资格评价、业绩考核、岗位评价等，实现科学化、规范化的管理，充分发挥创新服务人员的能动性，对培训体系和培训方式的进一步完善提供有益的参考，推动创新服务人才建设，提高创新服务水平和质量。

第二节　区域技术环境促进企业自主创新的对策建议

一、营造创新氛围，促进创新要素向企业流动

企业对自主创新的选择取决于对自主创新预期的判断，由于自主创新具有风险高、周期长的特点，所以需要政府通过优惠的政策和有效的制度设计，营造创新氛围，引导创新要素流向企业，从而促进企业创新。

首先，出台优惠政策，鼓励企业创新。发挥政策的引导和激励作用，立足全局，设计系统完善的财政补贴和税收优惠政策，对创新型企业给予减税、免税、财政补贴等，促进企业创新，引导风险投资有序发展，为企业创新提供资金来源，拓宽企业融资渠道，缓解资金约束瓶颈。增强重点领域和关键环节的补贴和优惠力度，推进企业原创性创新项目研究，并对其给予必要的配套资金等扶持措施，引导资源流向创新领域，营造创新氛围，把创新发展的理念融入企业发展战略，发挥企业能动性，攻克核心关键技术，使企业通过创造技术知识产权和增强自主创新能力来获取市场地位和竞争优势。

其次，完善劳动力市场。由于市场分割，使得不同地区、不同身份、不同行业间在社保、就业、教育和医疗等方面差异较大，影响了劳动力的自由流动和人力资源配置。因此，劳动力市场改革应该逐步取消地域、户籍、行业等限制，消除制度的藩篱，促进劳动市场有效运行。一是改革户籍制度。中国的户籍制度具有典型的"二元"特征，附着在户籍上的就业、社会保障、教育、医疗等差异，是制约劳动力流动和人力资源配置的重要因素，因此应逐渐放宽户籍限制，探讨有效户籍管理制度。二是完善社会保障制度。社会保障是解决劳动者的基本生活保障的一种制度安排，使其能够安心工作，无后顾之忧。但中国的社会保障制度仍然存在城乡差别、地区差别和行业差别，使得统一的劳动力市场难以形成，制约了劳动力跨地区、跨部门流动，增加了劳动力流动的成本，影响了劳动力和人才资源的合理配置。从区域看，人才主要流向东部发达地区，中部、西部地区人

才流失问题突出；从行业看，公务员、事业单位成为就业的"香饽饽"，从每年的公务员、事业单位招考报名情况可见一斑，有的岗位是数百人甚至超过千人竞争一个岗位，究其原因，这些单位背后的各种福利和社会保障起到关键性作用，而且工作稳定、待遇好。如果不改变这种格局，便会有更多的就业者优先选择到行政、事业单位就业，特别是对于新毕业的大学生，如果都千方百计地去竞争这些岗位，而不是首先选择到企业工作，那么企业创新的活力恐怕就难以持续。解决这一问题的思路是，提高企业分配中劳动报酬的比例，增加员工的福利待遇和社会保障水平，使其高于行政、事业单位的水平，形成企业是青年人就业的首选地，将最具创新活力的青年人吸引到企业，为企业注入新鲜血液，增强企业的创新活力和后劲，企业创新才能持续。

最后，完善资本市场。通过深化资本市场化改革，影响社会资本流向，逐渐放开对金融方面的不合理管制，推动利率市场化改革，发挥市场的主导作用，使利率反映资本的真实价格，完善财政和投融资体制，提升资本配置效率，提高对企业研发补贴的比重，使资本更多地流向创新领域，为企业提供充足的创新资金。一是完善资本市场结构。企业融筹资主要依托资本市场，资本市场运行效率提高，不仅要求资本供给总量充足，还要求资本市场结构完善，能及时有效满足企业多元化的投资需求，以便服务于不同企业和不同层次的资本需求。因此应逐步推进主板市场改革。进一步加强创新，丰富金融品种，完善监管机制，活跃创业板市场，为企业特别是创新型企业提供有效的融资渠道，支持企业成长发展。二是促进风险投资发展。传统资金不能完全满足企业创新需要，这就需要完善风险投资机制，为企业提供资金支持。出台相关政策，鼓励风险投资机构发展，使风险投资在企业成长期进入，发挥其最佳效益，进一步完善风险投资运作机制，促进风险投资规范化发展，为企业创新提供有效的筹资、融资渠道。三是解决中小企业融资问题。中小企业数量占绝大多数，对 GDP 的贡献超过了 60%，为社会提供超过 60% 以上的工作岗位，是自主创新的重要力量，但由于体制、市场、信息不对称等原因，使中小企业融资难。解决该问题的途径是逐步加快利率市场化改革，让利率能真实反映资金的供需变化；建立健全信用体系，特别是对中小企业能有一个完善的信用评价和监管体系，以解决信息不对称问题；推动科技金融改革，通过财政性拨款、科技创新贷款、创新创业投资、财政补贴、设立创新基金、贷款贴息、创新债券等多种形式，拓宽企业融资渠道，弥补中小企业资金缺口，支持中小企业进行技术改造和产品创新。四是引导和规范民间资本发展。随着社会经济的发展，民间资本也在逐步发展，成为企业筹融资的有益补充，但由于法律和管理方面的问题，使民间资本的融资问题比较突出，很容易产生借贷纠纷、高利贷甚至演变为非法集资等行为，给债权人带来很大损失，致使民间资本闲置问题比较突出，如何有效利用民间资本，发挥资本的有效价值，成为当前需要解决的问题。对此，应尽快出台民间融资相关的实施细则和法律规定，加强对民间资本的规范化管理，有选择地开放民间资本，引导民间资本进入科技产业，为企业创新融资提供一定的补充。

二、坚持"开放式创新"，发挥技术溢出效应

进入 21 世纪后，企业创新面临的环境发生了剧烈变化：一是经济全球化发展，创新资源在国际流动加快，在全球范围内配置成为可能；二是科技竞争加快，其竞争不仅表现在创新质量上，也表现在创新速度上，企业需要在更大范围内进行合作，以提高创新速度；三是高校和科研机构的科研实力日益增强，刺激了企业与之合作创新的意愿。在新的环境下，企业仅依靠自身力量从事创新活动变得越发困难，因此，"开放式创新"成为不少企业的选择。"开放式创新"的核心是即可从企业内部也可从企业外部获取创新所需要的创新资源和方案，并对其进行高效的整合，从而快速实现创新并将之推向市场（Chesbrogh，2003）。

技术创新具有典型的正外部性，通过开放式创新，不仅可以获得外部创新资源，而且还可以获取技术溢出，企业可以从中得到启示，通过消化吸收，进而提高自主创新能力。首先，坚持对外开放，适度提高企业的开放广度和深度。一是充分利用国际创新资源，适度引进技术，增强吸收能力，发挥技术引进的技术溢出效应；二是有效利用进口贸易的竞争效应，促使国内企业提高创新效率；三是积极参与国际经济合作，既要合理引进外资，也要鼓励企业走出去，建立分公司和分支机构，充分发挥 FDI 的竞争示范效应、产业关联效应等和 OFDI 的逆向技术溢出效应，特别是在"一带一路"倡议的框架下，加强与国外的经济合作和技术交流，拓宽合作渠道，在资源、信息、技术方面建立有序的稳定合作，促进创新要素的优化配置。其次，加强对内合作。引导和鼓励企业积极与产业链上各

组织的合作，开展企业间的纵向合作和横向合作，增加企业创新资源供给，丰富信息和知识的来源，激发企业创新的动力。一是加强产学研合作。坚持合作理念，构建企业、高校和科研机构、创新服务机构共同参与的合作创新模式，促使各个创新主体发挥其最大优势，建立有效的风险共担、利益共享机制，发挥创新资源的最大效用，实现协同创新。二是加强与供应商合作。与供应商及时有效的合作，可以获取更多的技术研发和产品开发方面的信息，甚至吸纳供应商参与创新的某个环节，提高产品竞争优势，降低研发风险，缩短研发周期，提高创新效率。三是与用户合作。用户是新产品的最终使用者，与用户合作，可以充分了解产品的市场前景和变化趋势，通过建立有效的网络平台，充分吸收用户的意见，与之进行广泛的沟通，在此基础上进行研发设计和产品开发，增强产品的市场适用性，有利于产品商业化推广，促进创新成果快速转化应用，实现创新收益，同时，也可以从中获取更多的启发，将其有效整合，可能会形成新的创意和产品设计，对于产品创新具有较强的现实意义。

有效利用外部资源的技术溢出，应提升企业吸收能力。首先，提高学习能力。加强知识资源管理，构建知识网络体系，利用现代信息技术手段，探索有效的学习方法，鼓励员工学习技术知识、了解创新信息、掌握创新管理方法，建立长效学习机制，打造学习型组织，为企业培养知识水平高、经验丰富的技术人才、管理人才。其次，提高企业的集成能力。通过完善企业内部的组织结构，将创新理念贯穿到企业之中，建立有效沟通机制，协调企业自主创新所需要的人力、物力和财力资源，使创新活动得到企业各部门的大力支持，整合企业优势资源，突出重点，积极寻找创新突破点，实现创新资源的最优配置，增强企业研发能力。再次，建立创新网络。充分利用创新平台，构建创新网络，广泛吸收企业外部的技术知识，搜集创新信息，增加企业知识存量，并将之与企业已有的技术知识相融合，将其内化为企业自身的知识，以此为基础培育和研发新技术、开发新产品。最后，增加研发投入。研发投入是企业创新活动的保障，也是增强企业吸收能力的关键。因此应完善研发投入机制，拓宽投融资渠道，建立有效的资金运作平台，一方面不断增加研发经费，使资源分配向研发部门和创新活动倾斜，另一方面积极争取国家政策优惠和专项基金，参与国家重点项目的合作研发，不断提高企业科研基础，增强自主创新实力。

三、搭建创新服务平台，提高创新能力

创新资源是开展自主创新活动的基础和保障，构建有效的创新服务平台，高效配置创新资源，提高企业创新能力，已成为创新驱动发展战略实施的必然选择（王佳馨，2019）。从内容来看，创新服务平台主要包括以下子系统：一是科技资源管理系统。该系统主要功能是实现创新资源的共享和有效利用，充分利用现代信息技术和手段，广泛收集数字资源，融合科技文献、专利检索、创新成果、创新政策法规、科研项目管理、行业和产业技术标准、市场情报等多方面的信息，使企业方便检索和收集相关技术和科学问题的研究现状和发展动态，掌握最新的科技前沿状况，为企业自主创新提供专业的技术信息和前瞻性资料。二是创新服务系统。随着科技信息来源的多样性和分散性，单个企业很难收集到完全的科技信息，因此必须整合高校、研究机构和企业的资源，建立创新服务系统，以便实现快速检索和准确及时的服务，促进创新信息和资源共享，为企业创新决策和产品开发方案设计提供决策参考和依据，并利用专业化服务机构提供技术交易、市场分析、成果鉴定和产品商业化推广等服务。三是创新融投资系统。自主创新前期需要大量的、持续的投资，通过建立创新投融资系统，为企业创新提供资金支持和服务，如科研项目信息和经费申请服务、贷款和融资信息及服务等，通过该系统拓宽企业融资信息来源和渠道，保障企业创新所需要的资金。四是人才培养系统。通过该系统，培养一批专业化的创新服务人才队伍，一方面为企业培训管理人才、科研人才、市场开发人才；另一方面为创新服务平台培养具有创新专业知识、经营管理知识、信息管理知识和市场服务方面的综合型人才，提高创新服务水平。

从服务模式看，创新服务平台应该满足用户多样化的需求，创新服务理念由精细服务模式到智能服务模式，再到智慧服务模式演进（李佳，2018）。精细化服务主要是通过科技资源和信息开放，实现共享，为用户提供专业化和网络化的服务，逐步满足用户的多样化需求，实现需求和资源的匹配。智能化服务主要利用现代技术手段如大数据、云计算等，将基础性和共性的创新资源模块化处理，为用户提供个性化的服务和套餐服务，提供高效率的创新服务。智慧化服务通过平台协同和功能升级，为用户提供群智一体化服务和网络联盟服务。

创新服务具有正外部性特点，需要政府的支持、规范和引导。一是加大财政投入，加快创新服务平台建设，吸引社会资金加入创新服务平台建设中来。二是合理的制度设计。健全相关的法律法规，建立全国性的创新服务平台方面的法律法规，完善制度设计，统一规范创新服务平台建设的目标、行动方案等，并设计合理的投入机制、管理和评估机制、共享机制等，使其持续发展。三是深化政府管理体制改革。创新平台服务建设涉及企业、高校、科研院所、技术中介机构等多方主体，涉及不同的管理主体和部门，平衡和协同各主体之间和部门之间的利益，是发挥创新服务平台资源整合功能和服务功能的关键，因此，需要一个公信力高的权威机构来协同管理，建立有效的激励和约束机制，推动创新服务平台有序发展。

参考文献

［1］ Acharya R C, Keller W. Estimating the Productivity Selection and Technology Spillover Effects of Imports［R］. NBEB Working Paper, No. 14079, 2008.

［2］ Aghion P, Reenen V J, Zingales L. Inonovation and Institutional Ownership［J］. Political Discussion Papers, 2013, 103（1）: 277-304.

［3］ Aghion P, U Akcigit, P Howitt. The Schumpeterian Growth Paradigm［J］. Economics, 2015, 7（1）: 557-575.

［4］ Alder P S. Market, Hierarchy, and Trast: The Knowledge Economy and The Future of Capitalism［J］. Organization Science, 2001, 12（2）: 215-234.

［5］ Allon G. Competition in Service Industries［J］. Oper. Res, 2007, 55（1）: 102-132.

［6］ Andersson M, Karlsson C. Regional Innovation Systems in Small and Medium Sized Region［J］. The Emerrging Di ital Economy, 2012, 14（2）: 216-219.

［7］ Arora A. Patents, Licensing, and Market Structure in Technology［J］. Research Policy, 1998（26）: 391-403.

［8］ Arrow K J. The Economic Implication of Learning by Doing［J］. Review of Economic Studies, 2013, 29（3）: 155-173.

［9］ Arthur W. Brian. Competing Technologies, Increasing Returns and Lock-in by Historical Events［J］. Economic Journal, 1989, 99（4）: 116.

［10］ Axelod R. The Evolution of Cooperation［M］. New York: Basic Books, 1984.

［11］ Baark E. Technology and Entrepreneurship in China： Commercialization Reforms in the Science and Technology Sector ［J］ . Review of Policy Research，2010，18（1）：112-129.

［12］ Barras R. Towards a Theory of Innovation in Services ［J］ . Research Policy，1986，15（4）：161-173.

［13］ Basu S，Weil D. Appropriate Technology and Growth ［J］ . Quarterly Journal of Economics，1998，113（4）：1025-1054.

［14］ Benhabib J，Mark M. Human Capital and Technology Diffusion ［R］ . Working Paper in Applied Economic Theory，Federal Reserve Bank of San Francisco，2003.

［15］ Bent Ake Lundval1. National Systems of Innovation： Towards a Theory of Inovation and Interaetive Learning ［M］ . London： Pinter Publishers，1992.

［16］ Bessen J，Maskin E. Sequential Innovation，Patents，and Imitation ［J］ . The Rand Journal of Economics，2009，40（4）：611-635.

［17］ Bitzer J，Kerekes M. Does Foreign Direct Investment Transfer Technology across Borders? New Evidence ［J］ . Economic Letters，2008，100（3）：355-358.

［18］ Blazseka S，Escribano A. Patent Propensity，R&D and Market Competition： Dynamic Spillovers of Innovation Leaders and Followers ［J］ . Journal of Econometrics，2016，191（1）：145-163.

［19］ Bloom N，Romer P M，Terry S J，Reenen J V. A Trapped-factors Model of Innovation ［J］ . The American Review，2013，103（3）：208-213.

［20］ Boldrin M，Levine D K. Rent-seeking and Innovation ［J］ . Journal of Monetary Economics，2004，51（1）：127-160.

［21］ Boubakri N，Cosset J C，Saffar W. The Role of State and Foreign Owners in Corporate Risk-taking： Evidence from Privatization ［J］ . Journal of Financial Economics，2013（3）：641-658.

［22］ Branstetter L，Fisman R，Foley C F. Do Stronger Intellectual Property Rights Increase International Technology Transfer? Emipirical Evidence from US Firm-level Panel Data ［J］ . Quarterly Journal of Economics，2006，121（1）：321-349.

［23］ Bresnahan, Gambardella. Open Learning: Meaning and Experience, Beyond Distance Teaching: Towards Open Learning ［M］. Buckingham: Open University Press, 1987 (15): 5-15.

［24］ Broda C, Greenfield J, Weinstein D E. From Groundnuts to Globalization: A Structural Estimate of Trade and Growth ［J］. NBER Working Papers, No 12512, 2006.

［25］ Buckley P J, Clegg J L, Cross A R, Liu X, Voss H, Zheng. The Determinants of Chinese Outward Foreign Direct Investment ［J］. Journal of International Business Studies, 2007, 38 (4): 499-518.

［26］ Caloghirou Y, Kastelli I, Tsakanikas A. Internal Capabilities and External Knowledge Sources: Complements or Substitutes for Innovative Performance ［J］. Technovation, 2004 (24): 29-39.

［27］ Canto J G D, Gonza' lez I S. A Reasource-based Analysis of the Factors Determining a Firm's R&D Activities ［J］. Research Policy, 1999 (28): 891-905.

［28］ Chatterji A K, Fabrizio K R. Does the Market for Ideas Influence the Rate and Direction of Innovative Activity? Evidence from the Medical Device Industry ［J］. Strategic Management Journal, 2016, 37 (3): 447-465.

［29］ Chen Z, Zhang J, Zheng W. Import and Innovation: Evidence from Chinese Firms ［J］. European Economic Review, 2017 (94): 205-220.

［30］ Chesbrough H. Open Innovation: The New Imperative for Creating and Profiting from Technology ［M］. Boston: Harvard Business School Press, 2003: 65-72.

［31］ Choi J P. Technology Transfer with Moral Hazard ［J］. International Journal of Industrial Organization, 2001 (32): 249-266.

［32］ Christopher Freeman. Technology Policy and Economic Performance: Lessons from Japan ［M］. London: Pinter, 1987.

［33］ Coase R H. The Problem of Social Cost ［J］. Journal of Law and Economics, 1960 (3): 1-44.

［34］ Coe D T, Helpman E, Hoffmaister A W. International R&D Spillovers and

Institutions [J] . European Economic Review, 2009, 53 (7): 723-741.

[35] Coe D T, Helpman E. International R&D Spillovers [J] . European Economic Review, 1995, 39 (5): 859-887.

[36] Cohen W M, Levinthal D A. Absorptive Capacity: A New Perspective on Learning and Innovation [J] . Administrative Science Quarterly, 1990, 35 (1): 39-67.

[37] Cohen W M, Levinthal D A. Absorptive Capacity: A New Perspective on Learning and Innovation [J] . Administrative Science Quarterly, 1990, 35 (1): 39-67.

[38] Damanpour, F Schneider, M. Initiation, Adoption, and Implementation of Innovation: Effects of Context, Organization, and Leaders [J] . British Journal of Management, 2006, 17 (2): 215-236.

[39] Deardorff A V. Welfare Effects of Global Patert Protection [J] . Econmica, 1992 (59): 35-51.

[40] Deardorff, A. V. Welfare Effects of Global Patent Protection [J] . Economica, 1992, 59: 35-51.

[41] De Luca L M, Atuahene – Gima K. Market Knowledge Dimensions and Cross-functional Collaboration: Examining the Different Routes to Product Innovation Performance [J] . Journal of Marketing, 2007, 71 (1): 95-112.

[42] Demirguc – Kunt A, Maksimovic V. Law, Finance, and Firm Growth [J] . Journal of Finance, 1998, 53 (6): 2107-2137.

[43] Den Hertog P, Van der A W, De Jong M W. Capabilities for Managing Service Innovation: Towards a Conceptual Framework [J] . Journal of Service Management, 2010, 21 (4): 490-514.

[44] Díazdíaz N L, Pérez P D S. The Internation Between External and Internal Knowledge Sources: An Open Innovation View [J] . Journal of Knowledge Management, 2014, 18 (2): 430-446.

[45] Dixit A. The Role of Investment in Entry-Deterrence [J] . The Economic Journal, 1980 (90): 95-106.

［46］Dobson Wy A, Safarian E. The Transition from Imitation to Innovation: An Enquiry into China's Evolving Institutions and Firm Capabilities ［J］. Journal of Asian Economics, 2008 (19): 301-311.

［47］Dominique Guelle, Bruno van Pottelsberghe De La Potterie. The Impact of Public R&D Expenditure on Business R&D ［J］. Economics of Innovation and New Technology, 2003, 12 (3): 225-243.

［48］Dubios D, Vukina T. Grower Risk Aversion and the Cost of Moral Hazard in Livestock Production Contract ［J］. American Journal of Agriculture Economics, 2004, 86 (3): 835-841.

［49］Du J, Wu D, Lu J, Yu H. Knowledge Networks and Technological Capabilities of SMEs: The Role of Technology Strategies and Its Implications for Knowledge Service Intermediaries ［J］. Asian Journal of Technology Innovation, 2013, S2 (21): 80-98.

［50］Ebers M, Maurer I. To Continue or Not to Continue? Drivers of Recurrent Partnering in Temporary Organizations ［J］. Organization Studies, 2016, 37 (12): 1861-1895.

［51］Egbetokun A, Savin I. Absorptive Capacity and Innovation: When is it Better to Cooperate? ［J］. Springer, 2014 (24): 399-420.

［52］Erik. Technology Management and International Business: Internationalization of R&D and Technology ［J］. O. Granstrand, Lel. Edit, 2001 (47): 243-247.

［53］［英］E. F. 舒马赫. 小的是美好的 ［M］. 北京: 商务印书馆,1984.

［54］Filho L S, Tahim E F, Serafim V M, et al. From Invention to Innovation——challenges and Opportunities: A Multiple Case Study of Independent Inventors in Brazil and Peru ［J］. RAI Revista de Administração e Inovação, 2017, 14 (3): 180-187.

［55］Findlay R. Relative Backwardness, direct foreign Investment, and the Transfer of Technology: A Simple Dynamic Model ［J］. The Quarterly Journal of Economics, 1978, 92 (1): 1-16.

［56］Flor M L, Cooper S Y, Oltra M J. External Knowledge Search, Absorptive Capacity and Radical Innovation in High-technology Firms ［J］. European Management Journal, 2018, 36 (2): 183-194.

[57] Freeman C. Networks of Innovators: A Synthesis of Research Issues [J]. Research Policy, 1991, 20 (5): 499-514.

[58] Freeman C. Technology Policy and Economic Performance: Lessons from Japan [M]. London: Pinter, 1987.

[59] Freeman C. The Economics of Industrial Innovation [M]. Cambridge, MA: The MIT Press, 1982: 212-214.

[60] Frenkel A, Shefer D, Koschalzdy K, Walter G H. Firm Characteristics, Location and Regional Innovation: A Comparson between Israeli and German Industrial Firm [J]. Regional Studies, 2005, 35 (5): 413-427.

[61] Furukawa Y. Intellectual Property Protection and Innovation: An Inverted-U Relationship [J]. Economics Letters, 2010, 109 (2): 99-101.

[62] Gallini N T. Patent Policy and Costly Imitation [J]. The RAND Journal of Economics, 1992, 23 (1): 52-63.

[63] Gans. Intellectual Property Right and Public Policy [R]. SSRN Working Paper, 2000 (23): 245-248.

[64] Gans. Intellectual Property Rights and Public Policy [C]. SSRN Working Paper, 2000, (23): 245-248.

[65] Gebence, Johnson. Innovation in Equity Trading Systems: The Impact on Transactions Costs and Cost of Capital [J]. Technological Innovation and Economic Performance, 1992 (37): 224-230.

[66] Gersbach H, Schmutzler A. Endogenous Technological Spillovers: Causes and Consequences [J]. Journal of Economics & Management Strategy, 2003, 12 (2): 179-205.

[67] Ghislain A A. Workflow Knowledge Selection within an Enterprise for Quality of Service Improvement [J]. International Journal of Advangce Research in Computer Science, 2011, 2 (1): 423-427.

[68] Ginarte J C, Park W G. Determinants of Patent Rights: A Cross-National Study [J]. Research Policy, 1997, 26 (3): 283-301.

[69] Glass A J, Saggi K. Intellectual Property Rights and Foreign Direct Investment [J] . Journal of International Economics, 2002, 56 (2): 387-410.

[70] Goldberg P, Khandelwal A, Pavcnik N, et al. Trade Liberalization and New Imported Inputs [J] . American Economic Review, 2009, 99 (2): 494-500.

[71] Grossman G M, Helpman E. Trade, Knowledge Spillovers, and Growth [J] . European Economic Review, 1991, 35 (3): 517-526.

[72] Grossman Q Helpman E. Innovation and Growth in the Global Economy [M] . Cambridge MA: The MIT Press, 1991.

[73] Groupe de Recherche Europen sur les Milieus Innovateurs (GREMI), Ratti R, Bramanti A, et al. The Dynamics of Innovative Regions: The GREMI Approach [J] . Urban Studies, 1999: 1409-1410.

[74] Guan J. , Chen K. Modeling the Relative Efficiency of National Innovation Systems [J] . Research Policy, 2012, 41 (1): 102-115.

[75] Guilhon B. Technology and Markets for Knowledge: Knowledge Creation, Diffusion, and Exchange within a Growing Economy [M] . Boston: Kluwer Academic Publishers, 2001, 29 (8): 335-340.

[76] Hauknes J. Service in Innovation-innovation in Services [J] . Step Report, 2004, 1 (1): 82.

[77] Helpman, E. Innovational, Imitation, and Intellectual Property Rights [J] . Econometric, 1993, 61: 1247-1280.

[78] Helpman E. Innovational, Imitation, and Intellectual Property Rights [J] . Econometric, 1993 (61): 1247-1280.

[79] Horowitz A W, Lai E L C. Patent Length and the Rate of Innovation [J] . International Economic Review, 1996, 37 (4): 785-801.

[80] Hopenhayn H, Llobet G, Mitchell M. Rewarding Sequential Innovators: Prizes, Patents, and Buyouts [J] . Journal of Political Economy, 2006, 114 (6): 1041-1068.

[81] Hoppe H C, Ozdenoren E. Financial Intermediation in Innovation [R] . NBER Working Paper, 2001, 35 (8): 115-122.

［82］ Horowitz A W & Lai E L C. Patent Length and the Rate of Innovation ［J］. International Economic Review, 1996, 37 (4): 785-801.

［83］ Horri R, Iwaisako T. Economic Growth with Imperfect Protection of Intellecture Property Rights ［J］. Journal of Economics, 2007 (1): 45-85.

［84］ Horri, R., Iwaisako, T. Economic Growth with Imperfect Protection of Intellecture Property Rights ［J］. Journal of Economics, 2007, (1): 45-85.

［85］ Hsu P H, Tian X, Xu Y. Financial Development and Innovation: Cross-country Evidence ［J］. Journal of Financial Economics, 2014, 112 (1): 116-135.

［86］ Huang D, Song C, Zhang G, et al. Organizational Forgetting, Absorptive Capacity, and Innovation Performance ［J］. Management Decision, 2018, 56 (1): 87-104.

［87］ Hurley R F, Hult G T M. Innovation' Market Orientation, and Organizational Learning: An Integration and Empirical Examination ［J］. The Journal of Marketing, 1998, 62 (3): 42-45.

［88］ Hurt H T, Joseph K, C D. Scales for the Measurement of Iinnovativeness. ［J］. Human Communication Research, 1997, 4 (1): 58-65.

［89］ Isaksson O H D, Simeth M, Seifert R W. Knowledge Spillovers in the Supply Chain Evidence from the High Tech Sectors ［J］. Research Policy, 2016, 45 (3): 699-706.

［90］ Jaffe B. The US Patent System in Transition: Policy Innovation and the Innovation Process ［J］. Research Policy, 2000, 29 (4): 531-557.

［91］ Jain P, Deepak D. An Architecture of a Agent Enterprise Knowledge Management System Based on Service Oriented Architecture ［J］. International Journal of Computer Science Issues, 2012 (3): 396-404.

［92］ Johansson J. A. Organizational innovation as Part of Knowledge Management ［J］. International Journal of Information Management, 2008 (28): 403-412.

［93］ Jose P B. Augmenting Versus Exploiting Entry Modes in Softservices: Reconsidering the Role of Experiential Knowledge ［J］. International Marketing Review, 2014, 31 (6): 621-636.

［94］ Jose P B. Augmenting Versus Exploiting Entry Modes in Softservices： Re-considering the Role of Experiential Knowledge ［J］. International Marketing Review, 2014, 31 (6)： 621-636.

［95］ Kang K H, Kang J. Do Exteral Knowledge Sourcing Modes Matter for Serv-ice Innovation? Empirical Evidence from South Korean Service Firms ［J］. Journal of Product Innovation Management, 2014, 31 (1)： 176-191.

［96］ Kanwar S, Evenson R. Does Intellectual Property Protection Spur Techno-logical Change? ［J］. Working Papers, 2003, 55 (2)： 235-264.

［97］ Kaufer E. The Economics of the Patent System ［M］. Taylor & Francis US, 1989.

［98］ Kaufer E. The Economics of the Patent System ［M］. Taylor & Francis US, 1989.

［99］ Kaufmann A, Todtling F. Science-industry Interaction in the Process of In-novation： The Importance of Boundary-crossing Between Systems ［J］. Research Poli-cy, 2001, 30 (5)： 791-804.

［100］ Kenny B, Reedy E. The Impact of Organizational Culture Factors on Inno-vation Levels in SMEs' Empirical Investigation ［J］. Irish Journal of Management, 2007, 27 (2)： 119-142.

［101］ Kenya. Determinants of Innovation Among Small and Medium-sized Enter-prises in NyeriTown ［D］. University of NAIROBI, 2016.

［102］ Kim C, Shin W S. Does Information from the Higher Education and R&D Institutes Improve the Innovation Efficiency of Logistic Firms? ［J］. The Asian Journal of Shipping and Logistics, 2019, 35 (1)： 70-76.

［103］ Kogut B., Chang S. Technological Capabilities and Japanese Foreign Di-rect Investment in the United States ［J］. The Review of Economics and Statistics, 1991, 73 (3)： 401-413.

［104］ Kreps D, Milgrom P, Roberts J, Wilson R. Rational Cooperation in the Finitelv Repeated Prisoner's Dilemma ［J］. Journal of Economic Theory, 1982, (27)： 245-252.

［105］Kristof A L. Person Organization Fit: An Integrative Review of its Conceptualizations, Measurement, and Implications ［J］. Personnel Psychology, 1996, 49 (1): 1-49.

［106］Krugman P. Model of Innovation, Technology Transfer and the World Distribution of Income ［J］. The Journal of Economy, 1979, 87 (12): 253-266.

［107］Lakshman C, Rajeev K, Atanu A. Proactive Market Orientation and Innovation in India: The Moderating Role of Intrafirm Causal Ambiguity ［J］. Journal of Management & Organization, 2017, 23 (1): 116-135.

［108］Lamoreaux, Sokoloff. The Geography of the Market for Technology in the Late-Nineteenth-and Early-Twentieth Century United States, Advances in the Study of Entrepreneurship ［J］. Innovation and Economic Growth, 1999 (11): 67-121.

［109］Lane P J, Salk J E, Lyles M A. Absorptive Capacity, Learning, and Performance in International Joint Ventures ［J］. Strategic Management Journal, 2001, 22 (12): 1139-1161.

［110］Lane P, Koka B, Pathak S. The Reification of Absorptive Capacity: A Critical Review and Rejuvenation of The Construct ［J］. Academy of Management Review, 2006, 31 (4): 833-863.

［111］Lee, Jaymin. Technology Imports and R&D Efforts of Korean Manufacturing Firms ［J］. Journal of Development Economics, 1996 (50): 197-210.

［112］Lengnick-Hall C. A. A Conceptual Framework for Evaluating Designs for Corporate Innovation ［J］. Journal of Engineering and Technology Management, 1991 (7): 197-227.

［113］Lichtenberg F, Potterie R B P. Does Foreign Direct Investment Transfer Technology across Borders? ［J］. The Review of Economics and Statistics, 2001, 83 (3): 490-497.

［114］Lichtenberg F R. International R&D Spillovers: A Comment ［J］. European Economic Review, 1998, 42 (8): 1483-1491.

［115］Liu Q, Qiu L D. Intermediate Input Imports and Innovations: Evidence from Chinese Firm's Patent Filings ［J］. Journal of International Economics, 2016

(103): 166-183.

[116] Liu R, Rosell C. Import Competition, Multi‐product Firms, and Basic Innovation [J]. Journal of International Economics, 2013 (9): 220-234.

[117] Li Y, Hu J L. R&D, OFDI, and Efficiencies of Small and Medium‐Sized Firms [J]. Journal of Management Research, 2013, 13 (3): 163-179.

[118] Lin M, Yum K K. FDI Technology Spillovers, Geography, and Spatial Diffusion [J]. International Review of Economics and Finance, 2016 (43): 257-274.

[119] Lo A. A case Study of Small and Medium‐sized Enterprises' Entrepreneurial Models Based on Independent Innovation [C]. Third International Conference on Information Science & Technology, 2013: 1121-1126.

[120] Lorenczik C, Newiak M. Imitation and Innovation Driven Development under Imperfect Intellectual Property Rights [J]. European Economic Review, 2012 (56): 1361-1375.

[121] Lourenco Morschel Emilio, Lia Costa Verlaine, Dos Reis Dalicio Rober To, et al. The Influence of Organizational Culture in the Process of Innovation [J]. Revesta de Administracãoe Inovacão RAI, 2003, 10 (2): 219-237.

[122] Lundvall B A. National Systems of Innovation: Towards a Theroy of Inovation and Interaetive Learning [M]. London: Pinter Publishers, 1992.

[123] Lu Y, NG T. Do Imports Spur Incremental Innovation in the South? [J]. China Economic Review, 2012, 23 (4): 819-832.

[124] Machlup F, Penrose E. The Patent Controversy in the Nineteenth Century [J]. The Journal of Economic History, 1950, 10 (1): 1-29.

[125] Machlup F, Penrose E.. The Patent Controversy in the Nineteenth Century [J]. The Journal of Economic History, 1950, 10 (1): 1-29.

[126] Mansfield E, Schwartz M. And Wagner, S. Imitation Costs and Patents: An Empirical Study [J]. Economic Journal, 1981 (91): 907-918.

[127] March J G. Exploration and Exploitation in Organizational Learning [J]. Organization Science, 1991, 2 (1): 71-87.

[128] Massaini S A, Oliva F L. Innovation Networks: The Contribution of Parn-

erships to Innovative Performance of Firm in the Brazilian Electrical-Eectronics Industry [J] . Brazilian Business Review, 2015, 12 (3): 16-41.

[129] Midgley D F, Dowling G R. Innovativeness: The Concept and its Measurement [J] . Journal of Consumer Reasearch, 1978, 4 (4): 229-242.

[130] Maillat D. From the Industrial District to the Innovative Milieu: Contribution to an Analysis of Territorialised Productive Organisations [J] . Recherches Économiques De Louvain, 1998, 64 (1): 111-129.

[131] Molhova M Information Asymmetry on the Technology Markets: The Role of Patents [J] . Economic Alternatives, 2014 (3): 103-116.

[132] Mowery D C, Oxley J E, Silverman B S. Strategic Alliances and Interfirm Knowledge Transfer [J] . Strategic Management Journal, 2015, 17 (S2): 77-91.

[133] Murugesan R, Dominic D, Poovendhan M. Effects of FDI Spillover on Regional Productivity: Evidence from Panel Data Analysis Using Stochastic Frontier Analysis [J] . International Journal of Emerging Markets, 2017 (3): 327-446.

[134] Nada N, Ail I. Service Value Creation Capability Modes to Assess the Service Innovation Capability in SMEs [C] . 7th Industrial Product-Service Systems Conference-PSS, 2015: 390-395.

[135] Nieto M, Quevedo P. Absorptive Capacity, Technological Opportunity, Knowledge Spillovers, and Innovative Effort [J] . Technovation, 2005, 25 (10): 1141-1157.

[136] Nonaka I, Takeuchi H. The Knowledge-creating Company: How Japanese Companies Create the Dynamics of Innovation [M] . New York: Oxford University Press, 1995.

[137] Nordhaus W D. Invention, Growth, and Welfare: A Theoretical Treatment of Technological Change [M] . Cambridge, MA: The MIT Press, 1969.

[138] North D C, Thomas R P, Paul R. The Rise of the Western World [M] . Cambridge University Press, 1973.

[139] OECD. Innovation Networks: Cooperation in National Innovation Systems [M] . Paris: OECD, 2001: 31-41.

[140] Okafor L E, Bhattacharya M, Bloch H. Imported Intermediates's Absorptive Capacity and Productivity: Evidence from Ghanaian Manufacturing Firms [J]. World Economy, 2017, 40 (2): 369-392.

[141] Olaru M, Dinu V, Keppler T, et al. Study on the Open Innovation Practices in Romanian SMES [J]. Amfiteatru Economic, 2015 (11): 1129-1141.

[142] Palivos, Theodore, Wang Ping. Spatial Agglomeration and Endogenous Growth [J]. Regional Science & Urban Economics, 1996, 12 (26): 645-669.

[143] Park W G. International Patent Protection: 1960 - 2005 [J]. Research Policy, 2008, 7 (4): 761-766.

[144] Patrik G, Poldahl A. Determinants of firm R&D: Evidence from Swedish Firm Level Data [D]. Working Paper, Trade Union Institute for Economic Research, 2003.

[145] Peukert C. IT Outsocrcing and Inovation: Getting more by Doing Less? [J]. Uim University Working Paper, 2010 (5): 1-28.

[146] Pinto H, Fernandez-Esquinas M, Uyarra E. Universities and Knowledge-Intensive Business Services (KIBS) as Sources of Knowledge for Innovative Firms in Peripheral Regions [J]. Regional Studies, 2015, 49 (11): 1873-1891.

[147] Posner M V. International Trade and Technical Change [J]. Oxford Economic Paper, 1961 (13): 323-341.

[148] Pradhan J P, Singh N. Outward FDI and Knowledge Flows: A Study of the Indian Automotive Sector [J]. International Journal of Institutions and Economies, 2009, 1 (1): 156-187.

[149] Rapp R T, Rozek R P. Benefits and Costs of Intellectual Property Protection in Developing Countries [J]. Journal of World Trade, 1990 (24): 75-102.

[150] Redding S. Dynamic Comparative Advangtage and the Welfare Effects of Trade [J]. Oxford Economic Papers, 1999, 51 (1): 15-39.

[151] Reinert E S. Competitiveness and Its Predecessors—A 500 - Year Cross-National Perspective [J]. Structural Change and Economic Dynamics, 1995, 6 (1): 23-42.

［152］Renko M, Carsrud A, Brannback M et al. Building Market Orientation in Biotechnology SMES: Balancing Scientific Advangces［J］. International Journal of Biotechnology, 2005, 7（4）: 250-268.

［153］Roger E. M Diffusion of Innovations［M］. 辛欣译. 北京: 中央编译出版社, 2002: 11, 14-15, 303-305.

［154］Rosenberg F. Technology Transactions-Networks over Markets［J］. R&D Management, 1967（24）: 245-256.

［155］Roura J R C. Business Incubation: Innovative Service in An Entrepreneurship Ecosystem［J］. Service Industries Journal, 2015, 35（14）: 920-927.

［156］Sascha O Becker, Peter H. Egger, Maxmilian Von Ehrlich. Absorptive Capacity and the Growth and Investment Effects of Regional Transfers: A Regression Discontinuity Design with Heterogeneous Treatment Effects［J］. American Economic Journal, 2013, 5（4）: 29-77.

［157］Say B. 政治经济学概论［M］. 南京: 华夏出版社, 2010.

［158］Schein E H. Defining Organizational Culture［J］. Classics of Organization Theory, 1985（3）: 490-502.

［159］Scherer F M. Industrial Market Structure and Economic Performance, Second Edition［M］. Boston: Houghton Mifflin, 1980.

［160］Scherer F M. Nordhaus' Theory of Optimal Patent Life: A Geometric Reinterpretation［J］. The American Economic Review, 1972, 62（3）: 422-427.

［161］Schmookler J. Invetion and Economic Growth［J］. Economic History Review, 1996, 20（1）: 135.

［162］Schmookler J. Invetion and Economic Growth［J］. Economic History Review, 1996, 20（1）: 135.

［163］Scott A. New Industrial Spaces: Flexible Production Organization and Regional Development in North America and Western Europe［M］. London: Pion, 1988.

［164］Serrano-Domingo G, Cabrer-Borrás B. Direct and Indirect Knowledge Spillovers and Industrial Productivity［J］. Industry & Innovation, 2017, 24（2）:

1-25.

[165] Seyoum M, Wu R, Yang L. Technology Spillovers from Chinese Outward Direnct Investment: The Case of Ethiopia [J]. China Economic Review, 2015 (33): 35-49.

[166] Slowinskia G, Sagalb M, Williamsc K, Stantond T. Reinventing Supplier Innovation Relationships [J]. Research Technology Management, 2015, 58 (6): 38-44.

[167] Sotet L. International Diffusion of Technology, Industrial Development and Technological Leapfrogging [J]. World Development, 2007, 26 (5): 415-421.

[168] Soto-Acosta P, Popa S, Palacios-Marques D. Socialweb Knowledge Sharing and Innovation Performance in Knowledge-intensive Manufacturing SMES [J]. Journal of Technology Transfer, 2016 (4): 426-440.

[169] Sulistiyani R, Harwiki W. How SMEs Build Innovation Capability Based on Knowledge Sharing Behavior? Phenomenological Approach [J]. Procedia–Social and Behavioral Sciences, 2016 (6): 741-747.

[170] Sundbo J, Gallouj F. Innovation in Service [R]. SI4S Project Synthesid, Work Package, 1998.

[171] Suyanto, Bloch H, Salim R A. Foreign Direct Investment Spillovers and Productivity Growth in Indonesian Garment and Electronics Manufacturing [J]. The Journal of Development Studies, 2012, 48 (10): 1397-1411.

[172] Szczygielski K, Grabowski W, Pamukcu M T, Tandogan V S. Does Government Support for Private Innovation Matter? Firm-level Evidence from Two Catching-up Countries [J]. Research Policy, 2017, 46 (1): 219-237.

[173] Tangaraja G, Rasdi R M. Fostering Knowledge Sharing Behavior Among Public Sector Managers: A Proposed Model for the Malaysian Public Service [J]. Journal of Knowledge Management, 2015, 19 (1): 121-140.

[174] Tassey G. Tax Incentives For Innovation: Time to Restructure the R&D Tax Credit [J]. The Journal of Technology Transfer, 2007 (6): 605-615.

[175] Todtling F. Technological change at the regional level [J]. Environment

and Planning, 1992 (11): 1565-1584.

[176] Tom Broekel. An Investigation of the Relation between Cooperation and the Innovative Success of German Regions [J] . Evolutionary Economic, 2010 (10): 27-40.

[177] Tsai K H, Wang J C. External Technology Sourcing and Innovation Performance in LMT Sectors: An Analysis Based on the Taiwanese Technological Innovation Survey [J] . Research Policy, 2009, 38 (3): 518-526.

[178] Tsuja P Y, Mariño J O. The Influence of the Environment on Organizational Innovation in Service Companies in Peru [J] . Review of Business Management, 2013, 15 (49): 582-600.

[179] Tung W F, Jordann G. Crowd Sourcing Social Network Service for Social Enterprise Innovation [J] . Information Systems Frontiers, 2017 (5): 1-17.

[180] Turró, Urbanoa D, Peris-Ortiz M. Culture and innovation: The moderating Effect of Cultural Values on Corporate Entrepreneurship [J] . Technological Forecasting and Social Change, 2014 (88): 360-369.

[181] Ulrich Lichtenthale. Absorptive Capacity, Environmental Turbulence, and the Complementarity of Organizational Learning Processes [J] . Academy of Management Journal, 2009, 52 (4): 822-846.

[182] Vahter P. Does FDI Spur Productivity, Knowledge Sourcing and Innovation by Incumbent Firm? Evidence from Manufacturing Industry in Estonia [J] . World Economy, 2011, 34 (8): 1308-1326.

[183] Van De Ven A H. A Community Perspective on the Emergence of Innovations [J] . Journal of Engineering and Technology Management, 1993, 101 (2): 23-51.

[184] Vargo S L, Lusch R F. Evolving to a New Dominant Logic for Marketing [J] . Journal of Marketing, 2004, 68 (1): 1-17.

[185] Vargo S L, Lusch R F. From Repeat Patronage to Value Co-creation in Service Ecosystems: A Transcending Conceptualization of Relationship [J] . Journal of Business Market Management, 2010, 4 (4): 169-179.

[186] Vargo S L, Lusch R F. Institutions and Axioms: An Extension and Update of Service-dominant Logic [J]. Journal of the Academy of Marketing Science, 2016, 44 (1): 5-23.

[187] Vargo S L, Lusch R F. Service-dominant Logic: Continuing the Evolution [J]. Journal of the Academy of Marketing Science, 2008, 36 (1): 1-10.

[188] Vittoria M P, Lavadera G L. Knowledge Networks and Dynamic Capabilities as the New Regional Policy Milieu. A Social Network Analysis of the Campania Biotechnology Community in Southern Italy [J]. Entrepreneurship & Regional Development, 2014, 26 (7): 594-618.

[189] Wang C C, Wu A. Geographical FDI Knowledge Spillover and Innovation of Indigenous Firms in Chian [J]. International Business Review, 2016, 25 (4): 895-906.

[190] Watkins T A, Paff L A. Absorptive Capacity and R&D Tax Policy: Are In-house and External Contract R&D Substitutes or Complements? [J]. Small Business Economics, 2009, 33 (2): 207-227.

[191] Wig C, Wood M H. Organisation for Innovation: Evidence from the UK Electronic Components Industry [R]. University of Newcastle upon Tyne, 1997.

[192] Williamson O E. The Economic Institutions of Capitalism: Firms, Markets, Relational Contracting [M]. New York: Free Press, 1985.

[193] Worz, Julia. Skill Intensity in Foreign Trade and Economic Growth [R]. Wiener Institute for International Wirtschaftsvergleiche Working Paper, 2004.

[194] Xia T, Roper S. Unpacking Open Innovation: Absorptive Capacity, Exploratory and Exploitative Openness, and the Growth of Entrepreneurial Biopharmaceutical Firms [J]. Journal of Small Business Management, 2016, 54 (3): 931-952.

[195] Zahra S A, George G. Absorptive Capacity: A Review, Reconceptualization, and Extension [J]. Academy of Management Review, 2002, 27 (2): 185-203.

[196] Zahra S A, George G. Absorptive Capacity: A Review, Reconceptualization, and Extension [J]. Academy of Management Review, 2002, 27 (2):

185-203.

［197］Zhao Z J, Anand J. Beyond Boundary Spanners: The Collective Bridge as an Efficient Interunit Structure for Transferring Collective Knowledge ［J］. Strategic Management Journal, 2013, 34 (13): 1513-1530.

［198］Zhou K, Li C B. How Knowledge Affects Radical Innovation: Knowledge Base, Market Knowledge Acquisition, and Internal Knowledge Sharing ［J］. Strategic Management Journal, 2012, 33 (9): 1090-1102.

［199］Zhou K Z, Wu F. Technologyical Capability, Strategic Flexibility, and Product Innovation ［J］. Strategic Management Jouranl, 2010, 31 (5): 547-561.

［200］阿伦·拉奥, 皮埃罗·斯加鲁菲. 硅谷百年史·创业时代 ［M］. 北京: 人民邮电出版社, 2016.

［201］包惠, 符钢战, 祝颖. 西部地区人才环境综合评价——基于因子分析的结果 ［J］. 北方经济, 2007 (7): 44-46.

［202］［美］彼得·德鲁克. 创新与企业家精神 ［M］. 北京: 机械工业出版社, 2009.

［203］卜森. 基于产业集群的技术创新服务体系构建研究 ［J］. 科学管理研究, 2011, 29 (2): 25-29.

［204］蔡秀玲. "硅谷" 与 "新竹" 区域创新环境形成机制比较与启示 ［J］. 亚太经济, 2004 (6): 61-64.

［205］曹文芳. 科技金融支持科技创新的实证检验 ［J］. 统计与决策, 2018 (13): 160~163.

［206］陈赤平. 产业集群的技术创新: 动因、优势与环境 ［J］. 湖南科技学院学报, 2006, (10): 90-91.

［207］陈劲. 从技术引进到自主创新的学习模式 ［J］. 科研管理, 1994 (2): 32-34.

［208］陈晴, 傅正华. 我国技术市场的成就和新时期的主要任务 ［J］. 科学管理研究, 2004 (1): 48-49.

［209］陈珊. 科技金融对我国高技术产业区域创新效率影响分析 ［J］. 经济问题探索, 2019 (3): 166-172.

［210］陈维涛，严伟涛，庄尚文．进口贸易自由化、企业创新与全要素生产率［J］．世界经济研究，2018（8）：62-73+136.

［211］陈晓东．改革开放40年技术引进对产业升级创新的历史变迁［J］．南京社会科学，2019（1）：17-25.

［212］陈宇，肖璐．距离对"高校—农村"知识溢出效应的影响研究［J］．科学学研究，2017，35（5）：763-770.

［213］储德银，张同斌．自主研发、技术引进与高技新技术产业成长［J］．科研管理，2013，34（11）：53-60+113.

［214］崔也光，姜晓文，王守盛．财税政策对企业自主创新的支持效应研究——基于经济区域的视角［J］．经济与管理研究，2017，38（10）：104-113.

［215］戴魁早，刘友金．要素市场扭曲如何影响创新绩效［J］．世界经济，2016（11）：54-79.

［216］党国英．知识产权保护的技术创新效应研究——基于技术距离视角［D］．云南大学博士学位论文，2015.

［217］刁秀华，李姣姣，李宇．高技术产业的企业规模质量、技术创新效率及区域差异的门槛效应［J］．中国软科学，2018（11）：184-192.

［218］丁刚，朱元琦，倪新艳．区域技术市场发展的现状分析与对策研究［J］．长春工程学院学报（社会科学版），2019，20（4）：29-32+70.

［219］董雪兵，史晋川．累积创新框架下的知识产权保护研究［J］．经济研究，2006（5）：97-105.

［220］董有德，孟醒．OFDI、逆向技术溢出与国内企业创新能力——基于我国分价值链数据的检验［J］．国际贸易问题，2014（9）：120-129.

［221］董正英．技术交易、中介与中国技术市场发展［D］．复旦大学博士学位论文，2003.

［222］窦超，熊曦，陈光华，杨国梁．创新价值链视角下中小企业创新效率多维度研究——基于加法分解的两阶段DEA模型［J］．科技进步与对策，2019，36（2）：77-85.

［223］樊纲，王小鲁，马光荣．中国市场化进程对经济增长的贡献［J］．经济研究，2011（9）：4-16.

［224］方慧，赵甜．中国企业对"一带一路"国家国际化经营方式研究——基于国家距离视角的考察［J］．管理世界，2017（7）：17-23.

［225］方文艳．淮南市中小企业自主创新能力提升路径研究［D］．安徽财经大学硕士学位论文，2018.

［226］符峰华，尹正江，唐纯武．基于 CL—TOPSIS 法的我国高技术企业技术创新能力评价研究［J］．科学管理研究，2018，36（3）：68-71.

［227］傅家骥．技术创新学［M］．北京：清华大学出版社，1998.

［228］盖文启．论区域经济发展与区域创新环境［J］．学术研究，2002（1）：60-63.

［229］高传贵．企业自主创新内生驱动因素的影响机制与系统构建研究［D］．山东大学博士学位论文，2018.

［230］高传贵，张莹．企业自主创新路径、模式与实现机制研究［J］．山东社会科学，2018（4）：143-148.

［231］高翔，刘啟仁，黄建忠．要素市场扭曲与中国企业出口国内附加值率：事实与机制［J］．世界经济，2018（10）：26-50.

［232］葛立宇．要素市场扭曲对企业家寻租及创新的影响［J］．科技进步与对策，2018，35（13）：123-130.

［233］［日］馆龙一郎．国际金融讲座［M］．东京：东京经济出版社，1975.

［234］管荣齐．新时代中国知识产权保护国际化对策［J］．学术论坛，2019（4）：36-44.

［235］郭朝阳，许杭军，郭惠玲．服务主导逻辑演进轨迹追踪与研究述评［J］．外国经济与管理，2012（7）：17-24.

［236］郭春野，庄子银．知识产权保护与"南方"国家的自主创新激励［J］．经济研究，2012（9）：30-45.

［237］郭将，肖慧．要素市场扭曲对区域创新效率的影响研究［J］．科技与管理，2019，21（5）：27-33.

［238］郭元源，贺易宁，程聪，许紫岳．集群中科技中介角色演变与网络结构互动机制［J］．科学学研究，2019，37（3）：450-461.

［239］韩沈超．地区知识产权创造与保护对企业 OFDI 的影响——来自中国省级面板数据的经验证据［J］．当代财经，2016（11）：90-96.

［240］韩先锋．中国对外直接投资逆向创新的价值链外溢效应［J］．科学学研究，2019（3）：556-567+576.

［241］韩晓明，范德成．区域创新环境对中小企业成长的影响及促进对策［J］．现代管理科学，2010（5）：64-65.

［242］韩玉雄，李怀组．关于中国知识产权保护水平的定量分析［J］．科学学研究，2005，23（3）：377-382.

［243］郝生宾．面向自主创新的企业技术战略作用机理及决策研究［D］．哈尔滨工业大学博士学位论文，2009.

［244］郝艳芳．山西省技术市场和技术创新关系的协整分析［D］．太原理工大学硕士学位论文，2011.

［245］何爱，钟景雯．研发国际化与企业创新绩效——吸收能力和地理多样性的调节作用［J］．南方经济，2018（10）：92-104.

［246］何玉润，林慧婷，王茂林．产品市场竞争、高管激励与企业创新——基于中国上市公司的经验证据［J］．财贸经济，2015，36（2）：125-135.

［247］侯鹏．创新环境对中国区域创新能力的影响及地区差异研究［J］．经济问题探索，2014（11）：73-80.

［248］侯鹏，刘思明，建兰宁．创新环境对中国区域创新能力的影响及地区差异研究［J］．经济问题探索，2014（11）：73-80.

［249］胡海青，王钰，魏薇．网络联结、知识产权保护与创新绩效［J］．科技进步与对策，2018，35（23）：1-8.

［250］黄传荣，邵雨韵．FDI 的国际 R&D 溢出对长三角地区自主创新能力的影响［J］．中国科技论坛，2017（4）：141-147.

［251］简泽，谭利萍，吕大国，符通．市场竞争的创造性、破坏性与技术升级［J］．中国工业经济，2017，34（5）：16-34.

［252］简兆权，令狐克睿，李雷．价值共创研究的演进与展望——从"顾客体验"到"服务生态系统"视角［J］．外国经济与管理，2016，38（9）：3-20.

［253］金波. 产业集群内企业竞争模式创新探讨［J］. 社会科学家，2015
（3）：80-84.

［254］金泳镐. 韩国的经济增长和技术转让——南朝鲜经济分析［M］. 北
京：中国展望出版社，1989：40-50.

［255］靳巧花，严太华. 国际技术溢出与区域创新能力——基于知识产权保
护视角的实证分析［J］. 国际贸易问题，2017（3）：14-25.

［256］康志勇. 资本品、中间品进口对中国企业研发行为的影响："促进"
抑或"抑制"［J］. 财贸研究，2015（3）：61-68.

［257］孔晓妮，邓峰. 自主创新、技术溢出及吸收能力与经济增长的实证分
析［J］. 研究与发展管理，2016（1）：31-39.

［258］赖德胜，纪雯雯. 人力资本配置与创新［J］. 经济学动态，2015
（3）：22-30.

［259］雷光继，林耕. 我国技术市场发展面临的机遇、问题和对策研究
［J］. 科学管理研究，2013，31（5）：5-8.

［260］李佳. 区域科技创新服务平台生态化演进机理及服务模式研究
［D］. 哈尔滨理工大学博士学位论文，2018.

［261］李平，丁世豪. 进口技术溢出提升了制造业能源效率吗？［J］. 中国
软科学，2019（12）：137-149.

［262］李平，宫旭红，齐丹丹. 中国最优知识产权保护区间研究——基于自
主研发及国际技术引进的视角［J］. 南开经济研究，2013（3）：123-138.

［263］李平，姜丽. 贸易自由化、中间品进口与中国技术创新［J］. 国际
贸易问题，2015（7）：3-11+96.

［264］李平，史亚茹. 进口贸易、生产率与企业创新［J］. 国际贸易问题，
2020（3）：131-146.

［265］李平，史亚茹. 知识产权保护对 OFDI 逆向技术溢出的影响［J］. 世
界经济研究，2019（2）：99-110.

［266］李平，苏文哲. 对外直接投资与我国技术创新：基于异质性投资东道
国的视角［J］. 国际商务（对外经济贸易大学学报），2014（2）：71-82.

［267］李瑞，吴殿廷，鲍捷，等. 高级科学人才集聚成长的时空格局演化及

其驱动机制——基于中国科学院院士的典型分析〔J〕. 地理科学进展，2013（7）：1123-1138.

〔268〕李绍东. 中国装备制造业的企业规模与创新〔J〕. 中国科技论坛，2012（2）：53-58.

〔269〕李思慧，于津平. 对外直接投资与企业创新效率〔J〕. 国际贸易问题，2016（12）：28-38.

〔270〕李停. 竞争程度、知识产权保护与企业创新激励〔J〕. 山东财经大学学报，2017，29（4）：91-99+107.

〔271〕李伟. 知识产权保护对技术创新的影响——基于中国高技术产业的实证检验〔D〕. 山东大学硕士学位论文，2013.

〔272〕李晓龙，冉光和，郑威. 金融要素扭曲的创新效应及其地区差异〔J〕. 科学学研究，2018（3）：558-568.

〔273〕李效林. 创新环境对企业创新能力的影响研究〔D〕. 苏州大学硕士学位论文，2012.

〔274〕李杏，钟亮. 对外直接投资的逆向技术溢出效应研究——基于中国行业异质性的门槛回归分析〔J〕. 山西财经大学学报，2016（11）：1-12.

〔275〕李宇. 大企业情境下企业家精神驱动的创新成长导向〔J〕. 科学学与科学技术管理，2013（1）：154-163.

〔276〕李煜华，王月明，胡瑶瑛. 基于结构方程模型的战略性新兴产业技术创新影响因素分析〔J〕. 科研管理，2015，36（8）：10-17.

〔277〕李玥，张雨婷，郭航，徐玉莲. 知识整合视角下企业技术会出现能力评价〔J〕. 科技进步与对策，2017，34（1）：131-135.

〔278〕李政，杨思莹. 财政分权、政府创新偏好与区域创新效率〔J〕. 管理世界，2018（12）：29-35.

〔279〕厉以宁：创新就是信息的重组〔DB/OL〕. 中国新闻网：http://www.xin huanet.com/fortune，2017-08/18/c_129684455.htm.

〔280〕刘迪. 技术市场发展推动了中国产业结构转型升级吗？〔J〕. 河北经贸大学学报，2020，41（2）：73-81.

〔281〕刘凤朝，林原，马荣康. 技术交易对区域技术相似性的影响研究

［J］．管理学报，2018（8）：1161-1167+1204.

［282］刘凤朝，刘靓，马荣康．区域间技术交易网络、吸收能力与区域创新产出——基于电子信息和生物医药领域的实证分析［J］．科学学研究，2015（5）：774-781.

［283］刘富先，毛蕴诗．双重网络嵌入与企业升级：吸收能力的调节作用［J］．重庆大学学报（社会科学版），2019（5）：1-16.

［284］刘和东．高新技术企业内外投入的互补与替代效应研究——吸收能力的调节作用［J］．科技管理研究，2017（5）：118-123.

［285］刘晖，李欣先，李慧玲．专业技术人才空间集聚与京津冀协同发展［J］．人口与发展，2018，24（6）：109-124+108.

［286］刘金全，丁娅楠，姬广林．金融发展与技术创新的内在关联性：基于金融结构视角的实证分析［J］．山东大学学报（哲学社会科学版），2017（6）：74-83.

［287］刘林青，雷昊，谭力文．从商品主导逻辑到服务主导逻辑——以苹果公司为例［J］．中国工业经济，2010（9）：57-66.

［288］刘庆林，黄震鳞．中间品进口商品结构与我国制造业研发创新［J］．东岳论丛，2020（2）：30-38.

［289］刘水，贾彦磊，王晓东，等．关于我国技术市场现状的分析与对策研究［J］．科技创新导报，2018（22）：247-248.

［290］刘思明，侯鹏，赵彦云．知识产权保护与中国工业创新能力——来自省级大中型工业企业面板数据的实证研究［J］．数量经济技术经济研究，2015，32（3）：40-57.

［291］刘小鲁．中国创新能力积累的主要途径：R&D，技术引进，还是FDI？［J］．经济评论，2011（3）：88-96.

［292］刘御林．技术轨道和自主创新［J］．中国科技论坛，1997（2）：30-33.

［293］柳学信，孔晓旭，刘春青，王琪．政府补助是否促进了企业自主创新？［J］．首都经济贸易大学学报，2019，21（1）：85-93.

［294］卢英敏，逄亚男．创新环境对区域创新效率的影响——基于空间面板

Tobit 模型的分析〔J〕．长白学刊，2020（1）：94-102.

〔295〕罗军．FDI 前向关联与技术创新——东道国研发投入重要吗？〔J〕．国际贸易问题，2016（6）：3-14.

〔296〕罗颖，罗传建，彭甲超．基于三阶段 DEA 的长江经济带创新效率测算及其时空分异特征〔J〕．管理学报，2019，16（9）：1385-1393.

〔297〕吕承超，王媛媛．金融发展、贸易竞争与技术创新效率〔J〕．管理学刊，2019（4）：21-31.

〔298〕吕海平，池仁勇．R&D 两面性、技术引进与浙江省高技术产业全要素生产率增长〔J〕．科技进步与对策，2015（12）：67-71.

〔299〕马宗国．中小企业研究联合体自主创新能力提升路径研究〔J〕．科研管理，2019，40（3）：51-62.

〔300〕毛蕴诗，汪建成．基于产品升级的自主创新路径研究〔J〕．管理世界，2006（5）：114-120.

〔301〕梅姝娥，吴玉怡．价值网络视角下技术交易平台商业模式研究〔J〕．科技进步与对策，2014，31（6）：1-5.

〔302〕苗圆圆．陕西省创新环境与经济发展协调性分析及类型划分〔J〕．区域发展，2014（3）：72-80.

〔303〕牛冲槐，张帆，封海燕．科技型人才集聚、高新技术产业聚集与区域技术创新〔J〕．科技进步与对策，2012（15）：46-48.

〔304〕潘晓燕．论完善创新服务体系提升区域创新能力〔J〕．宏观经济，2014（9）：69-70.

〔305〕彭甲超，易明．我国技术市场发展的空间格局及其对经济增长的影响〔J〕．科技管理研究，2018（14）：30-35.

〔306〕朴商天．外商直接投资与技术转移——理论分析与中国实证研究〔D〕．中国社会科学研究院硕士学位论文，2003.

〔307〕千慧雄．技术引进促进自主创新的条件性研究〔J〕．中国经济问题，2011（5）：88-98.

〔308〕秦放鸣，张宁．OFDI 逆向技术溢出、金融集聚与区域创新——基于空间计量和门槛回归的双重检验〔J〕．工业技术经济，2020（1）：50-59.

[309] 秦健. 新常态下创新驱动发展面临的挑战与对策——以河南省为例 [J]. 学习论坛, 2017, 33 (4): 38-42.

[310] 秦鹏飞, 申光龙, 胡望斌, 王星星. 知识吸收能力与集成能力双重调节下知识搜索对创新能力的影响效应研究 [J]. 管理学报, 2019, 16 (2): 219-228.

[311] 任志成, 张二震. 承接国际服务外包、技术溢出与本土企业创新能力提升 [J]. 南京社会科学, 2012 (2): 26-33.

[312] 石盛林, 陈圻. 制度环境与高技术产业创新绩效——基于中国省际面板数据 (2000~2012 年) 的实证研究 [J]. 工业技术经济, 2015 (8): 91-98.

[313] 石大千, 杨咏文. FDI 与企业创新: 溢出还是挤出? [J]. 世界经济研究, 2018 (9): 120-134.

[314] 孙斌, 彭纪生. 中国知识产权保护政策与创新政策的协同演变研究 [J]. 科技管理研究, 2010, (1): 33-35.

[315] 孙晖, 尹子民. 装备制造企业技术创新能力评价研究 [J]. 辽宁工业大学学报 (自然科学版), 2019, 39 (4): 260-265.

[316] 汤萱. 技术引进影响自主创新的机理及实证研究——基于中国制造业面板数据的实证检验 [J]. 中国软科学, 2016 (5): 119-132.

[317] 陶锋. 吸收能力、价值链类型与创新绩效——基于国际代工联盟知识溢出的视角 [J]. 中国工业经济, 2011 (1): 140-150.

[318] 田巍, 余淼杰. 中间品贸易自由化和企业研发: 基于中国数据的经验分析 [J]. 世界经济, 2014 (6): 90-112.

[319] 汪旭晖, 黄睿. FDI 溢出效应对我国流通服务业自主创新的影响研究 [J]. 财经问题研究, 2011 (9): 90-99.

[320] 王爱民, 李子联. 技术引进有利于企业自主创新吗? ——对技术环境调节作用的解析 [J]. 宏观质量研究, 2018 (1): 109-117.

[321] 王爱民, 李子联, 张培. 外商直接投资、技术环境与企业自主研发 [J]. 南大商学评论, 2016, 13 (4): 1-20.

[322] 王峰, 方瑞, 曾振宇. 行业吸收能力差异如何影响中国 OFDI 的逆向技术溢出? [J]. 南京审计大学学报, 2019 (2): 100-111.

［323］王桂军，卢潇潇．"一带一路"倡议与中国企业升级［J］．中国工业经济，2019（3）：43-61.

［324］王慧．创新网络企业间要素特征、知识合作关系与合作绩效研究［D］．西北大学博士学位论文，2019.

［325］王缉慈．知识创新和区域创新环境［J］．经济地理，1999（2）：11-15.

［326］王佳馨．吉林省科技创新服务平台优化及运行机制研究［D］．吉林大学硕士学位论文，2019.

［327］王建军，周迪，程波华．新疆科技人才外流影响因素研究［J］．新疆财经大学学报，2014（1）：43-49.

［328］王景，朱利．知识产权对微观经济的作用机理研究［J］．昆明理工大学学报（理工版），2004（6）：119-122.

［329］王雷．基于服务生态系统视角的企业服务创新研究——以ICT产业为例［D］．北京邮电大学博士学位论文，2019.

［330］王莉静，王庆玲．高技术产业技术引进消化吸收再创新分阶段投入与产出关系研究——基于分行业数据的实证研究［J］．中国软科学，2019（1）：184-192.

［331］王然，燕波，邓伟根．FDI对我国工业自主创新能力的影响及机制——基于产业关联的视角［J］．中国工业经济，2010（11）：16-25.

［332］王伟光，冯荣凯，尹博．产业创新网络中核心企业控制能力能够促进知识溢出吗？［J］．管理世界，2015（6）：99-109.

［333］王一涵，焦秀君．超理性创新动机与攀西试验区创新人才集聚［J］．四川理工学院学报（社会科学版），2018，33（2）：56-75.

［334］王玉荣，聂春红，杨震宁，张皓博．创新信息和市场导向对企业创新绩效的影响［J］．科学学与科学技术管理，2014，35（9）：57-68.

［335］王昱，成力为，安贝．金融发展对企业创新投资的边界影响——基于HECKIT模型的规模与门槛研究［J］．科学学研究，2017（1）：110-124.

［336］威廉·鲍莫尔．企业家精神［M］．武汉：武汉大学出版社，2010.

［337］魏浩，李晓庆．中国进口贸易的技术结构及其影响因素研究［J］．

世界经济，2015（8）：56-79.

［338］魏收．魏书［M］．上海：中华书局，1974.

［339］翁润．知识产权保护对中国企业创新的影响研究［J］．南京大学博士学位论文，2019.

［340］吴汉东．知识产权法学［M］．北京：北京大学出版社，2018.

［341］吴剑平，姚剑雄，冯日光．广东省科技人才管理机制研究——基于广东省1875份问卷的实证［J］．科技管理研究，2017，37（3）：108-113.

［342］武咸云，陈艳，杨卫华．战略性新产业的政府补贴与企业R&D投入［J］．科研管理，2016，37（5）：19-23.

［343］夏凡，冯华．技术市场规模与区域技术进步——基于创新投入的多重中介效应分析［J］．宏观经济研究，2020（1）：95-111+140.

［344］夏宁，蓝梦，宁相波．EVA考核，研发费用管理与央企创新效率［J］．系统工程理论与实践，2019，39（8）：2038-2048.

［345］肖文，林高榜．研发管理与技术创新效率——基于中国工业行业的实证分析［J］．管理世界，2014（4）：71-80.

［346］谢丽娟，杨文鹏，周杭．基于DEA模型的区域创新环境对创新绩效影响的评价［J］．西安工程大学学报，2009（6）：124-128.

［347］谢思全，张灿．我国技术市场及其发育过程［J］．科研管理，1998（9）：12-14.

［348］谢钰敏，周开拓，魏晓平．对外直接投资对中国创新能力的逆向溢出效应研究［J］．经济经纬，2014（3）：42-47.

［349］邢孝兵，徐洁香，王阳．进口贸易的技术创新效应：抑制还是促进？［J］．国际贸易问题，2018（6）：11-26.

［350］熊彼特．资本主义、社会主义和民主主义［M］．北京：商务印书馆，1979.

［351］熊鸿儒．当前我国企业创新的特点及挑战：来自全国企业创新调查的证据［J］．智库理论与实践，2016，1（5）：106-110.

［352］徐茜，张体勤．基于城市环境的人才集聚研究［J］．中国人口·资源与环境，2010（9）：171-174.

[353] 严小明. 知识产权保护和科技创新、社会福利的动态博弈分析 [C].
2012 年基于互联网的商业管理学术会议, 上海, 2012.

[354] 杨拔翠. 人力资本价值提升促进企业自主创新能力的机制研究
[J]. 经营与管理, 2019 (8): 53-56.

[355] 杨朝均, 刘冰, 毕克斯. FDI 技术溢出对工业企业绿色创新路径演化
的影响研究——基于演化博弈模型 [J]. 管理评论, 2019, 31 (12): 64-73.

[356] 杨瑾, 郝姿容. 生产性服务外包、产品模块化与高端装备制造业竞争
力——动态能力调节的视角 [J]. 研究与发展管理, 2017, 29 (6): 38-48.

[357] 杨莹. 中国知识产权保护与技术创新之间关系的理论分析与实证测量
[D]. 辽宁大学硕士学位论文, 2019.

[358] 杨珍增. 知识产权保护、国际生产分割与全球价值链分工 [J]. 南
开经济研究, 2014 (5): 130-152.

[359] 叶娇, 王佳林. FDI 对本土技术创新的影响研究——基于江苏省面板
数据的实证 [J]. 国际贸易问题, 2014 (1): 131-138.

[360] 叶祥松, 刘敬. 政府支持、技术市场发展与科技创新效率 [J]. 经
济学动态, 2018 (7): 67-81.

[361] 殷朝华, 郑强, 谷继建. 对外直接投资影响了中国自主创新吗？——基
于金融发展视角的实证研究 [J]. 宏观经济研究, 2017 (8): 69-85.

[362] 尹东东, 张建清. 我国对外直接投资逆向技术溢出效应研究——基于
吸收能力视角的实证分析 [J]. 国际贸易问题, 2016 (1): 109-102.

[363] 余泳泽. 创新要素集聚、政府支持与科技创新效率——基于省域数据
的空间面板计量分析 [J]. 经济评论, 2011 (2): 93-101.

[364] 余泳泽, 刘大勇. 我国区域创新效率的空间外溢效应与价值链外溢效
应——创新价值链视角下的多维空间面板模型研究 [J]. 管理世界, 2013 (7):
6-20+70+187.

[365] 俞立平. 高技术产业引进技术为什么会下降 [J]. 科学学研究,
2016, 34 (11): 1646-1654.

[366] 原毅军, 黄菁菁. FDI、产学研合作与区域创新产出——基于互补性
检验的实证研究 [J]. 研究与发展管理, 2019, 28 (6): 38-47.

［367］［美］约瑟夫·熊彼特.经济发展理论［M］.北京：商务印书馆，1990.

［368］［日］斋藤优.技术转移理论与方法［M］.谢文正等译.中国发明创造基金会，1985.

［369］曾国安，马宇佳.论 FDI 对中国本土企业创新影响的异质性［J］.国际贸易问题，2020（3）：162-174.

［370］曾江洪，于彩云，李佳威，黄向荣.高科技企业研发投入的同群效应——环境不确定性、知识产权的调节作用［J］.科技进步与对策，2020（2）：98-105.

［371］曾庆军，王纯，张晴云.生产服务业集聚与区域创新效率的空间效应研究［J］.软科学，2019（1）：24-28.

［372］查颖冬，梅强.吸收能力对中小企业自主创新能力的影响研究［J］.现代经济探讨，2019（9）：84-90.

［373］詹晖，吕康银.产业集群的人才集聚机制研究［J］.技术经济与管理研究，2015（5）：85-90.

［374］张宝建，李鹏利，陈劲，郭琦，吴延瑞.国家科技创新政策的主题分析与演化过程——基于文本挖掘的视角［J］.科学学与科学技术管理，2019（11）：15-31.

［375］张彩萍.企业创新发展与企业信息服务体系构建浅谈［J］.兰州学刊，2011（11）：211-213.

［376］张春霖.促进以企业为主体的创新：挑战与对策［J］.中国经贸导刊，2009（11）：9-10.

［377］张功耀，陈三奇.技术分级与技术市场组织设计初探［J］.科学学研究，2002（8）：31-33.

［378］张国强，冯套柱，卫聚金.企业技术创新动力理论探讨［J］.技术与创新管理，2010，（1）：23-26.

［379］张涵，李晓澜.FDI 与 OFDI 溢出对高技术产业区域创新的门槛效应研究［J］.科技进步与对策，2020，37（2）：74-81.

［380］张宏元，李晓晨.FDI 与自主创新：来自中国省际面板的证据［J］.

宏观经济研究，2016（3）：24-35.

［381］张会清，唐海燕．产品内国际分工与中国制造业技术升级［J］．世界经济研究，2011（6）：22-50.

［382］张建英，曹虹剑，张慧．公司治理、政府补贴与战略性新兴企业创新效率［J］．经济数学，2019，36（1）：61-67.

［383］张满银，张丹．京津冀地级市规模以上工业企业创新效率分析［J］．经济经纬，2019，36（1）：26-33.

［384］张明明，李霞，孟凡生．我国新能源装备企业智化发展创新能力评价［J］．哈尔滨工程大学学报，2019.

［385］张爽，陈晨．创新氛围、知识吸收能力和创新绩效关系——以技术型企业为例［J］．科学与管理，2019，39（5）：21-28.

［386］张望．技术差距、人力资本结构与企业自主创新强度［J］．统计信息论坛，2014，29（10）：58-65.

［387］张文锋，李娟，李宇．创新集群中有意识的知识溢出与创新促进机制研究［J］．中国软科学，2019（8）：175-183.

［388］张晓晶，李成，李育．扭曲、赶超与可持续增长：对政府与市场关系的重新审视［J］．经济研究，2018（1）：4-20.

［389］张信东，王亚丹．政府研发支持与中小企业创新［J］．西安财经学院学报，2017（1）：59-66.

［390］张玉明，李荣，闵亦杰．企业创新文化真实地驱动了研发投资吗？［J］．科学学研究，2016，34（9）：1417-1425.

［391］张振刚，李云健，陈志明．科技服务业对区域创新能力提升的影响——基于珠三角地区的实证研究［J］．中国科技论坛，2013（12）：45-51.

［392］张治栋，廖常文．区域市场化、技术创新与长江经济带产业升级［J］．产经评论，2019（5）：94-107.

［393］张宗益．金融发展、知识产权保护与技术创新效率——金融市场化的作用［J］．科研管理，2014（12）：160-167.

［394］赵晷湘．加快建设技术创新服务体系是新型专业镇发展的突破口［N］．中山日报，2014-11-24（F02）.

［395］赵恒园，刘宏．协同创新视角下长三角地区 OFDI 对创新水平的空间效应研究［J］．现代经济探讨，2020（3）：85-94.

［396］赵琨．科技中介与科技产业集聚的互动关系研究［J］．科学学与科学技术管理，2007（1）：35-38.

［397］赵玲，战昱宁．我国科技金融政府促进体系构建研究［J］．科技和产业，2019，19（10）：134-140.

［398］赵鹏．知识产权保护与农业技术创新的二律背反——基于数理模型的分析［J］．学习与探索，2012（5）：108-110.

［399］赵甜，方慧.OFDI 与中国创新效应的实证研究［J］．数量经济技术经济研究，2019（10）：58-76.

［400］［美］珍妮特·V. 登哈特，［美］罗伯特·B. 登哈特．新公共服务：服务，而不是掌舵［M］．丁煌译．北京：中国人民大学出版社，2010.

［401］中国企业家调查系统．我国企业创新发展的机遇、挑战与建议——《2018·中国企业家队伍成长与发展调查综合报告》［J］．经济界，2019（1）：91-96.

［402］钟子建．贸易技术内生模仿与企业创新机制研究［J］．求索，2010（4）：16-18.

［403］仲伟周，陈晨．贸易开放、人力资本门限与区域创新发展——基于省级面板数据的实证研究［J］．经济问题探索，2018（2）：58-66.

［404］周光召．善于学习，用于创新，走自主开发的道路［J］．科技进步与对策，1992（2）：3-5.

［405］周怀峰，郭玉杰．基于国内市场需求的企业自主创新路径［J］．软科学，2011，25（4）：27-30.

［406］周经，黄凯.OFDI 逆向技术溢出提升了区域创新能力吗？——基于空间杜宾模型的实证研究［J］．世界经济与政治论坛，2020（2）：108-130.

［407］朱建新．企业创新环境层级构架及其作用机理研究［D］．哈尔滨工程大学博士学位论文，2011.

［408］朱俊杰，徐承红．区域创新绩效提升的门槛效应［J］．财经科学，2017（7）：116-128.

［409］朱平芳，徐伟民．政府的科技激励政策对大中型工业企业 R&D 投入及其专利产出的影响——上海市的实证研究［J］．经济研究，2003（6）：45-54.

［410］庄子银，段思淼．区域技术市场发展对创新的驱动作用——来自2002—2015 年省级面板数据的实证分析［J］．科技进步与对策，2018，35（15）：29-38.

［411］宗庆庆，黄娅娜，钟鸿钧．行业异质性、知识产权保护与企业研发投入［J］．产业经济研究，2015（2）：47-57.

［412］邹文杰．研发要素集聚、投入强度与研发效率：基于空间异质性的视角［J］．科学学研究，2015，33（3）：390-397.